GEORGES DE TOLLEMONDE

DU
JUSTE MILIEU

TRAITÉ GÉNÉRAL DE PHILOSOPHIE ET D'ART

PARIS
LIBRAIRIE LÉOPOLD CERF
12, RUE SAINTE-ANNE, 12
—
1910

DU JUSTE MILIEU

TRAITÉ GÉNÉRAL DE PHILOSOPHIE ET D'ART

Tous droits de traduction et de reproduction réservés pour tous pays.

———

Copyright octobre 1910 by Cerf, éditeur, 12, rue Sainte-Anne, Paris.

ERRATA

Page 78, dernière ligne, à la fin, *ajoutez :* ceux-ci.
Page 79, dernière ligne, *au lieu de :* ainsi qu'on, *lisez :* comme on.
Page 96, ligne 26, *au lieu de :* Louis XIV, *lisez :* Louis XV.
Page 124, ligne 34, *au lieu de :* efforts, *lisez :* effets.

GEORGES DE TOLLEMONDE

DU JUSTE MILIEU

TRAITÉ GÉNÉRAL DE PHILOSOPHIE ET D'ART

PARIS
LIBRAIRIE LÉOPOLD CERF
12, RUE SAINTE-ANNE, 12

1910

Verbis et actis.
Hæc sunt paucorum hominum.

DÉDIÉ A L'HEUREUSE ÉLITE.

―――

A MON FILS,

QUAND IL AURA TRENTE ANS.

PROLOGUE

Ce livre est le fruit d'études nombreuses et de longues réflexions ; c'est le résultat d'une attention constamment tournée vers le même objet, et le produit d'une expérience d'un demi-siècle, acquise patiemment à force de méditations ; et, s'il est vrai que mes facultés sont bornées, j'espère du moins que le but poursuivi dans le présent ouvrage ne paraîtra pas tout à fait méprisable aux yeux des gens avisés. Je me flatte même de piquer quelque peu leur curiosité et de mériter, dans une certaine mesure, leurs précieux suffrages, en songeant que la faible goutte d'eau finit par creuser la pierre. — Ma science est aussi faible qu'une goutte d'eau, j'en conviens, et mes capacités ne sont pas étendues, mais on me le pardonnera, en considération de l'extrême débilité de la nature humaine.

La pierre ici, pierre philosophale, si l'on veut, c'est l'essence des choses humaines, extra-humaines et surhumaines, en un mot la nature ou le principe de tout ce qui nous entoure et nous écrase, et que nous interrogeons pour lui arracher son secret.

Cette nature, il n'est que trop certain, se laisse malaisément pénétrer, et, si nous en découvrons par hasard quelque partie, nous n'y entrons jamais bien profondément, et nous n'y touchons à peine que par l'écorce et la surface. — Mais cela déjà est beaucoup et doit suffire à nous contenter ; il faut apprendre à restreindre ses prétentions, puisque notre puissance d'observation est singulièrement limitée. C'est la science qui nous manque le plus, et aucune application n'y sera jamais trop grande.

Dans la première partie de ce livre j'envisage avec quelque attention l'univers où le Destin nous a jetés, la terre qui nous sert d'habitation, les hommes qui sont nos semblables et entre lesquels les hasards de la vie ont partagé l'empire du monde. — J'ai tenté de tirer de ce spectacle quelque utile enseignement ou quelques réflexions agréables.

Dans la seconde partie j'examine plus particulièrement certains esprits exceptionnels ; je tâche de soulever à demi le voile qui les recouvre, et de porter un jugement approximatif sur leur caractère ou sur leurs œuvres, afin de les proposer en modèle et de les offrir en exemple à la jeunesse enthousiaste et aux âmes éprises du grand et du beau.

Toute opinion respectable étant nécessairement personnelle, on comprendra aisément que je ne songe pas à faire partager ma manière de voir à qui que ce soit, et ceux dont la complexion a quelque affinité avec la mienne n'en accepteront non plus que ce qui leur conviendra le mieux, confirmant en cela mon principe du juste milieu instable, individuel et perpétuellement mobile, qui fait comme le fonds et le centre du présent essai.

Je m'y propose de montrer à quelques-uns d'entre les hommes, je veux dire à cette heureuse élite à qui une noble émulation fait accomplir de si grandes choses, ce que peuvent et le choix d'un objet digne de notre attention, et la persévérance que nous mettons à poursuivre le but que nous nous sommes proposé.

Quoi qu'il advienne, la constance dans notre amour du beau finira par faire de nous, en quelque manière, de sincères artistes, et, si nous ne parvenons pas tout d'abord à nous faire écouter ni à mériter autour de nous l'approbation que nous recherchons, que la fermeté inébranlable des grands esprits qui n'ont pas désespéré d'eux-mêmes nous serve de leçon et d'exemple ; en nous efforçant de les imiter, nous participerons, en quelque mesure, à leur félicité et à leur grandeur.

La fidélité à notre dessein nous assurera notre propre estime ; notre mâle confiance nous permettra de renoncer à de vaines louanges ; nous trouverons dans l'accomplissement de l'œuvre qui nous est chère je ne sais quelle joie sereine et quel tranquille bonheur qui nous paieront largement de nos sueurs, et peut-être le jour viendra-t-il où la secrète sympathie d'une belle âme, que notre entreprise aura charmée, nous dédommagera pleinement de nos longs efforts.

Ce tacite accord, même lointain et posthume, cette harmonie mystérieuse de deux esprits du même ordre sera le doux fruit, récolté avec gratitude par un amant passionné de la nature, par le penseur resté fidèle à la vocation qu'il avait embrassée avec amour dès son âge le plus tendre.

PREMIÈRE PARTIE

CONSIDÉRATIONS PHILOSOPHIQUES

> Est-ce que je poursuis le bonheur ?
> Je poursuis mon œuvre.
> (Ainsi parla Zarathoustra.)
>
> NIETZSCHE.

INVOCATION

HYMNE A LA VIE

ou

La course des astres au-devant de l'Inaccessible.

Respirez et croissez comme de jeunes chênes ;
Hommes, brisez vos fers, brisez les vieilles chaînes
Dont le poids odieux courba longtemps vos fronts.
Avancez librement sur les routes prochaines ;
Réservez désormais vos fureurs et vos haines
A ceux qui sur vos dieux ont versé leurs affronts.

Chérissez la nature et l'audace et la vie ;
Aimez le beau, le grand, la vaillance et l'effort.
Nourrissez dans vos cœurs quelque robuste envie,
Quelque ardeur où l'esprit se sente heureux et fort.

Le Destin est pour nous ce fameux Prométhée
Qui porte la lumière aux hommes ses enfants ;
Le flambeau qu'il allume en leur âme exaltée
En fait de vrais héros et des dieux triomphants.
La raison qu'il leur donne et ses clartés sublimes
Les conduisent soudain jusqu'aux plus hautes cimes,
Et, de là, les guidant vers le fond des abîmes,
Leur font toucher du doigt des écarts effrayants.

Étoiles, qui menez vos blanches théories
Dans le profond azur de l'espace enchanté,
Montrez-moi l'appareil de vos fêtes fleuries
Que j'apprenne un secret digne d'être chanté.

Astres, qui poursuivez votre course éternelle,
Dites-moi par quel art puissant et délicat
Sur nos fronts vous planez, inlassables, d'une aile
Dont l'extrême finesse égale son éclat.

Dites-moi quel ressort vous lance dans l'espace,
Par quel charme ignoré, merveilleux et subtil,
Sans écraser jamais quelque soleil qui passe,
Vous flottez dans les airs comme au bout d'un long fil.

N'est-ce pas qu'un pouvoir, inconnu dans sa source,
Modère cet élan qui vous poussait trop fort,
Et guide tous vos pas, et borne votre course,
Et resserre le champ ouvert à votre effort ?

Gravite comme l'astre, ô Mortel ; sens-toi libre,
Même en réglant l'essor de tes plus fiers désirs,
Et, par cet art divin qui fixe l'équilibre,
Mêle sans heurt ni hâte et travaux et plaisirs.

Hommes, progressez donc à l'instar de ces astres
Qui décrivent là-haut leur orbe audacieux ;
Planez dans l'harmonie et fuyez les désastres,
Emportés par le rhythme où se meuvent les cieux.

La langue n'a nul mot pour nous faire connaître
Ce que nul n'a sondé, ce que rien ne pénètre,
Qui n'est point une chose et qui n'est point un être,
  Ce qui n'a pas de nom.
Insensés, délirez dans votre cabanon !
  Faites comme Encelade ;
Courage, entassez donc Ossa sur Pélion
Et des plus fiers sommets essayez l'escalade !
  Soyez les chefs de la rébellion ;
  Ayez la force et le cœur du lion ;
Liguez-vous tous ensemble et tentez l'impossible ;
Çà, ferme, courez sus à l'Incompréhensible ;
Visez et vantez-vous d'avoir touché la cible ;
Brûlez de conquérir et gloire et haut renom ;
En vain vous vous armez pour frapper l'Invincible ;
En vain vous espérez remuer l'Impossible ;
En vain vous aurez cru forcer l'Inaccessible ;
  Je crierai toujours : non !

Explorons l'univers ; l'espace semble vide.
Plus un sommet est haut, plus il échappe aux yeux.
Nous avons beau lever nos regards vers les cieux,
Plus nous brûlons de voir, plus le cœur est avide
D'embrasser dans la nue un bien si précieux,
Plus nous tendons vers lui nos bras audacieux,
Plus nous nous promettons d'instants délicieux,
Plus cet objet d'amour à nos vœux se dérobe.
Nous pensons le tenir par le pan de sa robe,
Nous croyons triompher : il rit de nos efforts.
Il a déconcerté jusqu'ici les plus forts.
Nous n'en connaissons rien, ni l'état, ni la forme ;
Nous n'avons ébauché qu'une image difforme
De ce que l'univers renferme de plus grand.
L'Inabordable est sourd et reste indifférent
Aux supplications des hommes et du monde,
Et, voyant d'un œil sec et le pur et l'immonde,
L'Insaisissable est froid et dur, autant que beau.
Les meilleurs d'entre nous descendront au tombeau
Sans faire remuer cette face impassible.
A ce sommet je donne un nom : l'Inaccessible.
C'est la volonté même et l'orgueil invincible ;
Ce pic sublime est vierge, et ses deux qualités :

L'esprit imperturbable et le cœur insensible
Sont comme deux géants à jamais indomptés.
Ce roc à double crête attend encor son maître ;
Nul à son bon plaisir ne pourra le soumettre ;
Au servage nul joug ne pourra le plier,
Et, fût-il le plus grand, le plus illustrissime,
Nul ne pourra poser son pied sur cette cime.
N'y pouvant point monter, tous voudront l'oublier,
Car un guerrier vaincu songe à se replier.
Téméraire est celui qui tente le sublime ;
Sa splendeur en tout temps se fait connaître assez
Par des signes certains, dans le ciel entassés,
Par des traits de lumière, et devant lui lancés.
Oui, le sublime éclate et fait assez connaître
Ce qu'il est ; sur la nuit il ouvre une fenêtre
Et laisse dans les airs courir ses messagers.
Voyez-vous bien là-haut tous ces globes légers ?
Montez, oiseaux brillants, voltigez, voltigez,
En robe de rubis, d'argent ou d'émeraude ;
Oiseaux aux pieds d'azur, ouvrez vos ailes d'or !
La nuit, quand sur les toits la lune glisse et rôde,
    La nuit, lorsque tout dort,
Si vous veillez parfois, abîmé dans vos rêves,
Vous apprendrez combien les heures semblent brèves
Qu'on passe à contempler, à méditer surtout,
Et comment on s'instruit et de rien et de tout

Par une nuit bien pure et par un ciel sans voiles
Avez-vous quelquefois regardé les étoiles
Se poursuivre, d'un vol plus rapide ou plus lent ?
Selon que leur amour est tiède ou violent,
Elles semblent se fuir ou se chercher, mais toutes
S'avancent dans la nuit par différentes routes.
On dirait que le vent les pousse en leur essor
Et qu'il les fait mouvoir par un secret ressort,
A ce point qu'on envie et leur marche et leur sort ;
Car il est merveilleux de voir comme ces astres,
Dans leur course au soleil, échappent aux désastres,
Combien les plus petits, contraints par les plus grands,
Paraissent résignés et comme indifférents,
Et, tels les temps passés que le futur absorbe,
Sans surprise ni peur gravitent dans leur orbe.

C'est qu'il est une force, un pouvoir souverain,
Un principe éternel ou quelque loi d'airain
Qui prescrit que l'infime, et sorti de la bourbe,
Devant le haut, formé d'un pur limon, se courbe.
A l'ombre d'un plus grand l'humble doit se mouvoir ;
Se soumettre et céder, voilà son seul devoir ;
Qu'il s'incline et se taise, ayant moins de pouvoir ;
C'est aux meilleurs qu'il sied de régner sur la tourbe.

Tout astre aime un soleil qu'il tient pour son seigneur ;
C'est le seul qu'il accepte et qu'il se fasse honneur
De choisir et de suivre, et les plus grands, de même,
A l'envi brûlent tous d'obéir à leur tour.
Chacun reçoit un chef qu'il vénère et qu'il aime
Et suit aveuglément sans regret ni retour,
Car nul ne peut connaître, en sa faiblesse extrême,
Qu'une admiration, qu'un culte et qu'un amour.

Portez vos yeux au sein des calmes atmosphères ;
Cherchez des vérités plus claires que le jour.
Admirez ce spectacle et contemplez ces sphères ;
Ces feux, ces mille traits, ces étoiles légères,
Ces précurseurs, ce sont ses plus belles courrières
Que le sublime au loin lance au-devant de lui.
      Ces lueurs passagères
      Ne sont point mensongères.
C'est ainsi qu'il paraît ; chaque soleil qui luit
Vient, par son propre éclat, nous annoncer le maître.
Oui, nous le pressentons ; nous courons nous soumettre,
Mais modérons d'abord ces vains empressements ;
Sachons nous mieux plier aux vrais commandements ;
Ne nous révoltons point, imitons les étoiles ;
Gravitons dans les cieux, au sein des nuits sans voiles ;
Adorons le soleil, notre unique seigneur ;
Levons les yeux vers lui, faisons-lui tous honneur.
Laissons l'Inaccessible et laissons le sublime ;
En croyant nous tenir sur la plus haute cime,
Craignons plus de marcher sur le bord de l'abîme.
Aimons donc le soleil, car sa rare splendeur
Verse un peu de clarté sur ce sommet : Grandeur !

Gravite comme l'astre, ô mortel; sens-toi libre,
Même en réglant l'essor de tes plus fiers désirs,
Et, par cet art divin qui fixe l'équilibre,
Mêle sans heurt ni hâte et travaux et plaisirs.

Hommes, progressez donc à l'instar de ces astres
Qui décrivent là-haut leur orbe audacieux.
Planez dans l'harmonie et fuyez les désastres,
Emportés par le rhythme où se meuvent les cieux.

CHAPITRE PREMIER

De la vérité et de quelques autres erreurs.

A force de songer à l'instabilité des choses humaines et surhumaines, on finit par se persuader que, rien ne durant toujours, rien non plus ne saurait être absolument vrai. A bien considérer le train du monde et le cours de l'univers, on reconnaît que ce monde particulier et que l'univers général, que tout ce qui semble avoir une longue existence se trouve en réalité emporté dans un perpétuel devenir.

Tout mue, tout change, tout se transforme et se métamorphose ; il n'y a donc point de vérité éternelle.

Toute vérité n'est qu'un point de vue ; toute vérité n'est qu'une conjecture.

La vérité, c'est un effet d'optique, et, dans une certaine mesure, une erreur de la vision. La vérité, c'est la fausse image d'un objet que nous apercevons ou que nous envisageons d'un certain biais ; cette image varie donc selon le lieu où nous sommes et la direction que suivent nos yeux.

Ce qui nous semble vrai en ce moment ne nous le paraîtra sans doute plus tantôt ; nos opinions se modifient avec nos besoins.

Ma vérité n'est pas celle d'un autre, parce que notre intérêt et notre avantage respectifs sont différents.

Toute vérité présumée est essentiellement relative ; toute apparence de vérité n'est qu'un juste milieu temporaire et personnel ; ce juste milieu n'est donc pas fixe, mais, tout au contraire, instable, particulier, relatif et perpétuellement mobile.

Le juste milieu que j'annonce et que je me propose de décrire plus loin, c'est ce *perpetuum mobile* que l'on avait jusqu'ici cherché en vain ; il est partout pour qui sait le découvrir, mais il faut apprendre à voir.

Ce juste milieu n'est ni celui de Confucius, ni celui d'Épicure, ni celui de Montaigne, ni celui de Balthazar Gracian.

Confucius nous recommande un juste milieu également éloigné des extrêmes, et il a établi une règle morale fixe qui oblige tous les hommes sans exception, pourvu qu'ils aient de la culture.

Épicure nous donne un précepte d'ataraxie qui s'adresse à tous les philosophes et à tous les sages ; il ne désire et ne cherche que la tranquillité de l'âme, tandis que le juste milieu peut être momentanément dans l'agitation et dans le trouble.

Le juste milieu et la pondération de Montaigne ne sont qu'une école de scepticisme ; ce doute continu n'est qu'un point de vue personnel et non pas un principe où chacun de nous puisse se tenir fortement, ni une règle dont l'observation constante nous maintienne tous dans notre propre assiette.

Balthazar Gracian nous propose une formule qui nous aide à nous conduire dans le monde ; il ne demande à ses disciples et à ses adeptes que des qualités pratiques, acquises et développées à force de prudence et de modération.

Selon moi, nous possédons tous la vérité et nous avons tous raison de notre point de vue particulier et présent. C'est une expérience que nous pouvons faire tous les jours et à toute heure.

Ces quatre grands instituteurs de l'humanité n'ont enseigné que d'un point de vue tout à fait spécial.

Tout ce que l'homme a inventé pour se grandir dans l'opinion qu'il a de lui-même ou pour se distraire de l'ennui et des maux qui l'accablent sans cesse, tous ces prétendus biens qui font son orgueil et qui l'oppriment si souvent : divinité, religion, morale, vertu, art, science, philosophie, sagesse, ne sont qu'autant d'appuis plus ou moins solides et puissants dont il se sert pour marcher dans la vie. Tout cela n'est utile ou nuisible que d'une manière relative et d'un point de vue particulier et temporaire. Cela n'est donc en soi ni bon ni mauvais ; cela peut être dans certains cas un bien véritable et servir à modérer nos appétits et nos passions ; dans d'autres circonstances, lorsque notre férocité naturelle aura déjà été domptée, ce sera un mal évident, bien fait pour nous maintenir sans raison dans l'ignorance et le fanatisme, et propre à nous rendre injustes envers nos semblables. Ce sera parfois un mal nécessaire ou un remède partiel, lorsque d'autres moyens d'agir manqueront complètement.

Quoi qu'il en soit, c'est un arsenal où les vieilles armes rouillées et hors d'usage sont plus nombreuses que les autres ; si les grands, les prêtres et les partis politiques en usent toujours pour combattre leurs adversaires, c'est qu'elles rendent encore des services ; lorsqu'elles ont blessé un ennemi, cette blessure peut être grave, parce que les armes rouillées sont les plus dangereuses. Ceux qui les emploient ne l'ignorent pas et ils n'y renoncent point, sachant bien que les coups qu'on porte avec leur aide sont souvent les plus terribles.

Nous avons, il est vrai, forgé des armes nouvelles, mais leur réputation n'est pas suffisamment établie. Ce sont des instruments qui n'ont pas encore assez d'amateurs ; beaucoup s'obstinent à s'en défier, et, parmi ceux qui s'en servent, plusieurs les manient toujours gauchement, ce qui les maintient dans leur discrédit.

Mais une révolution s'accomplit lentement, et le jour viendra où les moyens nouveaux triompheront des anciens. Ils seront alors en honneur, jusqu'au moment où il s'en inventera d'autres.

Voilà le cercle que nous décrivons, et il est parfois vicieux. Nous progressons lentement par cycles concentriques et nous avançons sans cesse par un mouvement de rotation continu.

La gravitation des sphères est la règle universelle que nous remarquons en toutes choses, et qui gouverne tout ce qui échappe à notre vue comme tout ce qui frappe nos faibles regards.

Les principes d'après lesquels nous nous conduisons sont

fragiles et éphémères ; les maximes qui nous servent à régler nos actions n'ont qu'une durée passagère, et tout ce qui nous paraît éternel est emporté dans un torrent irrésistible ; tout est dans un perpétuel devenir.

Nous nous attachons à ce qui nous entoure, comme le naufragé à l'épave où il s'est accroché et au brin d'herbe que sa main saisit sur le rivage et qui l'aide à gagner la terre ferme.

Le sol sur lequel nous avançons est mouvant et tremble constamment sous nos pieds. Mais qu'importe, si nous sommes bons marcheurs et bons nageurs? Que nous fait tout cela, si l'élément qui nous porte est le seul où nous puissions vivre?

Et, puisque nous vivons, puisque nous voulons vivre, il faut bien que nous acceptions les conditions nécessaires à notre existence, et qui sont déterminées par la nature des choses et par notre caractère particulier.

Que la terre où nous sommes, que le monde où nous respirons soit réel ou apparent, cela est indifférent pour nous ; que l'univers existe véritablement ou qu'il soit l'effet de notre imagination, que nous importe ? le résultat est le même ; ce que nous voyons, ce à quoi nous touchons est notre univers ; c'est le seul qui existe pour nous et qui nous regarde.

La vérité est fugitive ; c'est un nuage poussé par le vent et qui nous cache le ciel ; c'est une vapeur flottante et légère qui finit par se dissiper, et, lorsque nous croyons y toucher et la saisir, elle se fond tout à coup entre nos mains.

Contentons-nous donc de ce que nous possédons, ne fût-ce que pour un instant, puisqu'il faut bien que nous tenions à quelque chose pour vivre, et que notre existence est à ce prix.

La vérité n'est qu'une vision personnelle et passagère, mais cette erreur relative est une condition de notre existence. La vérité est un juste milieu, et notre juste milieu n'est qu'un point de vue particulier et sans cesse mobile.

L'homme est encore dans les langes ; c'est un enfant qui a toujours besoin de quelque lisière.

Chacun se sert d'un bâton pour assurer sa marche ; quelques-uns d'entre nous en ont plusieurs; et tel qui, croyant pouvoir se passer tout à fait de leur appui, les a rejetés tous ou peu s'en faut, se voit à la fin forcé de s'en tailler de sa façon, et qui sont plus gros que les autres, tant il est vrai que nous sommes nés foncièrement dépendants.

Si tout ce qui frappe nos regards, comme aussi tout ce qui leur échappe, semble avoir quelque durée; si beaucoup de choses nous paraissent éternelles, c'est que nos sens ne sont ni assez puissants ni assez délicats pour remarquer les changements imperceptibles qui se produisent partout autour de nous; les mutations grandes ou petites ne diffèrent entre elles que par le degré dans la vitesse ou dans la lenteur du mouvement; c'est là une simple question de quantités et de nuances qui nous échappent presque toujours.

Puisque l'homme est une espèce de singe, c'est-à-dire un assez faible animal, il ne faut pas s'étonner de l'imbécillité et de la malice de tant de nos semblables, mais admirer plutôt le rare génie et la noblesse de quelques-uns d'entre eux qui les ont poussés si loin et les ont élevés si haut.

L'homme est un singe plus ou moins bien apprivoisé.

CHAPITRE II

Des oscillations du pendule et du génie de l'araignée; du juste milieu perpétuellement mobile.

Le principe du juste milieu perpétuellement mobile qu'il me semble avoir remarqué partout, je le propose ici comme une règle de vérité relative la plus probable qui soit, parce qu'elle paraît avoir le caractère de sûreté approximative le plus décidé et le plus évident. Avez-vous observé le mouvement continuel et les oscillations répétées du pendule, et comme celui-ci va d'un extrême à l'autre sans pouvoir se reposer dans aucun, ne touchant à son centre et à sa base que durant un rapide instant, dans sa course toujours fugitive?

N'est-ce pas là l'image des passions effrénées, qui, passant d'un excès à l'autre, n'ont aucune stabilité et ne se tiennent jamais dans leur propre assiette?

Regardons maintenant cette araignée qui demeure immobile au milieu de sa toile, et tout au centre d'une seconde toile plus petite contenue dans la première, et comme attachée à l'axe d'un cercle renfermé dans un autre plus grand. Considérons tous les fils sphériques, toutes les lignes transversales, toutes les mailles innombrables et de largeur progressive dont elle est partout tissée, et remarquons qu'ils aboutissent tous au centre et qu'ils sont comme autant de chemins concentriques et raccourcis, conduisant directement et vite à tous les points de la périphérie, tout autour de cette sphère parfaitement ingénieuse.

Que nous apprend ce tableau? Quel est l'enseignement multiple qu'il nous fournit? N'est-ce pas là l'image de notre juste milieu perpétuellement mobile? Ce petit univers si admirablement organisé ne nous offre-t-il pas un spectacle tout différent de celui de notre fameux pendule dont l'humeur versatile et l'agitation constante ne se modèrent jamais?

Quelle sagesse, au contraire, quelle savante économie, quel instinct merveilleux et quel génie admirable dans la conduite de cette prudente araignée qui nous donne à tous une leçon si claire et si haute!

Elle modère ses appétits pour les satisfaire plus sûrement. Comme elle a su borner ses prétentions! Comme elle a élevé autour d'elle une barrière qu'elle ne franchit presque jamais! Quand elle s'aventure au delà, c'est pour réparer sa toile qui a été rompue, ou pour faire de rares excursions au bout d'un de ses fils tirés d'elle-même et formés par son art.

Si alors un instinct secret lui fait suivre une ligne droite qui la mène jusqu'au sol, dans un endroit qui lui est étranger, comme elle a hâte de revenir dans la région qui lui est familière, pour recommencer à tisser son chef-d'œuvre immortel!

Fixée au centre d'un royaume dont les frontières sont étroites à dessein, elle semble dormir tranquillement, et on la croirait assoupie ou morte ; et pourtant elle guette l'occasion propice et attend le moment favorable où quelque moucheron imprudent, effleurant par hasard les fils de sa toile, viendra s'y embarrasser et s'y prendre, et, prisonnier involontaire, s'offrira à elle comme une proie certaine.

Voyez comme à la première vibration, dès qu'elle sent son empire secoué, elle s'élance par le plus court chemin vers la victime qui s'est jetée dans ses États. L'égaré se débat, mais sa résistance est vaine ; il est pris dans les mailles de l'ouvrage comme dans un réseau de fer et ne peut échapper au piège qui le tient ; la justicière qui accourt l'étourdit et l'endort à l'aide du poison qu'elle distille ; elle l'enserre dans les minces fils qu'elle tire d'elle-même, comme dans autant de chaînes indestructibles, jusqu'au moment où l'intrus ne bouge plus ; elle ne s'arrête que s'il a cessé de remuer ; alors elle a fini, et, sûre de sa proie, elle jouit de son triomphe et sent toute sa puissance. C'est ainsi qu'elle contente ses appétits et qu'elle rassemble des trésors pour les jours futurs, ne touchant à ses richesses que si le besoin s'en fait sentir.

Quand un visiteur plus gros menace d'emporter sa toile, la peur la prend ; elle n'y retourne que s'il reste tranquille et elle parvient souvent à le maîtriser ; mais, s'il est assez fort pour reconquérir sa liberté, elle se résigne tranquillement à le voir fuir.

Toujours satisfaite de son œuvre, elle s'en retourne à son observatoire pour s'y reposer jusqu'à la prochaine alerte. Quelle leçon pouvons-nous tirer de ce spectacle ? Cette sage araignée ne semble-t-elle pas nous dire : « Apprends à te borner ; apprends aussi à borner la sphère de tes désirs ? Trace autour de toi-même un cercle qui ne soit ni trop large ni trop étroit, où tu puisses te mouvoir à l'aise ; considère qu'il y a dans la connaissance des choses, dans la poursuite des biens et des avantages de ce monde, dans la découverte des secrets qui t'entourent, une région que tu ne saurais franchir à cause de l'extrême faiblesse de ta nature.

Fixe-toi donc une limite que ton pouvoir ne dépassera pas sans tomber dans la confusion et dans l'anarchie ; plus tu sauras resserrer les frontières de ton empire, plus tu t'en sentiras le maître incontesté !

Si la sagesse a marqué le centre où tu dois te tenir, plus, en t'y fixant à demeure, tu seras près de tous les points extrêmes de ton royaume, plus vite tu pourras toucher à chacun d'eux et t'emparer de ce que le hasard t'y livrera. »

Reconnaissons que ce langage de l'araignée est assez sensé.

En suivant son exemple, nous serons sûrs d'acquérir les connaissances et les biens que les circonstances auront mis à notre portée.

Nous les obtiendrons par le chemin le plus court et sans fatigue inutile, grâce à une sage économie de nos moyens et de nos forces ; nous ne serons pas tentés de courir après l'inaccessible, ni de nous passionner pour le factice, le déraisonnable ou le faux. En imitant notre araignée, nous nous trouverons le moins loin possible de la sphère d'autrui, et, si ses États touchent aux nôtres par quelque endroit, nous serons toujours assez près de ses humeurs et de ses opinions pour essayer de les comprendre ; nous les mépriserons moins et nous ne les condamnerons jamais sans rémission.

Ne voilà-t-il pas une haute leçon pour les nations et pour les peuples, pour les princes et les souverains et pour tous ceux dont le métier est de gouverner les hommes ?

N'en est-ce pas une grande non plus, et féconde et salutaire, pour les capitaines et les conquérants, pour l'homme de guerre qui veut vaincre ses ennemis, pour le politique qui cherche à triompher de ses adversaires, pour l'orateur et l'avocat qui s'efforcent de confondre leurs contradicteurs ?

Ne semble-t-il pas que cette règle d'une vérité relative soit d'une bonté certaine et d'une justesse universelle ?

C'est cette apparence de raison qui m'a décidé à l'ériger en principe, et c'est pourquoi j'en ai fait comme le centre de mon ouvrage.

En faisant réflexion sur les oscillations du pendule ou balancier, j'ai vu qu'il fait double chemin, dans sa course continuelle d'un extrême à l'autre ; il ne s'arrête et ne finit point ; tandis que notre araignée, en partant du centre où elle est fixée, atteint rapidement le point où elle veut se rendre ; elle n'y court que pour se saisir d'une proie assurée ; elle n'y demeure que pour en prendre possession et, dès que son ouvrage est achevé, elle retourne à son observatoire, pour s'y tenir dans son apparente immobilité et s'y reposer quelque temps à l'aise jusqu'à l'alarme suivante.

Ainsi je me suis convaincu que le principe énoncé plus haut donne bien la plus probable solution, parce qu'il a la raison pour lui en même temps que le témoignage du cœur et des sens.

Cette règle paraît pouvoir être appliquée d'une manière générale ; elle renferme ses exceptions en elle-même, ce qui semble lui donner une sanction véritable ; elle nous propose un juste milieu perpétuellement mobile, c'est-à-dire un centre qui se déplace selon le moment et une sphère dont l'axe de rotation et l'orbe ou cercle de gravitation varient d'après les circonstances.

Le juste milieu change donc sans cesse et semble pencher parfois fortement d'un côté, lorsque son centre de gravité se déplace ; il arrive même qu'il tombe complètement dans un extrême, comme c'est le cas pour l'infini de la matière que nous examinerons plus loin, et pour ses modes infinis d'espace et de temps.

Ces infinis, étant absolus, ne se tiennent que dans l'excessif, l'incommensurable et l'inaccessible.

Ce qui serait outré et faux ailleurs est ici la règle normale et fixe. Cette matière infinie forme l'essence de la nature universelle des choses ; nos forces étant singulièrement bornées, on voit l'importance de ce qu'il nous est défendu d'embrasser et de connaître.

Nos passions sont violentes, nos appétits sont immenses, mais il y a dans l'univers une pâture monstrueuse qui ne convient pas à nos organes. — Nous ne saurions y toucher ; n'essayons donc pas d'y atteindre ; prenons la ferme résolution de n'y pas trop songer ; résignons-nous et contentons-nous de jouir de ce qui se trouve à notre portée.

La sphère ou cercle, qui est ailleurs l'œuf ou la cellule, est le principe de tout ce qui se rencontre dans l'univers organisé.

Chaque sphère se divise en deux et donne naissance à une seconde sphère qui lui ressemble.

Chaque grande sphère est formée par la réunion d'une foule de sphères plus petites.

Une grande sphère peut en produire aussi une autre plus petite qu'elle-même, et la petite sphère se détache alors de la grande.

Les grands cercles renferment et absorbent les petits. — Ceci explique pourquoi un être supérieur est moins loin de son inférieur que celui-ci ne l'est du premier. L'être supérieur, en ouvrant bien les yeux, voit toute la zone intérieure qui lui est commune avec son subordonné, et il aperçoit encore en surplus toutes les parties basses de celui-ci ; il domine ce qui est au-dessous de lui. L'être inférieur ne remarque rien de ce qui est au-dessus de ses idées ; il ignore tout ce qui dépasse sa sphère, parce que l'étendue de son regard est bornée au cercle où il se meut.

Le principe de la progression ou du développement continu par cycles sphériques et concentriques est la grande règle qui gouverne tout dans l'univers.

Ce que nous remarquons dans la constitution de la toile de l'araignée, nous l'observons dans la formation des cieux, nous le retrouvons dans l'organisation de notre propre corps.

Partout des sphères et des cercles, tournant sur leur axe, et gravitant les uns autour des autres, dans un mouvement de rotation continu, les grandes sphères et les grands cercles déterminant la course des plus petits par la force d'un pouvoir supérieur.

Le même phénomène s'observe dans l'organisation du corps et la circulation du sang.

Nous savons aussi maintenant, et c'est Svedenborg qui l'a dit le premier, que chacun de nos organes est composé d'un nombre indéfini d'organes de la même espèce, mais plus petits ; que le poumon est formé d'une foule de petits poumons ; le cœur, d'une foule de petits cœurs ; l'estomac, d'une foule de petits estomacs ; le cerveau, d'une foule de cerveaux plus petits.

CHAPITRE III

Des preuves éloignées mais probables de la justesse relative et de la vérité approximative du principe précédent.

Le spectacle de l'univers et de ce firmament où nous voyons rouler une infinité de globes de grandeur différente qui tournent sur leur axe et qui gravitent tous les uns autour des autres dans l'espace illimité, est une preuve éloignée, mais en même temps, une confirmation évidente du principe énoncé plus haut.

Nous voyons partout le chaos s'organiser et former les corps célestes, dont l'univers se compose ; celui-ci n'est que la réunion de tous les corps célestes organisés.

La matière est l'essence de toutes les choses qui sont dans la nature ; les forces contraires et respectives de chaque masse où molécule de matière s'équilibrent dans cette lutte générale, s'organisent et forment cette foule de sphères qui se meuvent dans les cieux ; c'est une progression toujours croissante.

Le chaos, c'est la matière qui n'est pas encore organisée et qui n'a pas pris corps.

Plus un corps est organisé, moins il est chaotique.

Nous voyons donc partout et d'abord l'impulsion aveugle qui agite la molécule, la masse chaotique, mise en branle par cette force instinctive, et ensuite tenue en respect par le pouvoir contraire qui réside dans la molécule ou masse chaotique voisine. L'équilibre s'établit enfin par le jeu des forces respectives.

La pondération de la masse chaotique, modérant l'impulsion première et aveugle, les proportions s'établissent, la matière s'organise, l'univers se forme et se meut dans un ordre parfaitement régulier.

Nous observons la même progression partout dans l'univers, dans les corps célestes comme dans tout ce qui existe sur notre terre, depuis l'être humain jusqu'à la toile de l'araignée.

Nous voyons ici l'impulsion ou l'appétit de cette dernière, qui la pousse à quitter le centre de sa toile, se réduire aux frontières qu'elle a fixées elle-même, à la périphérie du cercle qu'elle a tracé autour d'elle. Elle s'est isolée du monde extérieur, qui la borne de toutes parts, par la barrière qu'elle a élevée elle-même autour du centre où elle se tient.

Son pouvoir et celui qui s'y oppose et qui le combat du dehors sont toujours en conflit et se mesurent sans cesse; leurs forces respectives et contraires s'équilibrent dans cette lutte où l'araignée ne saisit et ne dévore, n'absorbe et ne s'assimile que la proie qui est restée prise dans sa toile.

Cette règle est générale, et rien n'y échappe dans l'univers.

Je vais essayer de dresser un tableau qui servira à expliquer et à faire mieux comprendre ma pensée; j'y réunis diverses notions, de qualité et de quantité différentes, exprimées chacune par trois degrés progressifs et proportionnels.

Il ne faudra pas comparer les lignes entre elles, mais considérer seulement le rapport des trois termes que j'ai mis en regard et que j'ai fait tenir respectivement sur la même ligne.

On verra partout la première quantité, combattue par la seconde, et l'équilibre, naissant de leur conflit, s'établir et se fixer dans le dernier terme de la proposition qui donne la solution du problème; le mariage des deux premières grandeurs s'accomplit et se consomme dans la troisième.

Il va de soi que j'ai dû m'accorder une certaine liberté afin de multiplier les exemples, et que j'ai été obligé malgré moi de réunir pêle-mêle tous ceux que je fais tenir sur ces tablettes disparates et qui s'y trouvent dans un ordre qui n'est forcément pas très rigoureux.

CHAPITRE IV

Tableau synoptique ou échelle progressive de quelques grandeurs.

Chaos,	organisation,	univers.
Matière,	forme,	corps.
Impulsion,	résistance,	gravitation.
Attraction,	répulsion,	équilibre.
Excès,	pondération,	modération.
Outrance,	tempérament,	mesure.
Commencement,	milieu,	fin.
Complication,	simplification,	explication.
Enveloppement,	développement,	éclaircissement.
Problème,	démonstration,	solution.
Ligne courbe,	ligne brisée,	ligne droite.
Dionysos,	Apollon,	harmonie.
Mouvement,	rhythme,	mesure.
Mélodie,	harmonie,	chant.
Course,	marche,	danse.
Vie,	progrès,	élévation.
Ascension,	hauteur,	avènement.
Vitesse,	ralentissement,	cadence.
Disharmonie,	proportion,	beauté.
Préparation,	nœud,	catastrophe (événement).
Naissance,	croissance,	transformation.
Aurore (du latin *oriri*, naître, se lever),	apogée,	déclination.
Irritation,	courroux,	apaisement.
Aube,	jour,	crépuscule.
Origine,	histoire,	souvenir.
Dilemme,	choix,	conclusion.
Cœur,	tête,	philosophie.
Lever,	zénith,	coucher.
Passion,	raison,	sagesse.
Amour,	haine,	indifférence.
Femme,	homme,	enfant.

Femelle,	mâle,	petit.
Attente,	tension,	détente.
Anarchie,	constitution,	société.
Hostilité,	guerre,	paix.
Discorde,	médiation,	concorde.
Contradiction,	conciliation,	réconciliation.
Conflit,	lutte,	accord.
Mécontentement,	grève,	arbitrage.
Grève,	arbitrage,	transaction.
Inquiétude,	trouble,	tranquillité.
Rumeur,	bruit,	calme.
Évolution,	révolution,	dévolution.
Dilection (prédilection),	élection,	sélection.
Tempête,	zéphyr,	accalmie.
Électricité,	foudre,	air pur.
Classicisme,	romantisme,	modernisme.
Hellénique,	gothique,	romantique.
Optimisme,	pessimisme,	ataraxie.
Foi,	doute,	scepticisme.
Socialisme,	despotisme,	individualisme.
Collectivisme,	séparatisme,	propriété.
Licence,	loi,	liberté.
Esclavage,	instruction,	libre arbitre.
Barbarie,	éducation,	civilisation.
Civilisation,	goût,	culture.
Sauvagerie,	élégance,	politesse.
Horde,	association,	société.
Férocité,	justice,	courage.
Cruauté,	devoir,	héroïsme.
Instinct dionysien,	apollinien,	tragique.
Grossièreté,	délicatesse,	force.
Excès,	mesure,	goût.
Épicurisme,	stoïcisme,	*ars vivendi.*

On peut multiplier ces exemples à volonté, on verra que les deux premiers termes sont partout ici les extrêmes, et que le troisième marque le juste milieu.

Le tableau que je viens de dresser n'est qu'approximatif et ne donne qu'une explication relative de mes idées, mais il suffira au lecteur avisé pour lui faire comprendre le fond de ma pensée et lui montrer que le même principe, unique et général, gouverne tout dans l'univers.

Ceci est donc une preuve probable et une confirmation lointaine de la bonté de ma règle du juste milieu perpétuellement mobile.

CHAPITRE V

De l'Infini de la matière et de ses modes infinis d'espace et de temps.

Nous voyons que le pouvoir de la matière est illimité, parce que les effets en sont énormes, monstrueux, formidables, et qu'on ne saurait en calculer exactement toute l'immense portée. Si son pouvoir est illimité, la matière est donc infinie, parce que chaque point de l'étendue doit être forcément occupé et plein pour qu'une force sans bornes soit produite par la matière.

Cette force infinie qui se manifeste dans l'univers est le jeu éternel du ressort formidable qui se trouve renfermé dans la matière infinie; l'impulsion est donnée par la matière.

La toute-puissance anime l'univers.

L'espace est infini; supposons qu'il soit fini; par quoi serait-il borné? Qu'y aurait-il derrière lui? Un mur? Une barrière? Et derrière cette barrière et ce mur, n'y aurait-il plus rien? Ceci est impossible; l'espace est infini.

L'espace doit être infini pour contenir la matière infinie.

Le temps aussi est illimité parce que les forces sans bornes de la matière infinie agissent sans cesse dans l'univers, qu'elles s'y sont toujours manifestées et s'y manifesteront sans fin. Le temps est infini, c'est-à-dire que le moment présent durera éternellement; il est impossible d'imaginer que le temps ait jamais commencé et qu'il puisse finir un jour.

Il y a donc trois infinis qui gouvernent l'univers, ou plutôt il n'y en a qu'un seul qui conduit tout, c'est la matière; les infinis d'espace et de temps ne sont que les modes ou conditions d'existence de celle-ci ; il n'y a ni espace, ni temps sans matière, parce qu'il n'y a pas d'ombre sans corps ; mais il n'y a pas de matière sans espace ni temps, c'est-à-dire sans un lieu qu'elle occupe, ni une durée pendant laquelle elle se développe.

La matière existe donc seule en réalité ; l'espace et le temps ne sont que les conditions extérieures de son existence, et les modes qui lui servent à manifester sa toute-puissance.

La matière, c'est la force ; la matière infinie, c'est la force infinie, c'est le jeu de la puissance illimitée des molécules.

S'il y a quelque chose de divin dans l'univers, c'est la toute-puissance de la matière.

Cette toute-puissance nous est inaccessible ; tous les dieux que nous avons inventés sont faits à notre misérable image et ne sont que des dieux d'argile de boue.

Vivons en harmonie avec les forces de la matière et avec la nature des choses qui remplissent l'univers, et nous ferons ainsi ce que nous devons faire.

La matière est la grande déesse tragique de l'univers. De même qu'il y a trois infinis dans l'univers, il y a trois unités dans la tragédie grecque et dans la française ; la seule essentielle est celle d'action ou de sujet dont les deux autres, celles de temps et de lieu, ne sont que les conditions extérieures.

On voit l'analogie qui existe entre la tragédie grecque, l'univers et la vie.

L'univers est une grande tragédie éternelle qui se développe sans fin dans une belle ordonnance.

La tragédie est un petit univers d'une heure que le génie anime de son souffle et qui se meut devant nous dans un rhythme savamment combiné

La vie est une tragédie dont l'homme est l'acteur héroïque.

La tragédie est la grande matière divine du monde grec.

L'homme doit vivre en artiste.

La vie humaine doit ressembler à une œuvre d'art qu'anime un héroïsme tragique et qu'une belle sérénité nimbe de sa douce auréole.

Toute philosophie, vraiment digne de ce nom, n'est qu'un savant extrait poétique formé par l'héroïsme et l'instinct tragique du génie.

CHAPITRE VI

De l'origine de l'homme et de sa destination; de la métamorphose.

Si la matière est infinie, si sa force est illimitée, il s'en suit qu'il n'y a pas de renaissance éternelle, que le même être, que la même chose ne peuvent se produire ni exister une seconde fois, parce que le domaine des combinaisons possibles est sans bornes.

Il n'y a pas de répétition littérale dans l'univers.

Nous sommes le produit d'une semence ; le germe dont nous sommes formés, d'où sort-il ? C'est la quintessence du sang de ceux qui nous engendrent. Et ce sang, d'où est-il tiré ? C'est le produit de la transformation des aliments, absorbés et assimilés par nos générateurs. Et ces aliments, d'où viennent-ils ? Des animaux, des plantes, des végétaux, des céréales, des légumes, des fruits que nous mangeons pour nous nourrir.

Et ces êtres et ces choses qui nous servent de pâture, de quoi sont-ils formés à leur tour ? Parmi les animaux, les uns s'entre-dévorent, les autres tondent les herbages qui couvrent le sol, et toutes ces plantes et ces herbes pompent les sucs de la terre ; celle-ci enfin tire des métaux et des minéraux qu'elle renferme dans son sein les mille liquides et sucs substantiels et vivifiants qu'elle fait circuler en abondance dans les fibres des herbes et des plantes vivant à sa surface.

La terre est donc la grande nourricière, la mère sacrée ; la terre, c'est-à-dire la nature qui est la même partout dans le vaste infini de la matière et de l'univers incommensurables.

Voilà d'où nous venons ; et où allons-nous ? Nous retournons à l'état d'où nous étions sortis, c'est-à-dire que chaque grain de poussière, que chaque poignée de cendre où nous serons réduits viendra nourrir et vivifier à son tour une parcelle de ce formidable univers. Notre être tout entier, qui n'est que matière, rentrera dans le grand réservoir de la matière universelle. Cette pensée n'a-t-elle pas de quoi nous réjouir et nous réconforter?

Ce n'est pas l'immortalité rêvée par les métaphysiciens et les prêtres, qui ont été forcés de rapetisser le monde pour grandir l'homme et de donner à celui-ci une âme indépendante du corps, un esprit pur qui n'existe pas ; il n'y a pas d'esprit pur, et nulle part dans l'univers ; il n'y a que des forces de la matière, des fonctions d'organes ; le cerveau est une force de la matière, l'âme, une fonction complexe et compliquée du cerveau et du cœur, comme Nietzsche l'a si bien montré.

Pour faire de l'homme le centre et la raison d'être du grand tout, les métaphysiciens et les prêtres ont été obligés de rabaisser et d'amoindrir la matière et l'univers ; cette pensée est misérable et mesquine, et digne d'un être qui, se sentant faible et borné, n'a pas trouvé de meilleur moyen pour se grandir lui-même dans sa propre estime.

Si l'immortalité de l'âme et la vie éternelle ne sont que des mots vides de sens, si la personnalité humaine s'évanouit avec la mort, si la seule réalité véritable est l'existence perpétuelle de la matière sous des formes différentes, si tout dans l'univers est mutation, transformation et métamorphose, d'aucuns y perdront peut-être la douce folie d'un vain rêve ; mais la sottise et la faiblesse d'une si plate imagination sont largement compensées par la certitude de l'éternité de la matière, par la pensée que nous ne venons pas de rien et que nous ne retomberons pas à rien, et que, grâce à cette métamorphose merveilleuse, les molécules qui composent notre être, formées d'éléments naturels, retourneront à cette terre dont elles étaient sorties, pour y remplir des fonctions diverses, pour nourrir ici de sucs puissants et délicats quelque fleur brillante ou quelque plante utile, pour engraisser là un champ de blé ou un carré de légumes, pour rendre enfin au sol dont elles avaient été tirées toutes les forces et toutes les vertus qu'elles lui avaient prises autrefois.

Mais dira-t-on, quelle est alors, en fin de compte, la valeur exacte de cette vie que nous menons sur la surface de la terre.

Quelle est la valeur de cette vie ? elle est immense à qui sait la connaître et s'en servir.

Le Destin a permis une fois à la sagacité de l'homme de jeter un long regard perspicace et pénétrant sur le monde où il se trouve, sur la nature qui l'entoure, sur le vaste univers qui l'écrase.

Il voit le conflit éternel des choses, il aperçoit leurs instincts opposés, il découvre leurs appétits contraires, il assiste avec intérêt et curiosité à la grande lutte tragique des éléments rivaux conjurés les uns contre les autres.

Il ressent avec bonheur la joie secrète qui le pénètre et qui l'exalte, car il sait qu'il est né lui-même pour se mesurer avec ses semblables et avec tout ce qu'il rencontre sur son passage.

Il supporte avec constance la douleur qui l'éprouve et l'ennoblit; il lui doit le meilleur de ce qu'il tire de l'existence et de lui-même ; il use de la vie en grand artiste qui sent que les maux qu'il endure font de lui comme un noble instrument aux cordes puissantes mais sensibles, et dont il sait tirer des sons aussi délicats que vigoureux.

Il est convaincu que ses misères et ses tribulations prendront fin un jour et qu'il ne vivra qu'une fois ; il se dit qu'il n'a pas un moment à perdre pour faire sortir de lui-même et de ce qui l'entoure tout ce qu'ils renferment d'excellent et de rare.

Il devine les hautes prérogatives, il apprécie le précieux privilège qui lui ont été conférés par le sort qui lui fournit l'occasion de jouir de tout ce que ce monde contient de bon, de doux et de beau ; il prévoit l'admirable destinée qui l'attend, il pressent sa grandeur personnelle, il aspire à monter sur le faîte de sa propre puissance, il concentre toutes ses forces vers un même point afin d'user de la vie dans toute l'intensité qui est en elle et il poursuit avec ardeur un but si élevé et si noble.

Mais pourquoi, répondra-t-on, ferait-il cet effort ? Parce qu'il y est poussé par ses appétits et par l'instinct même de la vie. Parce que le meilleur de l'existence est dans la tension suprême de tout notre être vers un idéal de grandeur sublime.

En résumé, à quoi cet effort se réduit-il ? A développer harmonieusement toutes nos facultés naturelles, à ramasser toutes nos forces pour les unir dans une même pensée, à faire croître notre pouvoir légitime, à fortifier le sentiment de notre puissance réelle, dans la ferme conviction que nous atteindrons un jour le haut but que nous poursuivons depuis longtemps.

Un dessein si noble et si élevé donne seul à la vie toute sa valeur ; cette valeur véritable est purement artistique.

Il convient donc de vivre le mieux possible, puisque nous ne vivons qu'une fois, et il nous appartient de tirer de cette vie unique tout ce qu'elle renferme de plus précieux et de meilleur.

L'instinct de la vie est un instinct tragique, c'est-à-dire que l'héroïsme en fait le vrai fonds.

Le développement progressif de l'homme est une métamorphose continuelle.

Pour apprendre à mourir apprenons à bien vivre :
Cet art est tout en nous et tient mal dans un livre.

CHAPITRE VII

De l'appétit, maître souverain de l'univers, et de ses serviteurs accidentels.

Tout est transition dans l'univers, puisque rien ne dure et que tout passe sans cesse ; tout est transitoire d'un moment à l'autre, et de ce point-ci à celui-là. Mais, dans ce mouvement général et continuel, les êtres et les choses ne cherchent pas seulement à se conserver, ils tendent encore à grandir et à augmenter. Tout est poussé par un appétit insatiable, tout aspire à absorber et à s'assimiler ce qui l'entoure, et veut croître constamment. Tout ce qui ne progresse pas, loin même de pouvoir se conserver, finit fatalement par décroître, et par périr.

Tout dans l'univers agit comme l'estomac ; tout est estomac ; nos sens, nos organes, nos passions, notre cerveau, tout l'est.

Les êtres et les choses sont des estomacs, et toute la matière répandue dans l'univers sans bornes n'est qu'un estomac formidable.

Tout est construction et destruction ; ce qui construit doit détruire autre chose ; ce qui est détruit sert à construire quelque chose, quelque part dans l'univers.

C'est la loi générale, et rien n'y échappe. Tout est dans une transition constante, tout est dans un perpétuel devenir.

L'instinct qui gouverne l'univers est un instinct tragique ; c'est le plus fort qui l'emporte. Le plus puissant triomphe ; voilà la tragédie.

La lutte est le grand principe universel, et la paix elle-même n'est qu'une guerre déguisée ; c'est qu'on s'est mis d'accord pour le partage du butin et qu'on se repaît à l'aise.

Tout est guerre, même celle qui n'est pas sanglante, et rien de ce qui arrive dans le monde ne s'y produit sans lutte.

Les appétits diffèrent selon le pouvoir et les forces ; l'équilibre s'établit toujours, au profit de l'un et au préjudice de l'autre. Quand l'appétit du plus fort, c'est-à-dire du vainqueur, est violent et despotique, il dévore parfois complètement le vaincu.

Le cerveau aussi est un estomac ; il se nourrit comme lui ; en se nourrissant, il augmente sa puissance et celle de l'être qu'il sert.

Plus le cerveau a de besoins, plus il a d'appétit, plus il se nourrit de tout ce qui lui convient ; tout ce qui le sert, tout ce qui lui plaît lui devient agréable pâture.

Le génie s'empare de tout ce qui s'offre à lui, rejette ce qui lui est inutile et prend possession de tout ce qui peut favoriser et embellir son ouvrage.

Le génie est comme l'abeille qui butine en tous lieux et qui tire son miel du suc de mille fleurs.

Les grands génies sont de grands plagiaires. Ils prennent tout ce qui leur convient et reviennent chargés d'un immense et précieux butin. Les grands génies sont des conquérants sans scrupules ; ils mettent la main sur tout ce qui leur plaît et pillent partout sur leur passage.

Du suc exquis d'une infinité de douces fleurs eux seuls savent composer ce miel amer et suave à la fois qu'ils répandent à profusion dans tous leurs ouvrages. Ils mettent savamment en œuvre ce qui eût été perdu ailleurs.

De même qu'en voyant un corps brillant de force et de santé, personne ne songe à lui reprocher de n'avoir grandi et embelli et de n'avoir tant prospéré que grâce à la nourriture qu'il a prise ; nul non plus, en considérant un esprit remarquable ou un grand génie, ne sera bien venu à lui dire qu'il ne doit sa puissance et sa splendeur qu'aux emprunts qu'il a faits, car il s'agit toujours et surtout de bien digérer sa pâture, de se l'assimiler parfaitement, et de savoir mettre en œuvre ce que nous lui devons. Ceci n'est pas facile et n'est donné qu'à peu de gens.

Ainsi donc l'impulsion qui ébranle partout l'univers, l'instinct puissant qui le gouverne, c'est cet appétit monstrueux qui le pousse à saisir la proie destinée à le nourrir et à le faire croître.

L'appétit est le mobile du monde ; c'est un instinct qui augmente tout pouvoir, qui fortifie chaque corps, chaque molécule par l'absorption et l'assimilation de ce qui l'entoure immédiatement.

Tout aspire à s'étendre, tout veut grandir, mais, comme chaque parcelle est animée du même instinct, dans ce conflit général, dans cette lutte acharnée, les corps tendent à équilibrer leur pouvoir, selon le degré de leurs forces respectives. De là attraction et répulsion, action et réaction, amour et haine, chaos et organisation, désordre et harmonie, guerre et paix.

Cet instinct de l'univers est un instinct tragique et chaque molécule des corps est animée d'un héroïsme qui la jette dans la lutte et qui la pousse à triompher de tout obstacle et à vaincre ce qui lui fait résistance.

L'univers est formé de deux éléments différents qui semblent destinés à se faire une guerre sans merci, acharnée et éternelle, jusqu'au moment où je ne sais quel secret pouvoir, par le jeu formidable d'un ressort merveilleux et grâce à cet art savant de la pondération des molécules et des corps, établit entre eux un équilibre incroyable dont la régularité et la constance nous étonnent et nous frappent d'admiration.

L'un de ces deux éléments est le cœur ; l'autre, la tête ; l'un, l'instinct aveugle ou la passion, l'autre, l'intelligence réfléchie ou la raison ; l'un, le dionysien, l'autre, l'apollinien.

On peut comparer le premier au chaos, le second, à l'univers organisé.

Le cœur semble bien être le principe de tout.

La première cellule organisée renferme le cœur qui est la genèse de tout ce qui doit suivre.

Ce qui se forme d'abord, c'est le cœur, et l'être ne périt que si le cœur a cessé de battre.

Dans le monde appelé inorganique, et où tout cependant est organisé comme ailleurs, la première molécule ou cellule produit également les suivantes.

La cellule et l'œuf sont le principe de toutes les choses dans la nature et dans le monde, et tout est transition parce que tout est dans un perpétuel devenir.

Pour se convaincre à quel point tout est lié dans l'univers, il n'y a qu'à jeter les yeux sur ces formes intermédiaires qui unissent les trois règnes de la nature et à remarquer que les madrépores, appelés aussi lithophites ou cellépores, sont des pierres qui sont des plantes et qui ont des rameaux, et que les zoophytes sont bien réellement des plantes vivantes et des végétauxanimaux doués des principaux organes de l'animal et subsistant tout à fait comme ce dernier.

Ainsi donc, il n'y a point de monde inorganique; ce qui n'est pas organisé est chaotique; mais là où il y a un monde, on rencontre aussi l'ordre et l'organisation.

La cellule et l'œuf sont de petits mondes qui en forment d'autres plus grands. L'homme est né d'un œuf, et les corps célestes sont de grandes cellules; ce sont des cercles ou sphères qui se développent comme tous les œufs. Nous sommes ovaristes, parce que l'ovarisme existe partout, de même que la métamorphose.

En concluant du petit au grand, nous pouvons affirmer que les globes célestes se sont formés de la même manière; en effet, nous savons aujourd'hui avec certitude que les corps se séparent, que les sphères se divisent, que les planètes et les mondes plus petits ne sont que des éclats et d'infimes morceaux d'étoiles fixes et de soleils.

Les mondes sont de vastes organismes impersonnels, de même que l'homme, les animaux, les êtres vivants et tout ce qui respire ou existe, les plantes et les matières inorganiques qui se trouvent sur la terre et dans l'univers, tout ce que nous voyons et tout ce que nous pressentons, toutes ces choses ne sont qu'autant de petits mondes organisés et particuliers.

Nous sommes servis dans la lutte que nous soutenons dans la vie par nos membres, nos sens et nos organes. Tous sont pour nous des instruments et des armes. Dans ce qui nous entoure, nous nous aidons aussi de tout ce que nous pouvons plier à notre volonté. Tout nous est outil, et nos propres facultés, nos qualités et nos vertus, tout ce qui est en nous n'est qu'un vaste arsenal destiné à soumettre le monde.

Mais ce serait une erreur de croire que nos organes nous ont été donnés pour nous faciliter cette conquête et que nous étions destinés à triompher de tout ce qui nous entoure. Au contraire, le hasard nous ayant donné certains organes, nous en avons usé du mieux que nous avons pu; il est arrivé que l'habile emploi que nous en avons fait nous a aidés à asservir ce qui nous entoure et nous a permis d'achever la conquête de la terre que nous habitons.

Nos membres, nos sens, nos organes, notre cerveau ne sont donc que des instruments qui servent à notre conservation et à notre grandeur. Mais ils ne nous ont pas été donnés parce que nous étions destinés à exercer certaines fonctions à l'exclusion de certaines autres, mais, tout au contraire, nous exerçons ces fonctions parce que nous possédons par hasard les membres, les sens, les organes, le cerveau qui en sont les instruments; nous aurions pu naître autrement conformés, et nos fonctions eussent été différentes. Ainsi l'œil ne nous a pas été donné pour nous permettre de voir, mais nous voyons parce que nous avons par hasard des yeux, et nous eussions pû naître aveugles ou peu s'en faut, comme la taupe et d'autres animaux, et vivre quand même parfaitement. Nos facultés n'eussent pas été les mêmes, voilà tout.

Il en est ainsi de tout notre organisme, et de tout ce qui existe dans l'univers.

Les armes sont distribuées fortuitement ; les forces sont accidentelles.

Les mieux armés demeurent seuls victorieux.

Il n'y a point de causes finales particulières.

Les forces naturelles de la matière se développent progressivement dans l'univers infini.

CHAPITRE VIII

De l'éternité de la matière et de ses propriétés éternelles ; de l'Éternel et du premier principe ; de l'hermaphroditisme et de la parthénogénèse ; de la mutation et de la métamorphose ; de l'atavisme ; de l'inégalité et du changement ; de l'amour ; des religions ; de la vie et de la mort ; de la valeur de notre vie ; que tout vit parce que tout existe éternellement ; que tout est mouvement et vibrations ; que la vitesse du mouvement diffère seule, mais qu'elle varie sans cesse et à l'infini ; que tout est dans un perpétuel devenir.

Nous avons vu que chaque molécule ou parcelle de matière est un œuf ou cellule ; la matière infinie et éternelle n'est donc qu'une cellule immense, un œuf gigantesque ; c'est un polype énorme, monstrueux, indestructible, se reproduisant sans cesse de lui-même et par lui-même dans toute éternité ; voilà ce que j'appelle l'Éternel. Le prétendu bon Dieu des hommes n'est qu'un pauvre sire, comparé à mon Éternel ; ce n'est qu'un bon papa.

De même que chaque parcelle ou molécule de matière, chaque œuf, chaque cellule se sépare en deux parties, et que toute subdivision donne, à son tour, naissance à deux cellules nouvelles, ainsi la matière infinie, l'Éternel, le premier principe se divise à l'infini et forme peu à peu tout ce qui existe. C'est de ce vaste et inépuisable réservoir que sortent, c'est de ce premier principe que procèdent toutes les choses et tous les êtres qui remplissent le temps et l'espace sans bornes.

La matière est éternelle, c'est-à-dire qu'elle n'a ni commencement ni fin, parce que rien ne vient de rien et que rien ne retourne à rien ; pour s'en convaincre, il suffit d'observer ce qui se passe autour de nous et de remarquer que nulle chose et nul être ne sortent du néant et n'y rentrent, quelque infimes qu'ils puissent être ; si donc le fini est éternel, en tant que matière, et n'est point créé de toutes pièces, à plus forte raison l'infini n'est-il pas l'œuvre de la création. Si l'on m'objecte, avec saint Augustin, que Dieu peut avoir créé l'univers de toute éternité, je répondrai qu'il y a dans cette proposition une *contradictio in adjecto,* étant donné que ce qui existe de toute éternité n'a pas été créé, et que ce qui a été créé n'existe pas de toute éternité.

Il n'y a pas de création au sens propre et absolu du mot ; il n'y a donc pas de Dieu créateur ; il n'y a de création qu'au sens figuré et relatif du mot, dans l'œuvre de la nature, par changement, transformation et métamorphose.

D'aucuns répliqueront que Dieu est l'âme du monde, comme le prétend Straton, ou le monde idéal de Platon, mais, puisque l'âme n'a pas d'existence propre et indépendante de la matière, il n'y a pas plus d'âme universelle que d'âme individuelle, si l'on entend par âme une substance distincte et séparée de la matière.

Plusieurs autres encore riposteront que l'univers est comme une horloge et que Dieu est l'horloger, mais la production des phénomènes cosmiques ne s'explique pas comme la construction de nos machines, où la seule mécanique suffit ; ce que l'homme et les êtres vivants produisent seul de viable, ce sont des individus qui leur ressemblent et qui sont formés par la semence qui a jailli d'eux-mêmes ; cette génération s'opère par la conjonction des sexes dans les espèces supérieures, et par parthénogénèse dans les inférieures.

La matière éternelle est le grand réservoir de l'univers ; c'est de là que part l'impulsion ; là est l'élément dionysien ; la nature actrice, créatrice, formatrice et réformatrice, *natura naturans,* est le souffle qui anime et ordonne tout, le νοῦς de Parménide ; c'est là l'élément apollinien ; le terme de la conciliation, *natura naturata,* c'est l'objet ou l'être formé par cette union intime, l'enfant, le produit de la matière organisée dont il est la manifestation sensible et le phénomène toujours divers et toujours nouveau.

L'Éternel n'est donc pas autre chose que la matière éternelle, et l'univers n'est que le développement progressif, croissant ou décroissant, ascendant ou descendant, de la matière informe et éternelle.

Les Grecs avaient déjà représenté, dans une allégorie fameuse, Eros ou Cupidon faisant couver par la nuit l'œuf énorme de l'amour. Dans ce symbole la nuit figure le chaos de la matière qui s'organise peu à peu.

Tout dans l'univers est appétit ou volonté de domination et génération ou reproduction.

J'ai montré plus haut de quelle manière l'appétit se satisfait partout ; je veux faire voir ici comment a lieu la génération universelle.

Nous voyons que les êtres supérieurs ont les deux sexes séparés et que la génération s'accomplit par la conjonction de ceux-ci ou copulation ; les êtres inférieurs, au contraire, ont les deux sexes réunis dans le même individu, et la reproduction s'y fait par parthénogénèse ou génération spontanée.

La matière éternelle ou l'Éternel peut être figuré par le serpent qui se mord la queue ; c'est là le principe et, en même temps, la fin de tout, en tous lieux et à perpétuité.

Ici nous trouvons ensemble la grossièreté et la force, et aussi la confusion des sexes ; là, la délicatesse et l'esprit en même temps que la séparation des sexes.

Les deux sexes sont réunis, par exemple, chez les polypes, les infusoires, les oursins, les poux, etc. ; les sexes sont séparés dans toutes les espèces dont l'organisation est supérieure.

Mais il y a compensation partout ; là, où l'intelligence est grande, où les sensations sont intenses et vives, où les sexes sont distincts, la nature est délicate et vulnérable ; là, au contraire, où l'instinct est aveugle, où tout est intuition, où les sensations sont faibles et calmes, où les sexes sont mêlés, là aussi la nature est robuste et résistante.

La matière infinie et éternelle, ce que j'appelle l'Éternel, possède ces dernières propriétés dans un degré éminent et une supériorité transcendante, c'est-à-dire que c'est la force et l'indestructibilité mêmes.

La matière inorganisée, le chaos, la nébuleuse, l'instinct aveugle, l'intuition infaillible, c'est le pôle féminin, la mère ; la raison qui organise, l'esprit qui concentre, *natura naturans*, la nature formatrice et réformatrice, le souffle ou fluide créateur, c'est le pôle masculin, le père.

L'équilibre de ces deux éléments en produit un troisième, *natura naturata*, la nature créée, le monde, l'objet, la chose ou l'être vivant, l'enfant. Le même phénomène se renouvelle dans chaque objet, et la *natura naturata* devient à son tour *natura naturans*.

Ainsi donc la matière infinie et éternelle n'a pas de sexes distincts ; tout en elle se développe par parthénogénèse ou génération spontanée.

Les êtres inférieurs sont hermaphrodites.

L'hermaphroditisme est une forme qui, par un effet de l'atavisme, reparaît parfois dans les espèces supérieures, et même chez l'homme, mais cette forme perd ici sa vertu, ses qualités et ses avantages, et ne peut rien pour la reproduction primitive, pour la parthénogénèse ou génération spontanée.

Nous remarquerons que les êtres appelés supérieurs, ceux qui se distinguent par la perfection accomplie et la plus noble beauté de leurs formes impeccables, par la finesse de leurs organes, par la stricte séparation des sexes, par la vivacité de leur intelligence et la profondeur de leurs sentiments, sont aussi les plus délicats et les plus vulnérables ; ils sont comme la plus haute floraison de la nature et ressemblent aux fleurs et aux fruits des meilleurs arbres et des plus rares ; tandis que les espèces dites inférieures, dont les traits les plus remarquables sont la grossièreté et l'inélégance des formes, mais en même temps la force et la résistance, la rudesse des organes, la confusion absolue des sexes, l'intelligence obtuse et les sensations superficielles, sont aussi les plus robustes et les plus indestructibles ; de cette sorte, les premiers, tout supérieurs qu'ils soient d'un certain point de vue, sont inférieurs par leur fragilité, et les seconds, tout inférieurs qu'ils nous paraissent dans quelques-unes de leurs parties, n'en sont pas moins supérieurs par leur force et leur résistance extraordinaires.

C'est ainsi que les compensations s'établissent, et il y a compensation partout.

Là où l'esprit, notre genre d'esprit, prédomine, là aussi éclate la fragilité; là où règne la force, cette force infinie renfermée dans la matière éternelle, là triomphe l'indestructibilité.

L'Éternel est indestructible; sa matière et sa force sont infinies, mais agissent par intuition et aveuglément. Il ne peut donc y avoir là ni intelligence, ni esprit, ni amour, ni bonté, ni justice, ni pitié, ni morale, ni vertu, ni devoir, ni aucun des sentiments humains.

Les propriétés et les qualités de l'Éternel sont précisément l'inverse de celles de l'homme et du soi-disant Dieu qu'il a fait à son image. Ainsi il n'y a pas de Dieu.

Aimer, c'est se sentir misérable. Qu'est-ce qu'être misérable? C'est ne se point suffire à soi-même, c'est sentir la privation de quelque chose, c'est désirer ce qui nous manque et languir après l'objet de nos vœux; donc, aimer, c'est souhaiter ce que nous n'avons pas, c'est chercher ce dont nous avons besoin pour vivre réellement.

Vivre sans posséder ce que l'on aime, ce n'est point vivre, c'est végéter comme la plante qui est mal nourrie et qui est privée d'eau et de soleil.

Nous colorons nos sentiments, nous les parons, pour les embellir, par coquetterie et par pudeur.

Il y a de faux sentiments qui veulent passer pour vrais et qui ne sont faits que pour la montre; en singeant ceux-ci, ils font la grimace; les niais seuls se laissent éblouir par cette ostentation.

Ce qui se suffit partout et toujours à soi-même, ce qui ne sent la privation de rien, ce qui ne saurait désirer ce qui lui manque, parce que rien ne lui manque, et qu'il a tout en lui, parce qu'il est tout, cela n'aime pas; donc l'Éternel n'aime pas.

En lui il n'y a point de bonté, de douceur, de générosité, de justice, de pitié, de clémence, mais une nécessité absolue et fatale.

Être juste, c'est réprimer en quelque manière son propre égoïsme, en vertu d'un égoïsme supérieur, fondé dans une haute prudence, et ménager son prochain, pour que celui-ci nous ménage en réprimant, à son tour, les élans d'un égoïsme excessif et en se surmontant soi-même. La justice n'est donc qu'un compromis, qu'un contrat, qu'un traité de paix, qu'une convention conclue entre deux belligérants qui ont décidé de mettre bas les armes, jusqu'à nouvel ordre, car il arrive souvent que la moindre bagatelle suffise à rompre la bonne entente.

Donc l'Éternel n'est pas juste, parce qu'il n'a pas d'adversaires à ménager.

Qu'est-ce que la bonté? C'est un sentiment qui émane du même principe que la justice et qui est éveillé par le désir de vivre en paix avec autrui; c'est donc, dans une certaine mesure, une déviation raisonnée de notre véritable nature.

La douceur, la générosité, la pitié, la bienveillance, la bienfaisance, la clémence sont des effets du même genre, produits de la faiblesse humaine.

Donc l'Éternel n'est ni doux, ni généreux, ni bienveillant, ni bienfaisant, ni pitoyable, ni clément; c'est donc l'opposé du Dieu que les hommes se sont forgé.

Les sentiments contraires, la haine et tous les dérivés de l'aversion, sont également issus de l'égoïsme; en effet, nous évitons, nous fuyons ce que nous haïssons et qui nous déplaît, parce qu'à nos yeux ces choses ou ces êtres nous nuisent; c'est donc par amour personnel ou égoïsme que nous haïssons, et notre haine, va parfois si loin que, non contents de souhaiter du mal à l'objet de notre aversion, nous désirons même sa ruine totale et son anéantissement.

La guerre, la révolte, la révolution, la lutte, le conflit, la joute, l'émulation sont au fond de tout, dans l'univers, dans la nature et dans l'homme.

Les quantités de matière, les degrés de ses qualités et les combinaisons chimiques des molécules ou parcelles de matière varient à l'infini ; le conflit diffère donc d'après les circonstances ; le résultat dépend toujours des conditions du conflit, mais ce résultat est constamment nécessaire et la conclusion fatale des prémisses données.

Voilà le principe qui règle la formation, le développement et le progrès de l'univers.

L'œuf ou cellule se divise à l'infini ; les petits globes gravitent autour des plus importants et tout s'organise et s'ordonne en proportion de la grandeur et selon le degré d'influence réciproque des sphères.

La disposition et le mélange des molécules ont lieu en vertu des lois de la chimie.

Les diverses combinaisons chimiques de la matière déterminent les formes différentes des corps, ce qui constitue la physique ; l'organisation se fait et l'ordre s'établit par la gravitation des sphères, c'est-à-dire par la mécanique, et en vertu des lois de la dynamique.

Tout est mouvement, la vie est dans le mouvement, ὁ βίος ἐν τῇ κινήσει, comme Aristote l'avait déjà proclamé.

Au surplus, les premiers philosophes grecs avaient essayé d'expliquer l'univers, mais chacun d'eux n'avait considéré qu'une face des choses et rapportait la formation de ces dernières à la vertu d'un seul élément ; Thalès, à celle de l'eau ; Héraclite, à celle du feu ; Parménide, à celle du souffle ou esprit, νοῦς ; d'autres encore, à l'influence d'une force partielle ; Démocrite, aux principes de la mécanique ; Empédocle, à celui de l'émulation, de la joute ou lutte pacifique ; Pythagore, au pouvoir des nombres.

Chacun d'eux avait découvert une partie de la vérité, mais nul n'était parvenu à l'apercevoir tout entière.

Les religions se sont également évertuées, depuis les temps les plus reculés et dès l'origine des sociétés, à trouver la solution du problème, et chacune d'elles à proposé un système cadrant à ses vues et à ses intérêts, mais aucune n'a été assez clairvoyante pour deviner ce qui est réellement ; nulle n'a fait d'assez grands efforts pour toucher au but, nulle n'a pressenti que la vérité brutale et nue, que l'explication la plus franche et la plus naturelle, que le principe le plus simple pourrait donner naissance à la religion la plus belle, la plus forte, la plus sublime et la plus digne d'admiration et d'amour qui soit, à une religion qui ne nous élevât ni ne nous rabaissât jamais trop, qui nous montrât notre faiblesse réelle et notre véritable grandeur, et qui nous fît comprendre que tout est dans un perpétuel devenir, dans une hiérarchie naturelle des choses et des êtres, dans le sentiment et le respect des distances, dans la loi de la gravitation qui commande que le petit tourne autour du plus grand.

La religion des anciens Grecs s'est toutefois le plus rapproché de la vérité; leurs dieux ne sont que la personnification des forces de la nature, mais ces dieux eux-mêmes sont soumis au Destin, c'est-à-dire à la loi d'airain qui gouverne l'univers et qui fatalement courbe tout sous elle.

L'Edda, ou religion d'Odin, qui fut celle des peuples du nord de l'Europe, présente une grande affinité avec la grecque et renferme donc une grande part de vérité.

La religion de Manu, qui est celle des Hindous, a sanctionné le principe de la hiérarchie dans l'établissement de ses castes et ordonne le sentiment et le respect des distances qui forment comme le fonds de la loi de la gravitation.

La religion des anciens Égytiens ressemblait extrêmement à cette dernière.

Le Mahométisme proclame la fatalité et contient donc une part importante de vérité.

Le christianisme et toutes les croyances analogues, toutes les religions théistes, polythéistes, panthéistes ou monothéistes et pessimistes qui ont forgé un Dieu à l'image des hommes, et formé un être capricieux et faible comme eux, n'ont rien compris au système du monde et ont, en réalité, annoncé l'inverse de la vérité, c'est-à-dire la plus grossière et la plus absurde de toutes les erreurs.

La mort est un mot dont la signification est inexacte et qui n'a, pour ainsi dire, aucun sens réel.

Il n'y a pas de mort, au terme propre et absolu du mot; toute mort est apparente et relative et n'a trait qu'à la forme actuelle et passagère d'une chose ou d'un être.

Tout est vibrations chimiques, physiques ou mécaniques; les premières se rapportent à la matière chaotique et inorganisée; les secondes, à son mode d'espace; les troisièmes, à son mode de temps.

Il y a aussi des vibrations sonores, optiques, dynamiques, caloriques, électriques, galvaniques, magnétiques et autres qui ne sont que les effets des trois premières espèces.

Les vibrations ne sont que le résultat des divers mouvements de la matière.

Tout dépend de la rapidité ou de la lenteur du mouvement.

Cette rapidité et cette lenteur produisent ce que nous appelons la vie et la mort.

L'étymologie même des mots nous fait mieux saisir leur sens véritable.

L'allegro, l'allegrissimo, d'où dérivent les mots français allègre, allègrement, et principalement allégresse qui signifie joie vive, indique la vie intense.

Les mots vif, vivacité sont eux-mêmes formés du mot vie; ceci est caractéristique et assez clair; donc, la rapidité, la promptitude est le signe de la vie par excellence.

Lento, et dolente dont l'étymologie est duo et lente, deux fois lent, et qui a formé les mots dolent et douleur, prouvent bien que la lenteur est la marque de la souffrance, et que celle-ci ralentit tous les mouvements.

De même gravé, grave veut dire à la fois sérieux, sombre et lourd, pesant, ce qui nous fait voir aussi que la lenteur du mouvement correspond et fait suite à la douleur, à la mort. Lorsque le mouvement a cessé, c'est-à-dire quand il ne se manifeste plus à nos grossiers organes, qui manquent de la finesse nécessaire à percevoir les moindres vibrations et les plus lentes, nous appelons mort ce nouvel état; mais cette mort n'est que relative et qu'apparente et ne se rapporte qu'à l'être qui n'est plus. En vérité, il n'y a pas de mort absolue ni réelle; il n'y a que transformation, mutation, métamorphose. Les molécules de la matière vibrent toujours, le mouvement n'a pas cessé, mais les vibrations sont moins rapides, et le mouvement s'est ralenti; leur nature aussi a varié et elle est d'un autre ordre.

Les parcelles ou molécules de matière, qui forment les corps des êtres dits vivants, sont éternelles, en dépit de la prétendue mort qui frappe les individus; la conscience s'éteint, la personnalité s'évanouit, voilà tout.

L'âme n'a pas d'existence propre; c'est un composé de nos sensations, c'est-à-dire de nos pensées et de nos sentiments, et comme le produit du cœur et de la tête, ainsi que je le ferai voir par la suite. Ce que nous appelons âme n'est que l'expression diverse et changeante du rapport ondoyant et variable qui s'établit sans cesse de nouveau entre les mouvements du cerveau ou pensées et les mouvements du cœur ou passions.

L'âme, c'est l'équilibre stable ou instable du cœur et de la tête, et l'âme est fortement assise, quand cet équilibre est parfait; l'âme vacille et elle est chancelante, lorsque le cœur et la tête sont en désaccord et mal équilibrés. L'âme n'est donc que l'expression passagère d'un rapport éphémère et fugitif et constamment variable entre la tête et le cœur. L'équilibre parfait n'est jamais de longue durée, parce que nos pensées et nos sentiments sont soumis à des fluctuations nombreuses et continuelles, et qu'ils sont comme le temps qu'il fait et qui varie sans cesse. On voit par là combien peu nous pouvons faire fonds sur les autres et sur nous-mêmes.

L'âme, n'ayant point d'existence propre, n'est pas non plus immortelle; c'est une floraison, un fruit de la matière. La matière seule est éternelle, mais ses manisfestations sont diverses et changeantes et varient à l'infini.

Il n'y a pas de phénomènes, au sens propre du mot, parce que tout est phénomène, tout est représentation, tout est manifestation de l'état actuel d'une ou de plusieurs parcelles de la matière s'organisant, prenant forme et entrant dans la composition d'un corps pour un temps déterminé.

Lorsque cette forme se dissout, le corps change d'aspect ; l'individu est anéanti, l'état change ; les molécules se dispersent peu à peu pour prendre autre part de nouvelles dispositions et former de nouveaux corps.

Si ces mêmes molécules devaient, dans leur tout ou dans leur partie, servir jamais dans un autre globe à la composition de quelque individu, il serait impossible qu'elles se retrouvassent de nouveau toutes ensemble, et, si elles le pouvaient même, les êtres ou les individus qu'elles concourraient à former, étant pour lors ou inférieurs ou supérieurs à ceux dans la composition desquels étaient entrées jadis ces mêmes molécules, on voit qu'il y en aurait maintenant trop ou trop peu, c'est-à-dire que leur disposition ne pourrait en aucun cas demeurer la même, et que, par conséquent, la première conscience, celle d'autrefois, se serait évanouie, de même que l'ancienne personnalité serait anéantie et aurait complètement disparu ; ce ne serait donc plus le même être.

C'est ainsi que, durant les diverses phases d'une bataille, les mêmes soldats ne combattent plus tous ensemble les uns à côté des autres ; les dispositions ont forcément changé, d'après les circonstances et selon les besoins, outre que les mêmes troupes n'ont plus exactement la même formation, parce qu'elles ont été démembrées et mutilées, tantôt disloquées par suite de leur emploi différent dans l'action, tantôt décimées par les vicissitudes de la lutte.

La vie et la mort ne sont que deux faces différentes de la matière éternelle et infinie, que deux degrés divers dans la façon dont la matière se manifeste à nos yeux.

Il n'y a là que variations dans la rapidité du mouvement.

C'est peut-être ici le moment de se redemander quelle est la valeur de cette vie ; — cette valeur est toute relative, cela va de soi, mais elle n'en est pas moins réelle.

Nous sommes le produit d'une transformation et d'une métamorphose ; des molécules de matière apparemment inertes ont formé l'homme, l'être vivant par excellence, et le plus beau fleuron de cette couronne, qui est l'œuvre de la toute-puissante nature.

Si la matière, appelée inorganique, parce qu'elle n'est pas organisée selon le canon humain, est foncièrement grossière, et si nous sommes éminemment impressionnables, avec une intelligence supérieure et une grande sensibilité, nous sommes, en même temps, d'une délicatesse et d'une fragilité extrêmes; tandis que la matière brute, pour aveugle qu'elle soit, n'en est pas moins aussi d'une robustesse et d'une résistance admirables.

C'est ainsi qu'il y a compensation partout. Nos jouissances et nos joies sont plus vives, mais nos douleurs sont plus grandes; la matière soi-disant inerte a des passions moins violentes; elle semble phlegmatique, et son existence paraît toute végétative, mais elle est indestructible et éternelle.

Que faut-il préférer? Les deux états ont leurs défauts et leurs avantages. D'ailleurs nous n'avons pas le choix. Il y a des hommes qui voudraient vivre éternellement et qui oublient que la mort nous délivre de tous nos soucis et de tous nos maux; il y en a d'autres qui désirent mourir, sans paraître estimer ce que la vie a d'excellent; ils ne réfléchissent pas que l'existence humaine est bien courte, quoi que nous puissions faire, qu'il s'est écoulé des millions d'années avant l'apparition de l'homme, et que l'éternité suivra sa mort qui ne saurait tarder à venir. Que lui faut-il donc? un peu de patience pour supporter le bien et le mal de cette vie.

S'il est bon de vivre, réjouissons-nous du lot qui nous est tombé en partage; si la vie n'est pas un bien, consolons-nous à la pensée que nous n'aurons pas vécu pendant une éternité, que nous ne vivrons bientôt plus, et que ce nouvel état se prolongera sans fin.

Rappelons-nous les beaux vers de Gœthe dans son *Nocturne du Voyageur:*

>   Sur tous les sommets
>   Règne la paix;
> A peine un souffle fait mouvoir la cime extrême
> Des arbres; dans les bois se tait déjà l'oiseau;
>   Attends encore un peu; bientôt
>   Tu dormiras de même.

Apprenons à bien vivre et nous saurons mourir. Tout est donc lié et tout se tient dans l'univers. Tout est accroissement, développement, progrès, progression, amélioration et ennoblissement, ou décroissance, recul, dégénérescence, régression, décadence et altération.

Selon le mot de l'antique penseur grec, tout est dans un flux continuel.

La matière infinie et éternelle est comme un réservoir inépuisable; il n'est donc pas surprenant de voir que la nature ne se préoccupe guère du sort des choses et des êtres que son pouvoir a formés. Ceux-ci, livrés aux inclémences du ciel et aux vicissitudes de l'existence, se voient décimer par milliers et périssent sans miséricorde, mais les germes sont si nombreux qu'une destruction complète n'est jamais à craindre.

Pour produire une chose ou un être exceptionnels, il faut un concours de circonstances, et si nombreuses, et si favorables, que c'est merveille qu'une chose vraiment admirable puisse se former jamais, qu'un être extraordinaire ou qu'un génie transcendant puissent naître, grandir et briller ainsi dans toute leur force et leur splendeur.

Voilà pourquoi les grands génies sont si rares; mais il n'en faut pas beaucoup, parce qu'ils marchent à la tête de l'humanité, de même qu'un ou deux bons chefs suffisent à commander une armée et à la conduire à la victoire. Une nation a surtout besoin de soldats, d'une foule de simples soldats, pour gagner une bataille, et, sans des troupes assez nombreuses, sans les gros bataillons, le plus grand capitaine n'est pas en état de remporter des succès véritables.

La nature reste froide et indifférente à voir périr tant de choses, d'êtres, d'individus, de talents et de génies qu'elle a tirés du sein de la matière et qui faisaient concevoir les plus belles espérances, et elle ne s'en soucie pas plus que des bourgeons et des feuilles d'un arbre, que le vent et la grêle ont arrachés des branches et qui gisent tristement sur le sol où ils se flétrissent bientôt, car elle remplit sans peine tous les vides qu'elle a creusés elle-même.

Soyons donc sans crainte sur le sort de l'humanité.

Si l'homme est le couronnement de la nature sur cette terre, il ne lui appartient pourtant pas d'élever des prétentions à la royauté absolue, et il lui est interdit de se croire l'être essentiellement supérieur, le meilleur et le plus parfait qui se puisse rencontrer et concevoir dans l'univers.

Plus un monde est grand, beau et excellent, plus les êtres qu'il porte seront excellents, beaux et grands, et leur supériorité sera d'autant plus accomplie que la sphère où ils respirent et où ils se meuvent est vaste et magnifique.

Il y a des astres dont l'étendue et la splendeur sont telles que leurs hôtes paraîtraient à nos yeux, non seulement comme des héros, mais comme des demi-dieux et des dieux, et, comparés à eux, les meilleurs d'entre nous ne seraient plus que des brutes.

Mais il y a des bornes à tout, et les êtres même les plus extraordinaires, d'une beauté et d'une supériorité éclatantes, n'en sont pas moins soumis à la fatalité du Destin, et sont, tout comme nous, faibles et misérables dans une assez forte mesure.

Consolons-nous de notre débilité et de notre impuissance, en considération de notre esprit et de notre perfectibilité.

CHAPITRE IX

Que tout est appétit et génération; de la nourriture et de l'assimilation; comparaison des trois règnes de la nature entre eux, et de ceux-ci avec la terre et les astres; de l'humanité; de la loi du développement et du progrès; de la hiérarchie et des rangs; du sentiment et du respect des distances; de la fausseté et de l'absurdité de la théorie malthusienne; du peuple et de la noblesse; de la démocratie et de l'aristocratie; de l'émulation ou de la lutte comme principe général gouvernant l'univers; d'une comparaison de la société avec l'arbre et avec l'édifice; du principe de la gravitation et de la gravitation des astres; de l'esprit; à propos de flacons et d'étiquettes; des productions de l'esprit; de l'objectivisme et du subjectivisme; de la civilisation; d'une échelle des mérites; de la pensée et de l'action; des sociétés, des États politiques, des arts et de l'art, des sciences, des langues et de l'étymologie; que tout s'atrophie, dépérit et meurt comme certains organes du corps humain, qui ne sont plus que des rudiments et un reste inutile du passé; du syllogisme appliqué à l'univers et au présent ouvrage.

Comme tout dans l'univers tend à s'accroître et à grandir, comme tout cherche à se multiplier, tout aussi y est appétit ou égoïsme et génération ou reproduction.

Rien ne s'accroît et ne grandit sans nourriture, pas même ce que le monde appelle l'amour, et qui n'est qu'une sublimation de l'égoïsme, c'est-à-dire de l'appétit.

Tout sert de pâture à la matière répandue dans l'univers ; chaque molécule ou parcelle de matière, chaque cellule cherche et trouve autour d'elle l'aliment qui lui convient et qui est destiné à la faire prospérer ; elle l'absorbe et se l'assimile ensuite ; les éléments chimiques, se mêlant, se combinant et s'organisant par compensation, finissent par former ce bel équilibre, perpétuellement mobile selon les circonstances, qui est le signe d'une santé très parfaite et la condition essentielle de la vie et du progrès.

Comme tout est transformation et métamorphose, et que tout se reproduit par assimilation, il faut en conclure que les trois règnes de la nature sont unis par des liens très étroits.

En effet, les minéraux sont le produit de diverses combinaisons chimiques, propriétés de la matière infinie et éternelle, contenue dans l'univers ; les minéraux sont donc le produit organique de la matière première, chaotique et inorganisée.

A leur tour, les végétaux, les plantes et les arbres se nourrissent des sucs minéraux renfermés dans le sol ; de plus ils respirent l'air qui remplit l'espace et subissent l'influence de la chaleur solaire, tout comme les animaux et l'homme.

Enfin les animaux et l'homme se nourrissent des végétaux et d'animaux herbivores ou carnivores ; les proies de ces derniers sont des espèces animales herbivores.

Ainsi donc, nous voyons que les trois règnes de la nature sont étroitement liés, et que les plus élevés procèdent des inférieurs par mutation, transformation et métamorphose.

En revanche, les espèces supérieures, au moment de leur dissolution, rapportent, à leur tour, au règne inférieur ce qu'elles lui avaient emprunté, et ainsi tout redevient minéral et tout finit par rentrer dans le sein du règne des minéraux.

Voilà les deux faces de l'univers, ce que nous appelons la vie et la mort, et qui n'est qu'accélération ou ralentissement du mouvement ou des vibrations dynamiques, selon les lois de la pesanteur et de la mécanique.

Ce qu'il y a de plus intéressant, c'est de comparer la composition des trois règnes de la nature à celle de notre terre et à celle des globes célestes.

La composition des trois règnes de la nature est absolument la même que celle du sol qui nous porte, c'est-à-dire qu'elle consiste dans un mélange des mêmes éléments, mais que les quantités et les qualités, et par conséquent les nuances diffèrent extrêmement entre elles.

C'est ainsi que tous les globes célestes ou astres, et principalement ceux du système solaire, sont formés des mêmes éléments que ceux de notre terre.

Donc tout est lié et tout se tient dans l'univers.

L'univers est comme une chaîne immense, faite en collier, et dont tous les anneaux sont étroitement joints entre eux et forment cette masse indestructible qui est la matière première, infinie et éternelle, d'où tout sort et où tout rentre.

Nous voyons partout l'inférieur produire graduellement le supérieur, et les êtres plus parfaits procéder des plus grossiers ; voilà la loi du développement et du progrès.

Le contraire a lieu dans la décadence et la dissolution, et les molécules de matière retournent alors au sein du réservoir commun.

C'est également ainsi que l'humanité se forme et progresse par dilection, élection, sélection, amélioration et ennoblissement, et par degrés successifs ; les espèces inférieures s'affinent et se spiritualisent lentement et viennent enfin grossir ou renouveler la classe supérieure ; celle-ci, après avoir donné tout ce qui était en elle, dégénère peu à peu mais se reproduit au fur et à mesure, en recrutant de nouveaux membres au sein de la bourgeoisie et du peuple.

L'humanité est comme un arbre ; les racines représentent le peuple ; le tronc, les branches et les feuilles, la bourgeoisie ; les fleurs et les fruits, l'aristocratie.

Les racines et le tronc sont la base, et celle-ci porte la couronne formée par les fleurs et les fruits.

Le bas de l'arbre en nourrit le sommet, mais l'arbre n'est cultivé et soigné qu'en faveur de ses fleurs et de ses fruits ; c'est ce qu'il produit de plus précieux, et ce qu'il porte de plus excellent.

La société ressemble à un édifice dont les fondements sont le peuple, la partie du milieu, la bourgeoisie, et la cime, la noblesse. Ainsi donc, les fondations portent le corps du monument, surmonté du fronton, qui est le couronnement et la suprême beauté du tout.

Il est vrai qu'il n'y a pas de haut sans bas, mais il n'y a pas non plus de bas sans haut ; un arbre, qui courrait à fleur de terre, ne serait point un arbre ; ce ne serait tout au plus qu'une glycine ou qu'une liane, ou toute autre herbe rampante.

On ne conçoit pas non plus un monument qui ne serait bâti qu'en largeur, au moyen de pierres très basses, alignées les unes à côté des autres, au même niveau, et à la même élévation, et qui n'aurait aucune hauteur digne d'attention ; ce ne serait même pas un mur, ce ne serait à peine que le rebord d'un trottoir, bon tout au plus pour les talons des passants.

Ainsi donc, il n'y a pas d'égalité réelle et véritable ; les niveaux varient extrêmement ; tout est niveau et différences de niveau.

Tout est hiérarchie, degrés, inégalité des rangs et des classes, et distinction. Le faux principe de l'égalité amène, au contraire, l'anarchie, la promiscuité, le nivellement, la confusion et le désordre qui désorganisent fatalement, affaiblissent et rendent malade le corps social tout entier.

La vraie marque d'une grande civilisation et d'une haute culture est toute dans le sentiment et le respect des distances réciproques.

Ce siècle manque de culture véritable, parce qu'il n'a ni la notion ni l'amour des distances qui séparent les choses et les êtres, et principalement les hommes.

Le principe de l'égalité des hommes est faux, et le socialisme est une fausse doctrine, pour autant qu'il s'imagine pouvoir établir une égalité parfaite entre les hommes ; ce rêve est chimérique et ne se réalisera jamais, parce qu'il se trouve en contradiction avec la loi d'airain qui régit la matière et l'univers, et qui est fondée en raison et dans les forces de la nature, c'est-à-dire dans l'essence même des choses et des êtres.

Aujourd'hui l'on voudrait tout niveler, mais cela est impossible.

Les esprits et les productions de l'esprit sont soumis à la même règle.

Mais, comme les mérites sont de deux natures différentes, c'est-à-dire qu'ils sont extérieurs ou intérieurs, et que les signes des premiers sont extérieurs ou apparents, tandis que ceux des seconds sont intérieurs et cachés, il s'ensuit que l'échelle des estimes est fausse, et que la mesure et l'estimation des vraies grandeurs sont factices et inexactes, de telle sorte que la considération publique et commune est généralement en raison inverse du mérite véritable.

En effet, la foule et la plupart des hommes ne recherchent que le succès, les honneurs et l'argent, et ils ne se montrent avides que d'obtenir les emplois qui leur procurent les avantages qu'ils poursuivent fiévreusement. C'est pourquoi ils ne prodiguent leur estime éphémère, leurs froides louanges et leurs vains applaudissements qu'aux gens en belle situation et qui ont des titres, des uniformes et des décorations, sans se soucier s'ils remplissent bien la place qu'on leur a donnée. Tel est le train du monde.

Les hommes ressemblent à des flacons de vin, dont les uns sont ornés de superbes et brillantes étiquettes, mais qui ne contiennent qu'un affreux et misérable breuvage, tandis que les autres, de modeste apparence et sans marque extérieure, renferment le nectar des dieux et ne sont appréciés que par quelques rares connaisseurs.

La grande masse s'y laisse facilement tromper, mais les effets du vrai mérite finissent par se faire sentir un jour.

L'humanité est comme un orchestre qui joue l'œuvre d'un grand compositeur ; celui-ci est l'homme de génie, instituteur et conducteur des peuples ; le chef d'orchestre représente le personnage en place ; les musiciens, c'est la foule des hommes ; chacun exécute sa partie du mieux qu'il peut.

L'humanité ressemble aussi à un théâtre où l'on représente

la pièce d'un auteur de génie ; celui-ci, c'est le noble penseur qui guide ses semblables vers de nouvelles et hautes destinées ; le régisseur, c'est le ministre qui tente de réaliser les desseins du grand homme ; les acteurs, ce sont les employés qui servent à atteindre ce but.

Le monde gravite, sans s'en douter, autour du vrai génie ; la tourbe tourne bêtement autour des aides du grand homme.

Ce sont les comédiens, les acteurs, les charlatans, les saltimbanques et les bateleurs qui réussissent le mieux dans le monde et qui font le plus d'argent.

Avoir du succès et s'enrichir est le signe d'un mérite médiocre ; ne point réussir, rester pauvre et dans une situation moyenne est la vraie marque du grand génie. Ainsi donc le génie ne doit point souhaiter d'être reconnu et fêté de son vivant ni d'acquérir de la réputation et des biens ; mais il doit se complaire avec délice dans son obscurité et sa maigre fortune.

Cette règle a ses exceptions, comme toutes les règles ; tous les gens riches ne sont pas sans mérite éminent ; tous les pauvres ne sont pas des génies.

Mais, en général, les premiers ont l'apparence et l'extérieur pour eux ; les seconds, l'intérieur et un fonds véritable.

C'est ainsi que nous voyons graviter et briller dans les cieux les astres de seconde, de moyenne et de faible grandeur, tandis que les soleils les plus considérables et les plus lumineux demeurent pour toujours cachés à nos regards et se tiennent retirés dans les vastes profondeurs de l'espace inaccessible.

Le monde et la foule n'aperçoivent et n'admirent que les satellites ; les connaisseurs seuls entrevoient et vénèrent l'image du grand homme.

Tout est coordination et subordination dans l'univers et dans la nature ou matière organisée.

Tout progresse et s'élève du démocratisme à l'aristocratisme.

Le peuple est le grand réservoir d'où sortent la bourgeoisie et la noblesse ; c'est l'immense matière qui sert à former et qui renouvelle peu à peu les classes supérieures de la société.

Quand nous proclamons que nous sommes aristocrates, cela ne veut pas dire que nous nous déclarons contre le peuple ; cela signifie seulement que nous avons reconnu la loi du développement, de la progression et du progrès universels, et que nous désirons voir observer le principe de la hiérarchie afin que les meneurs de la grande foule aient le sentiment et le respect des distances réciproques.

Il s'agit, en réalité, de bien comprendre que la démocratie, le peuple, la matière encore mal organisée ne sont pas une fin, ni un but, mais un commencement et un moyen, que le démocratique est l'élément inférieur, et que l'aristocratique est le supérieur ; je l'entends ainsi, surtout du point de vue humain, eu égard au monde de l'intelligence et de l'esprit, qui est celui qui nous importe le plus, parce que c'est lui qui nous donne notre vraie directive.

Si le démocratisme et l'égalité, si le peuple et la matière inorganisée étaient le but de l'univers, ils n'auraient aucune raison d'être ; il n'y aurait ni vie, ni développement, ni progrès, car ce serait là absolument comme si l'on voulait bâtir un édifice en alignant des pierres les unes à côté des autres.

Il faut bien voir la différence qui existe entre le grossier labeur des bras et des mains et le travail délicat de l'intelligence et de l'esprit.

On a beaucoup disputé sur la question de savoir ce qui l'emporte de la pensée ou de l'action, et la plupart des hommes, n'apercevant bien que ce qui est rapproché d'eux, se sont mis d'accord pour donner la préférence à l'action.

Il faut bien convenir que les effets de l'action sont généralement plus immédiats et plus rapides, mais on ne remarque pas qu'ils sont en même temps plus restreints et plus courts.

L'action est, en quelque mesure, comme une pensée fugitive ; ses résultats se dissipent parfois très vite, et, quand on considère d'un peu près les actions les plus mémorables, les campagnes et les conquêtes des capitaines les plus fameux, et les grandes mutations d'États, œuvres des politiques les plus profonds et les plus avisés, on est souvent tout surpris de constater qu'après un temps très bref il ne subsiste à peine de tout cela que le nom et un pâle souvenir.

Il n'y a pour s'en assurer qu'à consulter l'histoire d'Alexandre le Grand, de César et de Napoléon.

Ce qui seul survit longtemps à tous ces beaux génies, c'est l'expression de leurs pensées les plus remarquables, de ce qu'ils ont dit, écrit ou dicté de plus digne d'attention.

La pensée agit à l'inverse, et, quelque lente et éloignée qu'elle soit, finit toujours, si elle est grande et haute, par exercer une influence qui s'étend parfois sur une longue suite de siècles, voire même sur des milliers d'années, ainsi qu'on peut s'en convaincre, en voyant, entre autres, ce que nous ont laissé Moïse, Confucius et Mahomet.

La haute et grande pensée nous apparaît alors comme l'action par excellence, comme celle qui frappe au loin de longs coups répétés et qui procède ainsi qu'une masse énorme de projectiles, lancés les uns après les autres et pendant longtemps.

La grande pensée fait balle et porte à longue distance, comme un boulet de canon ; les coups qu'elle frappe sont incessants et ressemblent à ceux des armes à répétition.

Cette action-ci est plus tardive, mais plus durable ; c'est l'action à jet continu, tandis qu'il y a des actions hâtives, éphémères et courtes, qui tombent à plat comme des balles mortes, et qui ne font pas plus d'effet que les pensées précoces et fugitives.

La différence entre l'action et la pensée, et l'immense supériorité de celle-ci sur la première, n'éclatent nulle part d'une façon plus frappante que dans la comparaison de Sparte avec Athènes.

Que reste-t-il de Sparte que le nom de Lycurgue? Tandis qu'Athènes nous a légué les œuvres immortelles des plus grands penseurs et des instituteurs les plus admirables de l'humanité.

Je laisse au lecteur le soin de conclure lui-même.

De même que les descendants d'une race affinée mais dégénérée finissent par retomber dans les rangs de la foule, ainsi, les fils intelligents et instruits du peuple parviennent, à force de mérite, à gravir les plus hauts degrés de l'échelle sociale.

Le vrai mérite mène à tout, mais on ne saurait exiger ni tolérer que la brute grossière remplisse, avec quelque apparence de raison, une place élevée qui ne convient qu'à un esprit transcendant.

Voilà néanmoins ce que poursuivent les socialistes ; ils veulent un renversement complet de l'état actuel des institutions, c'est-à-dire une absurdité et une chose impossible à réaliser.

Quand la démocratie est au pouvoir, c'est toujours dans la personne de chefs intelligents et capables, qui deviennent vite des ambitieux et des tyrans, ou bien, s'ils n'ont ni génie ni moyens, ils ne réussissent pas à se soutenir longtemps.

Qui fut Napoléon ? Qui était-ce que Cromwell ? Quels ont été Mahomet et tant d'autres qui ont exercé un grand ascendant sur le monde et gouverné les peuples ?

Ils sortaient des rangs les plus infimes, mais c'étaient des hommes de génie.

Ainsi tous sont appelés, mais il y a peu d'élus, parce que l'élite forme toujours l'exception, et que le meilleur est ce qu'il y a de plus rare.

Ainsi que le disait Napoléon, chaque soldat, — et tout homme est un soldat — porte son bâton de maréchal dans sa giberne ; il n'y a qu'à savoir et à vouloir, mais rien de durable ni de grand ne s'obtient par la précipitation et la violence.

Il convient néanmoins de bien comprendre que l'on ne saurait sérieusement faire fonds sur le gros de l'humanité, parce que tout dépend de l'opinion courante, quelque fausse qu'elle soit d'ailleurs, que le monde se paie de mots, et que le pouvoir des mots sur la foule des hommes est immense ; voilà ce qui explique la fortune étonnante qu'a faite une doctrine aussi absurde que celle qui proclame et prêche la liberté, l'égalité et la fraternité.

Je montrerai dans la suite ce qu'il faut en penser, et pourquoi c'est là une proposition qui n'a pas le sens commun.

J'ai dit que le peuple est le grand réservoir de l'humanité. A ce propos, je voudrais faire voir l'erreur et le danger de la théorie malthusienne.

Malthus part de fausses prémisses en prétendant que le bonheur est la véritable fin de l'existence humaine; il entend par bonheur les commodités et les agréments de la vie matérielle et ordinaire ; mais la poursuite d'un but si plat et si mesquin, quelque aisée qu'elle semble d'abord, est pourtant très difficile à soutenir continuellement et en toute occasion, parce qu'au fond, et quoi qu'on dise, l'existence n'est pas faite de calme et de paix, mais de luttes et d'orages, à peu d'exceptions près, à moins de vivre enseveli chez soi, comme certains animaux dans leur terrier, et encore cette manière n'est-elle pas absolument sûre.

Quelle nature un peu fière ne sent du reste qu'une pareille existence est peu digne d'envie, outre qu'il est bien difficile de mettre sans cesse en pratique les maximes qui y conduisent, et de vivre constamment heureux d'un triste bonheur, fait de petites satisfactions que rien ne doit troubler jamais, de peur de voir s'écrouler soudain le joli château de cartes, où l'on avait élu domicile pour toute la vie.

S'avançant de ce faux principe que le bonheur est le but de notre existence, Malthus en a conclu qu'il convient de supprimer tout ce qui s'oppose à l'achèvement d'un si noble dessein.

Comme on doit manger pour vivre, et qu'il faut de l'argent pour manger et subvenir à tous ses besoins, on a érigé en culte suprême l'amour exclusif de l'argent. On s'est dit que plus il y a de bouches à nourrir dans une famille, moins il y a pour chacun, et moins chacun peut satisfaire sa soif de bonheur; que, par conséquent, il est nécessaire, pour être heureux, de n'avoir pas une nombreuse famille ou, peut-être, de n'en pas avoir du tout, pour jouir seul et vivre pour manger, ceci entendu au sens large et figuré du mot.

Les plus riches, qui n'ont jamais assez, ont commencé par donner l'exemple, et, adoptant les préceptes de Malthus, ont tout fait pour avoir le moins d'enfants possible ou pour n'en pas avoir ; la bourgeoisie et même le peuple ont pris les riches pour modèles et ont suivi leurs louables leçons.

On emploie toute sorte de petits moyens et d'artifices pour tromper la nature.

C'est ainsi qu'en France la moitié ou les trois quarts de la nation mettent tout en œuvre pour réduire, autant que possible, le nombre des naissances.

Ceci est un suicide volontaire, car les Français ne sont pas impuissants en fait, ils ne le sont que par leur propre détermination.

La théorie malthusienne a fait d'immenses ravages, et la population décroît sans cesse en France.

Si l'on me demande maintenant quel avantage il y a pour une nation à être nombreuse, je répondrai que c'est pour elle une question de vie ou de mort, et à un double point de vue, aussi bien dans la guerre que dans la paix, tant dans l'état de barbarie que dans celui de civilisation.

Pour faire la guerre et pour triompher de ses ennemis, il faut des soldats, c'est-à-dire des hommes, et ce sont les gros bataillons qui font remporter les victoires.

Un pays et un peuple, qui n'ont pas de forte et grande armée, sont condamnés d'avance à être vaincus et à succomber.

En temps de paix, chacun travaille, consciemment ou non, à faire avancer la civilisation ; c'est l'époque de la culture plus intense des esprits, et c'est celle de la préparation et de l'éducation des grands hommes.

Mais que peut une nation réduite, affaiblie, dégénérée et lâche ? Moins elle compte de citoyens, moins elle a de chances de produire le génie qui doit la guider vers l'avenir et la conduire au triomphe. Plus sa population est nombreuse, plus ses fils sont robustes et forts, plus elle peut nourrir l'espoir d'abriter le grand homme dans son sein.

Ainsi donc, c'est pour deux causes principales qu'une nation doit être nombreuse.

Il est vrai que les petits égoïsmes individuels n'envisagent que leurs tristes avantages particuliers, mais l'homme d'État et le législateur ont pour mission d'arrêter la décadence et de s'opposer par tous les moyens aux progrès qu'elle accomplit sans cesse sous leurs yeux.

Un bon moyen d'enrayer le mal serait de grever d'un impôt considérable le célibat et les unions stériles ou ayant donné naissance à moins de quatre enfants. J'explique ainsi ce chiffre de quatre : deux enfants pour remplacer le père et la mère ; en admettant qu'il en meure un, le quatrième servira à grossir le nombre de la population, car tout ce qui n'augmente pas sans discontinuité, décroît fatalement.

Cet impôt devrait être établi de façon à être plus onéreux que les charges mêmes d'une nombreuse famille. Cette raison déciderait peut-être les récalcitrants à changer de conduite, ou, s'ils ne pouvaient s'y résoudre, le produit de la taxe serait distribué aux petites gens et aux familles nécessiteuses ayant beaucoup d'enfants, en ayant soin de faire le partage selon les différents besoins et en proportion du nombre des nouveaux membres.

Si la nation est encore pleine de vie, ce remède doit réussir ; si elle est vraiment dégénérée, on aura fait tout ce qui était possible pour conjurer sa perte ; l'on se résignera et on l'abandonnera à son sort en constatant qu'elle est tombée dans une décadence incurable et définitive.

Dans un État semblable tout se désorganise, tout se décompose, tout rentre dans le néant du chaos et dans l'aveugle matière.

Ainsi donc nous voyons partout le conflit, la lutte, la guerre, l'émulation et la joute paraître avant ou après l'organisation, l'ordre et la paix ; de même la barbarie et la grossièreté précèdent ou suivent immédiatement le développement, le progrès et la civilisation, car la décadence, à son tour, touche de près au point culminant de la plus haute culture.

La guerre et la paix, la barbarie et la civilisation, la révolution et l'ordre, la révolte et la subordination se succèdent nécessairement et alternent à tour de rôle ; ce sont là comme les deux faces de l'existence, comme deux vies différentes, ou plutôt comme deux degrés divers dans le mouvement et l'intensité de la vie.

Les mêmes lois régissent le développement et le progrès des esprits.

Le double principe qui gouverne l'univers et la matière se trouve renfermé dans cette pensée : que tout est appétit et génération, c'est-à-dire égoïsme et amour, en se rappelant que l'amour n'est que la sublimation de l'égoïsme, ou de l'égoïsme à la seconde et à la troisième puissance.

L'esprit tire sa nourriture du dehors, quand il ne la puise pas en lui-même ; c'est là le côté objectif dans les choses de l'art ; la génération ou reproduction s'accomplit par le travail intérieur, par assimilation et transformation ou métamorphose ; voilà le côté subjectif. Il y a un mélange des deux espèces dans chaque production de l'esprit et dans toute œuvre artistique.

Les esprits se conduisent et agissent comme les estomacs et font comme les abeilles qui composent leur miel.

Tout s'avance du chaos de la matière inorganisée, de la barbarie, de la révolution et de la guerre pour aboutir à l'ordre, à l'organisation, à la civilisation, à la subordination et à la paix.

C'est ainsi que tout se forme et se déforme, la société et les sociétés, les États politiques, les religions, les arts, les sciences et les langues.

Quand une société, un État politique, une religion, un art, une science, une langue ont atteint leur plus haut degré de perfection, ils déclinent tout à coup ; on les mutile ; ils se trouvent dans une situation transitoire qui précède leur mort et leur disparition, et qui prépare la formation d'une société, d'un État politique, d'une religion, d'un art, d'une science, et d'une langue dont l'aspect est complètement nouveau.

C'est ainsi, par exemple, que le latin de la décadence a produit peu à peu l'italien, le français et l'espagnol, et qu'entre autres le mot *equus* de la bonne latinité fut remplacé, dans la bouche du peuple, par *caballus*, d'où dérive le mot français cheval.

Après être parvenues à l'apogée de leur culture, toutes les choses dégénèrent et s'atrophient, comme certains organes du corps humain, qui sont devenus inutiles et dont il ne subsiste que des rudiments, jusqu'au jour où toute trace en aura disparu et où ils auront fait place à de nouveaux membres plus perfectionnés ou mieux appropriés aux circonstances.

A ce propos, je dirai ici un mot concernant l'art. On se plaît à parler de deux et même de plusieurs sortes d'art différentes, mais plus particulièrement de l'art romantique et de l'art classique ; on va répétant que les deux espèces en sont bonnes et qu'il convient d'avoir le goût éclectique et de les aimer toutes les deux.

C'est là une opinion absurde et fausse et qu'il sied de combattre.

Il n'y a qu'un art, parce que l'art doit tendre à la plus grande perfection et s'en rapprocher le plus possible.

Il n'y a d'art véritable que dans l'organisation, l'ordre, la mesure, la simplicité, le naturel, la ligne droite, la concision, la discipline, le tact, le style et le goût.

Le romantisme, gothisme, modernisme, réalisme ou impressionnisme n'est qu'une forme primitive et embryonnaire de l'art ; c'est un monde chaotique et inorganisé, qui manque encore de constitution ; il y a là, à la fois, trop et trop peu ; il y a trop de matière, de hors-d'œuvre, de lieux communs, et une masse énorme d'éléments et d'aliments peu convenables et toujours mal digérés et assimilés ; il y a aussi trop peu de proportion, d'organisation et d'ordre.

Au lieu d'atteindre tout simplement au but, on le dépasse par excès de force, par violence et brutalité, et en même temps, on n'y parvient pas par manque de vigueur, de concentration, de sûreté et de retenue.

Il n'y a d'art que dans la perfection accomplie et dans le complet achèvement d'une belle œuvre.

Il n'y a donc que l'art classique qui soit véritablement de l'art. Tout le reste est du bavardage et de l'extravagance.

Tout est dans un perpétuel devenir. Tout ressemble aux corps célestes qui surgissent peu à peu du chaos et dont les plus petits gravitent autour des plus grands.

Tout ressemble à un syllogisme.

Le chaos de la matière, voilà la mineure des deux prémisses dans le syllogisme de l'univers; la nature organisatrice, *natura naturans*, voilà la majeure; les choses et les êtres formés tour à tour, *natura naturata*, voilà la conclusion.

Des prémisses du présent ouvrage je ne donne pas la mineure, que je suppose connue par l'étude des grands philosophes et de quelques penseurs et génies du premier ordre, parmi lesquels je place Nietzsche tout en tête; la majeure fait la matière de ce livre, et je laisse au lecteur le soin de tirer lui-même la conclusion.

Dans ce chapitre ainsi que dans le précédent, je reviens parfois sur ce que j'ai déjà dit, et, dans d'autres endroits, j'anticipe un peu sur la matière qui sera traitée plus au long dans la suite.

Je suis de l'avis de Napoléon, qui disait, après Siéyès, que la répétition est la meilleure figure de rhétorique.

J'ajoute qu'elle finit toujours par produire quelque impression, tandis que toutes les autres sont pâles et faibles en comparaison.

Pour le surplus, j'ai tâché, dans la conduite générale du présent ouvrage, d'imiter la marche napoléonienne en ligne droite et l'attaque perpendiculaire de préférence à l'oblique, pour atteindre plus rapidement à mon but, et chacun sait que c'est la vitesse foudroyante qui fait remporter les plus grandes victoires.

L'allegro, l'allegrissimo doit être notre mouvement favori et préféré. La vitesse et la joie, en un mot l'allégresse, voilà ce qui nous fait vivre réellement.

Vivre avec intensité, c'est là seul ce qui s'appelle vivre.

La vitesse est le signe de la vie par excellence.

CHAPITRE X

De la guerre universelle.

Nous assistons dans le monde à une guerre générale; elle sévit partout, sans relâche et sans merci.

Il n'existe qu'un droit réel dans l'univers, c'est celui du plus fort, et c'est le seul qui puisse se passer constamment de tout traité littéral.

Hormis ce que peut la force, il n'y a pas de droit sans traité formel, et, là où le traité manque, il n'existe aucun droit réel.

Tout droit est fondé sur une convention expresse.

Toute convention n'est qu'une paix armée; tout traité n'est qu'une trêve passagère; avant et après, c'est la guerre ouverte, c'est la lutte acharnée jusqu'à ce qu'il y ait une défaite et un vaincu avoué ou un accord établi entre les adversaires.

L'univers est la grande tragédie générale et éternelle.

La tragédie fait l'action principale; la comédie est l'accessoire; elle ne remplit que les entr'actes. Il est vrai que la vie de beaucoup d'hommes est surtout composée d'entr'actes et s'écoule dans l'accessoire.

Il y a de tristes personnages qui mènent une existence furieusement dissipée et qui n'ont point de pensée vraiment sérieuse qu'ils ne la détestent comme une calamité et ne la fuient comme un épouvantail. Les affaires graves, les événements fâcheux, les adversités imprévues les surprennent toujours sans préparation et sans défense et les laissent généralement dans le désarroi le plus complet, outre que la grande pourvoyeuse est fort mal reçue par eux et qu'elle les trouve peu disposés à la suivre; mais il ne s'agit plus de plaisirs et de futilités; il faut rendre ses comptes et payer ses vieilles dettes, si bien que la douce et simple mort est pour eux la grosse affaire qui les rend tout sérieux pour la première fois de leur vie ; ces fameuses gens, qu'on avait vus constamment légers et frivoles, quittent l'existence d'un air grave et important, avec une mine renfrognée et patibulaire, comme si l'univers allait s'écrouler sur leur tête ; ils s'en vont de mauvaise grâce et d'un pas lourd ; ils meurent mal, parce qu'ils n'ont pas bien vécu.

La guerre est le principe et la règle ; l'armistice, la paix, le repos ne sont que l'exception momentanée et le rêve fugitif..

> Brisons d'abord le cœur pour le bronzer ensuite ;
> La douleur vient avant, et la joie est sa suite.

Puisque l'instinct qui gouverne l'univers entier est foncièrement tragique, ne soyons pas surpris de voir la destruction précéder partout la reconstitution, la mort marcher toujours devant la vie.

Puisque la guerre est au fond de tout, armons-nous joyeusement et courons nous battre avec courage ; le hasard nous a fourni des armes ; exerçons-nous à les bien employer ; rendons les meilleures et plus redoutables par le bon usage que nous en ferons ; ayons le cœur vaillant du soldat, et, au premier signal, volons où la bataille nous appellera. Tenons-nous ferme au poste que nous aurons choisi ; fixons-nous y sans broncher et défendons-le sans faiblir, et, si nous ne pouvons triompher, succombons du moins avec honneur. Quelle que soit l'issue de l'entreprise, la gloire nous est assurée, pourvu que nous nous soyons conduits bravement.

La guerre est au fond de tout ; la vie est un combat ; le conflit éclate tout d'abord, et la lutte, inéluctable et cruelle, suit de près jusqu'à ce que l'un des adversaires succombe ou se soumette ; la bataille est interrompue, quand l'équilibre est rétabli.

L'antagonisme se trouve partout, et il est primordial entre le chaos et l'organisation, le cœur et la tête, la passion et la raison, l'instinct et la réflexion, le dionysien et l'apollinien.

Le conflit est général ; tous luttent contre tous, et tout contre tout.

Aimons donc une loi qui est universelle et qui est la source de nos plus grands plaisirs et de nos joies les plus pures.

L'hostilité est universelle, le duel est général ; il y a joute partout dans le monde ; le principe qui règle la vie humaine et les rapports entre les hommes est celui de l'émulation, c'est-à-dire que nous sommes tous destinés à nous mesurer dans une lutte pacifique ou sanglante.

L'émulation est la règle qui doit servir à gouverner l'éducation des jeunes gens, et elle devrait nous inspirer durant notre vie tout entière ; c'est ce que les Grecs avaient si bien compris, et ce que Solon avait fait entrer dans la constitution athénienne et prescrit dans ses lois agonales.

L'émulation, αγών, l'agon, était chez les Grecs au fond de toute la vie, elle la pénétrait complètement.

Il y avait émulation non seulement entre tous les habitants d'une même cité, mais encore de ville à ville et d'État à État.

Si les lettres et les arts florissaient merveilleusement à Athènes, Sparte l'emportait par l'orgueil militaire et par la force extraordinaire de ses armes généralement victorieuses, et, si le génie des Lacédémoniens n'excellait point dans les lettres, celui des Athéniens était moins éminent dans l'art de la guerre.

La nature avait donné à Lycurgue un caractère rude et grossier, et son tempérament était celui d'un soldat farouche. Ce fut l'habileté et l'immense mérite de Solon de détourner de la politique l'esprit aventureux de la jeunesse athénienne.

Le seul danger réel qui menaçât sérieusement la Grèce venait de Sparte et de son organisation foncièrement militaire.

Lorsqu'Athènes se mêle de concourir avec Lacédémone et se flatte de lui arracher définitivement cette hégémonie souveraine dont sa rivale était si profondément jalouse, le mal est à son comble, c'en est fait de la Grèce, et son sort est fixé pour jamais. Elle se voit déchirer par les dissensions intestines les plus furieuses, les plus cruelles et les plus sanglantes, et elle devient pour ses ennemis du dehors une proie désormais facile et toute naturelle ; c'est ainsi qu'elle tombe d'abord sous le joug d'Alexandre et plus tard sous celui des Romains.

La décadence commence avec la lutte contre les Perses, qui avait déchaîné une haine prodigieuse entre les deux vieilles cités, antiques rivales de gloire et de grandeur. Elle est à son apogée à l'époque de Périclès et au moment de la guerre du Péloponèse ; c'est Alexandre qui porte à la puissance et à la liberté de la Grèce agonisante le grand coup, le dernier et le plus décisif, le coup de grâce qui donne la mort.

L'union des Grecs les aurait rendus si forts qu'il est à présumer qu'ils eussent résisté à plus d'un orage. Le bon accord et l'harmonie qui en est la suite auraient donné à la Grèce une sûreté plus grande avec une puissance plus formidable, mais, dans cet état plus calme et plus solide, elle eût accompli sans doute de moins grandes choses.

L'exemple si frappant et si clair de la rivalité fatale d'Athènes et de Sparte, qui a rendu le sort de la Grèce si funeste, nous montre comment un double élément, au pouvoir contraire et hostile, remplit partout l'univers et le monde qu'il gouverne tour à tour avec des fortunes diverses et des changements inévitables, et d'après la loi des compensations nécessaires et toujours certaines.

Nous voyons partout une idée maîtresse, un instinct dominant qui dompte tout ce qui l'entoure immédiatement, un appétit tyrannique qui opprime tous les autres et qui cherche à régner souverainement.

L'appétit dominant dévore tout le reste ou le maintient du moins dans une dépendance complète et dans la servitude la plus absolue.

L'univers est la grande tragédie synthétique.

L'épopée, c'est le spectacle de la lutte universelle, c'en est la contemplation sereine.

Le lyrisme, c'est la tragédie personnelle et particulière.

La tragédie, c'est le conflit de plusieurs appétits hostiles chez le même acteur ou entre des personnages différents. La tragédie est l'image abrégée de l'univers et de la vie. Dans la tragédie, le héros ou protagoniste lutte avec acharnement contre ses antagonistes ou adversaires, et ceux-ci lui font une guerre sans merci.

Le fond du monde et de l'existence n'est qu'héroïsme et tragédie.

Tout est lié dans l'univers par les mailles d'une chaîne invisible, et chaque fil de la trame immense est tissé par un génie dont l'héroïsme est tragique. Voilà ce qui donne une importance si considérable à la tragédie dans toutes les manifestations de la vie et de l'art.

La vie est de l'art tragique.

L'art est une tragédie vivante. L'art, c'est la réalité sublimée, je ne dis pas sublime.

La tragédie est de l'art vivant.

La guerre est donc générale et éternelle, et notre principe du juste milieu perpétuellement mobile semble ainsi confirmé partout dans l'univers illimité.

CHAPITRE XI

De la guerre des races et de la lutte des peuples et des partis politiques.

La même lutte, à laquelle nous assistons dans l'univers et dans la vie, nous la voyons sévir également entre les diverses races et les différents partis politiques qui cherchent tous à se fortifier et à grandir au préjudice de tous les autres. Les plus forts l'emportent toujours sur les plus faibles. Nous trouvons dans cette victoire la confirmation de la règle générale qui gouverne l'univers et la vie.

On n'est fort qu'en vertu d'un pouvoir supérieur ; toute

puissance est respectable ; il est donc juste et bon que les plus forts triomphent, puisqu'ils ont pour eux la puissance qui rend la victoire certaine, et que la puissance est un signe de vigueur et de santé. Toute vie véritable est robuste et bien portante ; les forts sont les vrais vivants et les meilleurs d'entre eux ; il est donc bon et juste qu'ils l'emportent, outre que leur triomphe définitif est nécessaire, fatal et inévitable ; les faibles n'ont qu'à se résigner, à se soumettre ou à disparaître. Mais, comme rien ne dure éternellement, chacun triomphe à son tour dans une certaine mesure, pourvu qu'il ait résisté à la tourmente, et la loi des compensations décide du partage des royaumes, des empires et des souverainetés.

Telle race, qui avait été opprimée jadis, est aujourd'hui victorieuse ; tel parti politique ou religieux, qui était faible autrefois, se fortifie maintenant et devient peu à peu tout-puissant ; tel peuple, qui, dans le passé, râlait écrasé sous le joug de ses tyrans, relève la tête et domine de nos jours.

Et tout cela changera encore une infinité de fois dans l'avenir illimité, et avec des fortunes étonnantes et subites.

Tout est dans un flux continuel, tout est dans un perpétuel devenir, et la loi d'airain du Destin impérieux et inexorable gouverne souverainement la grande, sublime et prodigieuse tragédie universelle.

CHAPITRE XII

Du démocratisme et de l'aristocratisme ; de l'aristocratie dans la nature.

Dans la matière et dans l'univers le chaos précède l'organisation ; l'anarchie paraît d'abord, la hiérarchie, l'autocratie, la monarchie ou l'oligarchie ne se forment qu'ensuite ; l'impulsion aveugle vient avant l'équilibre parfait ; la lutte, avant l'accord ; la mort, avant la vie.

De même, dans la société et dans l'homme, la jeunesse se montre d'abord, l'âge mûr n'arrive qu'après ; le sentiment démocratique précède l'aristocratique ; la licence naît avant la liberté, l'exception, avant la règle.

Tout ce qui est chaotique, tout ce qui fermente est dans l'agitation et le désordre ; tout ce qui est organisé et bien réglé est aussi plein de mesure et de modération.

La jeunesse est bouillante et impétueuse ; elle est présomptueuse et inconsidérée et ne doute de rien ; l'âge mûr est plus calme et plus retenu ; il est réfléchi et réservé et se défie toujours de lui-même.

L'aveugle matière prend forme et corps dans la belle nature en vertu d'un pouvoir plein d'ordre et de raison, d'une loi pacifique et régulatrice et d'un principe de perfectionnement progressif et d'ennoblissement continuel.

La démocratie, c'est le chaos, la jeunesse, le mouvement tumultueux et la confusion ; l'aristocratie, c'est l'organisation, la maturité, l'équilibre absolu et la distinction.

Tout est aristocratique dans la nature ; tout y est réglé, ordonné, bien proportionné, et tout y est différent, tout y est en nuances ; on ne rencontre pas deux êtres ou deux choses absolument identiques ; il n'y a pas deux gouttes d'eau qui soient entièrement pareilles, et, lorsqu'on les examine au microscope, on est tout surpris et comme effrayé de constater que ce sont deux univers complètement différents et qui renferment chacun un autre monde. Les infiniment petits qui s'y meuvent et s'y agitent sont d'une variété et d'une dissemblance qui nous frappent d'admiration et de stupeur.

On ne rencontre pas dans la nature deux êtres ou deux choses dont les formes ou les qualités soient absolument pareilles ni dans un degré égal.

Nous différons tous par la force, l'âge, le poids, la santé, la forme, la taille, l'épaisseur, la stature, l'intelligence, l'esprit, le génie, la bonté, le cœur, la beauté, la douceur, la politesse, le charme, la grâce, l'élégance, l'adresse, l'habileté, la ruse, l'énergie, la volonté, l'orgueil, la vanité, l'ambition, la fierté, les talents, l'appétit, les passions, le bon sens, le jugement, la raison, les biens, la fortune, et ainsi de suite.

Que chacun de nous s'examine sincèrement et se compare aux autres, qu'il fasse de même pour tout ce qui existe dans la nature, et il trouvera qu'il n'y a pas deux hommes, deux êtres ni deux choses qui soient complètement identiques dans l'univers.

La nature est aristocratique et établit des distances en multipliant partout les distinctions particulières.

La distinction est le signe de l'organisation parfaite, du développement supérieur, du progrès évident.

Ce siècle est démocratique ; il n'a pas le sentiment des distances.

Tout état démocratique n'est que transitoire et tend à devenir aristocratique ; la transformation, la métamorphose se fait peu à peu et lentement, mais sûrement.

L'aristocratique peut, à son tour, rétrograder et retomber dans le démocratique par dépérissement, décrépitude et décadence finale ; la mort suit souvent de près.

Le plébéien devient patricien avec le temps ; le patricien peut redevenir plébéien par suite des circonstances adverses et défavorables dont il est exposé à subir l'influence fâcheuse et funeste.

Ainsi tout est emporté dans un flux continuel, tout est dans un perpétuel devenir.

Tout se développe et progresse ou recule et dépérit ; c'est la règle générale ; c'est la loi d'airain qui courbe tout sous son pouvoir.

Celui qui n'a rien s'insurge et se révolte contre le propriétaire, et il aspire à son tour à posséder ce qu'il n'a pas encore ; de là naissent la jalousie, l'envie et l'hostilité. Celui qui possède se défend contre les misérables ; celui qui est riche peut tomber dans la pauvreté.

L'ignorant hait l'homme instruit ou veut devenir savant lui-même.

Un génie fécond et actif est prodigue de ses richesses et dépense sans compter ; son imprévoyance l'expose à tomber dans la misère ; sa largesse et sa générosité imprudentes dévorent ses forces; leur affaiblissement le livre souvent comme une proie naturelle à l'imbécillité ou à la folie, cette détresse suprême de l'âme redevenue misérable et de l'esprit qui retombe en enfance et qui se voit finalement déshérité de tous les biens qui faisaient sa puissance et son orgueil.

Dans le jeu universel des métamorphoses de la matière et de la nature, tout aspire à se dépouiller de sa forme actuelle et accoutumée pour en revêtir une plus haute, tout se détourne de ce qui est pour se réfugier dans ce qui sera, tout s'arrache au présent qu'il quitte et méprise pour voler vers l'avenir qu'il aime et qu'il souhaite, tout cherche à fuir et à oublier la réalité pour trouver l'idéal et vivre dans un rêve ; chacun veut s'échapper pour tenir son meilleur et son autre lui-même.

Nous avons tous une occupation ou un plaisir auquel nous nous abandonnons avec délice pour oublier les petites misères qui nous oppriment ou les grands maux qui nous accablent.

Ces remèdes qui nous procurent un soulagement momentané et un oubli passager sont tous des narcotiques ; ils endorment pour quelque temps nos douleurs.

Chacun a son narcotique favori qui lui fait voir le rivage où il languit d'aborder. L'énergique et le fort ont leur activité ; le penseur a ses méditations ; le poète, ses visions ; le philosophe, ses spéculations ; l'artiste, ses créations ; le spectateur, ses contemplations ; l'artisan, son ouvrage ; l'homme d'imagination et d'esprit, sa fantaisie et sa verve ; le sensuel, ses passions ; l'ivrogne, son breuvage ; le fumeur, le tabac ou l'opium ; le joueur, ses émotions ; le gourmand, sa table bien garnie ; le marchand, ses affaires ; le banquier, ses opérations ; le soldat, l'uniforme et la bataille ; le conquérant, la guerre et les empires ; le savant, ses travaux ; le paresseux, son oisiveté ; le lâche, sa mollesse ; le croyant, sa religion ; l'homme simple, la nature et la sagesse.

Ainsi chacun a quelque chose qui l'occupe ou le distrait et qu'il préfère au reste, une vision ou un but qui le détourne de ses réflexions pénibles et de ses maux imaginaires ou véritables. Chaque être et chaque chose tendent à passer d'une forme inférieure à une supérieure ; tout cherche à progresser et tout veut s'ennoblir.

Lorsque le point culminant a été atteint, il y a un retour fatal, une réaction après l'action, qui fait reculer et descendre tout ce qui était haut et loin.

Le paupérisme, ou socialisme, anarchisme et nihilisme n'est qu'une forme spéciale et qu'une face particulière du démocratisme. Le principe conservateur n'est que l'expression de l'instinct aristocratique qui anime tout grand et vrai propriétaire. Il en va de même dans les affaires matérielles et dans les choses de l'esprit.

La race juive, privée longtemps de tous les droits de l'homme, se sert du démocratisme et de ses variétés pour arriver à conquérir les prérogatives et les privilèges de la dignité humaine et, au jour du triomphe, elle finira, grâce à ses trésors, par l'aristocratisme et l'autocratisme, et par l'esprit d'ordre, de conservation et d'accroissement continuel.

Nous le voyons déjà par l'exemple des millionnaires juifs anoblis et titrés et de l'aristocratie financière ou ploutocratie qui est un attribut de l'esprit judaïque.

L'antisémitisme est un moyen de défense ; c'est une arme qui sert à arrêter l'invasion d'un peuple qui se rue à l'assaut ; c'est un rempart qui doit aider les Ariens à refouler une race rivale et à repousser les furieuses attaques d'un peuple victorieux.

Les Juifs cherchent à se rapprocher des Ariens ; ils ont fait la conquête pacifique de la terre par le pouvoir mystérieux et la toute-puissance de l'argent. L'argent est une force immense.

Le monde juif cerne, entoure, enserre le monde arien et finira par s'en rendre maître absolu ; ce n'est là qu'une question de temps.

Quand le triomphe sera complet, l'union se fera, et les conquérants éprouveront le sort de tous les vainqueurs, c'est-à-dire qu'ils seront absorbés par les vaincus et qu'ils subiront complètement l'influence intellectuelle et morale de la race arienne, subjuguée par le pouvoir de leurs richesses, mais qui leur imposera en revanche ses faiblesses et ses vices.

Ainsi donc les principes démocratique et aristocratique ne sont, en résumé, que diverses nuances d'un même instinct, que deux degrés d'un même pouvoir et que les faces ou pôles différents d'une même force universelle et toute-puissante.

Il y a deux aristocraties, l'une fictive et apparente ; l'autre réelle et véritable ; celle-ci naturelle, celle-là artificielle. Il y a deux noblesses, l'une du nom, l'autre du mérite ; celle-là est du rang ; celle-ci est de l'esprit et du cœur. La première n'est rien sans la seconde, et la seconde est tout sans le secours de sa vaine et triste rivale.

CHAPITRE XIII

Sur les Juifs ; de leurs défauts et de leurs qualités ; d'une alliance des Juifs avec les Ariens.

Les Juifs méritent de fixer notre attention : c'est une race intéressante par ses défauts et ses qualités. Leur influence, qui est déjà très grande, ne fera que croître, parce qu'ils possèdent des facultés qui assurent le succès. On peut prédire avec certitude que leur importance sera énorme dans le développement prochain de l'humanité dont la science et l'argent seront les agents essentiels et qui joueront un rôle si considérable que la civilisation tout entière dépendra d'eux. Or, les deux forces principales des Juifs sont précisément la science et l'argent ; les Juifs sont des savants et des financiers.

Il est donc assez facile de prévoir qu'ils régleront tous les grands mouvements politiques et économiques de l'avenir, d'autant plus qu'ils soulèvent l'opinion publique par le plus grand levier des temps modernes, par la Presse qui se trouve presque entièrement en leur pouvoir.

Les Juifs n'ont guère réussi jusqu'ici, sauf exception, à se faire aimer par les Ariens et ils leur sont généralement encore peu sympathiques. D'où résulte la répulsion qu'ils inspirent ? Il faut bien reconnaître que les Juifs ont certains défauts endémiques qui leur nuisent énormément dans l'opinion du reste du monde.

Il y a en eux comme une vilaine tare et je ne sais quelle triste rouille et quelle gale lépreuse dont ils ne peuvent se défaire et qui ternissent leurs plus belles qualités.

On ne saurait nier qu'ils sont par-dessus tout attachés à l'argent, qu'ils l'ont toujours aimé avec frénésie et que tous les moyens leur sont bons pour s'assurer les profits les moins légitimes.

Ce vice éclate dans l'organisation et le système des banques modernes qui se sont inspirées de leur esprit et où leur influence est prépondérante.

Qu'ils estiment l'argent plus que tout autre bien, c'est ce qui peut se comprendre et s'excuser par les persécutions et les misères de toute sorte qu'ils ont endurées pendant si longtemps ; mais il faut bien admettre qu'ils ont toujours eu l'esprit financier et le génie de l'argent avec un talent prodigieux pour manier celui-ci, sinon il serait difficile d'expliquer leurs richesses fabuleuses et leur succès extraordinaires dans toutes les spéculations matérielles.

Si les Américains leur sont supérieurs en ce point, c'est qu'ils sont encore mieux doués. Mais l'Américain est téméraire ; il ose trop et risque ainsi de compromettre le résultat de ses vastes et audacieuses entreprises.

L'industrie et le commerce sont les maîtres partout, et l'on voit en cela les plus grandes nations et les plus puissantes de la terre se mesurer entre elles et chercher à dominer leurs rivales.

L'Angleterre, l'Allemagne, l'Amérique et le Japon luttent avec énergie et ténacité à qui l'emportera définitivement sur les autres.

L'argent a donc un pouvoir immense, les Juifs l'ont toujours compris, et c'est ce qui a fait leur force dans tous les temps. Méprisés et poursuivis, il a fallu compter avec eux.

Leurs trésors accumulés ont excité la cupidité de tous les princes de l'Europe, chez tous les peuples et dans tous les siècles, et l'exemple de Philippe le Bel, roi de France, donne à réfléchir.

Les Juifs étaient les banquiers et les prêteurs de toutes les cours et des grands de tous les pays. En France ils s'étaient servis des Templiers, qui étaient leurs hommes de paille, pour tirer des gains illicites et des profits usuraires des prêts qu'ils consentaient aux têtes couronnées.

Philippe le Bel, ayant besoin d'argent, s'adressa aux Templiers qui agissaient pour les Juifs. Le souverain exigeait une somme fabuleuse pour l'époque. Il s'agissait de plusieurs millions qu'il voulait employer contre le pape. Les Templiers, tout riches qu'ils fussent, n'avaient pas la somme demandée et se défendaient de la posséder ou de pouvoir se la procurer, par crainte du danger qu'ils eussent couru à paraître si puissants et pour ne pas éveiller les convoitises de ceux qui auraient eu l'envie de les pressurer dans la suite. D'autre part, les Juifs se montraient peu disposés à fournir les moyens qui eussent servi à attaquer la papauté, alors maîtresse absolue et incontestée en Europe, et qu'ils redoutaient plus que toute autre puissance au monde. Les Templiers se récusèrent donc, en alléguant leur pauvreté, et le courroux de Philippe le Bel fut extrême ; il éclata de la manière qu'on sait, et ce qui suivit n'est que trop connu.

Quant à la science des Juifs, elle était grande et réelle ; ils ont fourni de tout temps à l'Europe une légion de savants, de médecins et de jurisconsultes qui ont fait merveille partout où l'on a eu recours à leurs lumières.

La puissance occulte du Juif se manifestait en tous lieux ; on le considérait avec une défiance superstitieuse ; il était craint, méprisé et haï.

Les persécutions dont les Juifs furent généralement l'objet les forcèrent à se serrer les uns contre les autres et à marcher comme un seul homme ; les dangers continuels auxquels ils étaient exposés, et au milieu desquels ils vivaient comme dans leur propre élément, et qui semblait leur être le plus naturel, firent croître sans cesse leur prudence, leur ruse et leur ressentiment. Ils se montraient bas et obséquieux dans l'adversité, pour relever la tête avec orgueil et insolence, dès que la fortune leur souriait.

Ils ont gardé jusqu'à nos jours cette marque distinctive de leur race, qui est en même temps un signe commun à tous les peuples longtemps opprimés et vivant dans l'esclavage, et le caractère particulier des nations orientales.

Aujourd'hui que la liberté s'est développée, ils se sont enhardis, et la sûreté plus grande du moment présent a augmenté leur confiance personnelle et les rend facilement familiers et même arrogants.

Les avantages matériels les touchent plus que tous les autres, et ils ne dédaignent aucun profit, quelque minime qu'il soit. Ce sont de grands réalistes et des matérialistes convaincus. Il est vrai que les persécutions dont ils ont eu à souffrir autrefois et qui leur fermaient l'accès de presque toutes les carrières honorables, ne leur laissant aucun choix plus relevé, les ont jetés forcément dans l'amour ardent du lucre et dans le culte excessif de l'argent. Tous leurs défauts, qui sont grands et réels, s'expliquent très bien par les circonstances dans lesquelles ils ont vécu, et leur en tenir rancune serait injuste et mesquin. Il faut avouer toutefois que ces graves défauts nous sont antipathiques, parce qu'ils sont populaires et qu'ils manquent de noblesse et de grandeur.

Les Juifs n'ont guère non plus brillé dans les arts, mais leur souplesse étonnante et leur extraordinaire facilité d'assimilation leur ont permis d'avoir du talent dans plusieurs genres, sans qu'ils aient été jamais créateurs ni qu'ils aient montré quelque part du génie, sauf trois ou quatre fois par exception. Leur vive intelligence les rend capables d'imiter les hommes et les choses ; cette faculté spéciale fait d'eux des acteurs et des comédiens par excellence. Dans la société actuelle, où presque chacun porte un masque ou deux, leurs dispositions remarquables les ont mis en état de jouer partout un rôle très considérable.

Ils ont toutefois produit quelques grands hommes et créé quelques belles œuvres ; ils ont illustré la science et la philosophie dans la personne de Galilée et de Spinoza ; Moïse est né parmi eux ; et puis nous leur devons la Bible, ce monument impérissable de la plus sincère poésie, et tout dernièrement enfin ils nous ont donné Henri Heine, le premier poète lyrique de l'Allemagne avec Gœthe.

La Bible est le livre poétique le plus remarquable de tous les peuples et de tous les siècles ; on ne rencontre nulle part une imagination si riche et si forte, ni un lyrisme si pur, si naïf et si plein d'enthousiasme.

En comparant les ouvrages de Heine avec la Bible, et plus particulièrement avec le Cantique des Cantiques, qui est le fleuron le plus brillant de cette couronne merveilleuse, je trouve que plusieurs de ses poésies sont d'une beauté biblique et que son génie est d'une splendeur vraiment hébraïque.

Il est vrai que dans la Bible et dans Heine il est souvent question d'amour et de sensualité, et qu'un amour sensuel y sue parfois par tous les pores, et je constate que la luxure et la concupiscence sont un trait du caractère juif. Les Juifs appréciaient la bonne chère et les amours ardentes, et ils ont trouvé deux interprètes pour rendre un témoignage immortel à leurs goûts favoris.

Je remarque, en outre, qu'ils n'ont produit de grands hommes et qu'ils n'ont eu du génie dans les arts que par la plus rare exception.

Mais leurs qualités aussi sont éminentes et estimables. Où rencontre-t-on plus que chez eux ces capacités étonnantes qui en font comme les défenseurs-nés et les avocats naturels du peuple et de la foule ? Où trouve-t-on un si grand amour du travail et tant de concentration, de persévérance et de ténacité ? Où voit-on plus de patience, d'endurance, de sobriété, de foi, de volonté, d'énergie ?

Qui a plus de bon sens, de réflexion, de jugement, de raison ?

Qui les égale dans les sciences, la médecine, le barreau ? Qui possède tant de clarté et de logique ? Qui est meilleur administrateur ? Qui sait comme eux organiser une affaire et en assurer le succès ?

Où y a-t-il plus de sens pratique ? Qui est mieux armé pour les luttes de la vie ? N'ont-ils pas résisté à toutes les tempêtes ? Ne seront-ils pas les dernières épaves auxquelles le reste des hommes s'accrochera au moment du grand naufrage ? Voilà ce qu'ils sont ; voilà les qualités prodigieuses et admirables qui les distinguent ; qui saura se servir d'eux peut être certain du triomphe.

Les Ariens n'ont plus à hésiter, et, si l'Europe veut dominer sur la terre, qu'elle suive sans fausse honte le char des vainqueurs. Il est certain que les Juifs seuls ont la puissance de faire réussir une entreprise qui se proposerait d'élever une digue assez forte pour arrêter les excès et les ravages du socialisme.

La vraie solution du grand et redoutable problème social, qui fait le tourment du monde moderne, est dans le rapprochement complet des Ariens et des Juifs.

Cette alliance peut se conclure naturellement par des mariages mixtes. Les défauts respectifs des deux races s'atténueront ; leurs qualités se fortifieront et formeront un ensemble robuste et harmonieux.

Que des jeunes gens de l'aristocratie chrétienne ruinée se décident à épouser des Juives riches et sortant des meilleures familles ; que ces jeunes filles et ces jeunes femmes acceptent avec joie d'ennoblir leur origine roturière et d'entrer dans la société la plus choisie et la plus raffinée ; que des membres de la noblesse arienne, ayant de la fortune et de hautes qualités de l'âme, prennent pour femmes de belles et jolies Israélites pauvres, mais pleines d'esprit et de talent, et dignes d'être aimées par des hommes de mérite et capables de faire le bonheur de leurs maris et de leurs enfants ; que des Juifs riches unissent leur destinée à des jeunes filles pauvres de l'aristocratie chrétienne ; que des jeunes femmes chrétiennes et nobles, dans une belle situation de fortune, consentent à s'allier à des jeunes gens israélites pauvres, mais ayant du génie et de l'avenir. N'y aurait-il pas là sujet à se réjouir? N'est-ce pas un but louable et généreux à poursuivre, et l'humanité n'en retirerait-elle pas un avantage immense? Quant à moi, je n'en doute point, et la proposition que je fais ici, je conseille aux meilleurs et aux plus nobles d'entre nous d'y souscrire bravement, et de tenter une entreprise qui sera la plus méritoire et la plus mémorable dont l'histoire universelle aura conservé le souvenir.

Qu'est-ce que l'humour? C'est la vive expression du ressentiment profond d'un homme qui a été cruellement maltraité par la destinée ou par ses semblables et qui se venge avec délice sur eux des mortelles humiliations et des mortifications répétées qu'il a souffertes jadis en silence. Ceci explique à merveille pourquoi les Juifs sont de grands humoristes et ont une prédilection marquée pour tout ce qui respire l'humour.

CHAPITRE XIV

Du capital et du travail; sur les riches et les pauvres; d'une conciliation possible des intérêts contraires.

Il y a eu de tout temps des maîtres et des esclaves, et il y en aura toujours, parce qu'ils sont nécessaires, et que la hiérarchie des rangs fait partie de l'ordre général de la nature et des choses.

Il se rencontrera éternellement des êtres plus grossiers et plus forts qui n'auront pas assez de fortune pour ne rien faire ni assez d'intelligence pour remplir les emplois plus élevés des autres hommes.

Cette distinction se rencontre dans la nature où l'esclavage existe également, par exemple chez les fourmis dont certaines espèces, et particulièrement les prisonniers de guerre, servent les autres. Il est d'ailleurs très curieux de remarquer que les fourmis sont organisées en sociétés comme les hommes, et que ces sociétés ont une grande analogie avec les nôtres.

Autrefois la distinction des castes et la différence des classes étaient plus marquées et plus apparentes. Le serf était la propriété de son maître et une chose sur laquelle il avait droit de vie et de mort ; l'esclave vivait généralement à demeure chez son maître, et ce dernier en disposait jour et nuit à son gré. Beaucoup d'esclaves se recrutaient parmi les prisonniers de guerre. Les hasards et les vicissitudes de la vie exposaient toujours un homme libre à tomber dans la servitude ; d'autre part, aux temps de l'empire, les riches esclaves romains avaient le moyen de se racheter et de se libérer, et leurs maîtres les affranchissaient volontiers.

Les esclaves devenaient les égaux de leurs maîtres pendant la durée des Bacchanales en Grèce et des Saturnales à Rome, mais la trêve était courte, et la chaîne semblait peser plus lourdement, quand l'illusion s'était dissipée. Aujourd'hui les esclaves voudraient prolonger l'armistice et intervertir les rôles par un bouleversement général ; de là est né ce malaise intense et profond qu'on ressent partout et dont chacun souffre plus ou moins.

Jadis les prisonniers de guerre se voyaient forcés d'exécuter les travaux les plus grossiers, les plus rudes et les plus fatigants ; on les employait même aux carrières, et les Juifs furent obligés de construire les pyramides d'Égypte.

Les serfs étaient tenus et traités avec la plus grande rigueur ; on les châtiait cruellement à la moindre faute, mais la crainte les tenait en bride.

Ils se sont néanmoins révoltés parfois, et l'histoire a conservé le souvenir de plusieurs soulèvements mémorables ; c'est ainsi que les Hilotes essayèrent de secouer le joug sous lequel on les tenait courbés ; ils s'insurgèrent une fois que les Lacédémoniens se trouvaient occupés à livrer une bataille, et, lorsque c rentrèrent à leurs foyers, ils trouvèrent leurs esclaves dans un beau tumulte et se virent contraints de combattre un nouvel ennemi, plus formidable que le premier ; ils réussirent pourtant à s'en rendre maîtres, et tout rentra soudain dans l'ordre accoutumé.

Sparte s'était vue à deux doigts de sa perte et dut s'estimer heureuse d'avoir échappé comme par miracle à l'un des dangers les plus terribles auxquels elle ait été exposée.

Les Romains aussi eurent à soutenir l'attaque de leurs serfs dans la fameuse guerre des esclaves, conduits par Spartacus, le plus intelligent et le plus intrépide d'entre eux ; cette lutte coûta de grands efforts aux Romains, mais Spartacus finit par succomber, et la République fut sauvée du péril extrême qui avait failli consommer sa ruine.

Les Anciens toutefois n'eurent en général rien de sérieux à redouter de leurs esclaves, maintenus partout dans la discipline la plus sévère. Ils ne les employaient d'ailleurs qu'à exécuter les travaux indignes d'un homme libre ; ils firent toujours la guerre par eux-mêmes et n'y souffrirent jamais leurs esclaves qu'ils laissaient chez eux pour garder leurs maisons, de peur qu'ils n'apprissent dans les camps à devenir puissants et redoutables, à force de se bien conduire sur le terrain. La bravoure guerrière en eût fait un danger vivant pour leurs maîtres ; ils les écartaient donc systématiquement de tout emploi militaire, par prudence autant que par fierté.

Les modernes, au contraire, pour éviter de payer de leur personne à la guerre, emploient souvent leurs serviteurs et leurs subalternes à se défendre contre leurs ennemis et ne rougissent pas de recruter les soldats dont ils ont besoin parmi ceux qu'ils tiennent courbés dans la servitude ; ce moyen est mauvais et est la cause du seul danger véritable que nos institutions modernes fassent courir à la société actuelle ; il faudrait donc exiger partout le service personnel sans exception, ou former du moins à part un corps de citoyens ou une milice de réserve destinée à tenir les rebelles en respect ; c'est ainsi que la Belgique a constitué une garde civique qui lui rend d'excellents offices, ainsi qu'on l'a vu dans plusieurs émeutes populaires étouffées seulement par son aide. Une force de ce genre est considérable et fournit souvent un secours décisif.

Ainsi donc l'histoire fait mention de plusieurs soulèvements d'esclaves qui furent tous promptement réprimés, parce que les cités antiques étaient fortement organisées.

La classe des serfs était une caste particulière et officiellement reconnue; le mot esclave était employé également, et d'une manière ouverte, par le maître et par le serviteur, et ni l'un ni l'autre ne se faisait scrupule d'user d'un terme qui n'avait rien d'avilissant, tant la chose elle-même paraissait naturelle. La distinction des rangs était admise et proclamée partout hautement.

Les rapports du maître et de l'esclave étaient au moins réglés en cela par la sincérité et la franchise qui régnaient en tous lieux, et l'on avait tout naïvement le sentiment des distances respectives. Les Anciens avaient très bien compris que la nature est foncièrement aristocratique, que toute société humaine est fondée sur les différences de la valeur et du mérite particuliers, et que les membres supérieurs doivent reposer sur ceux qui sont inférieurs, comme les parties les plus nobles et les plus hautes d'un monument ont besoin d'une base et sont supportées par les fondations mêmes de l'édifice.

Les relations entre les hommes, étant établies par la justice et la vérité, et réglées par l'ordre et la raison, étaient exemptes de fausse honte et d'hypocrisie, et chacun s'en trouvait bien.

Le christianisme est venu bouleverser tout cela, et sa réforme a été funeste, car il n'est parvenu qu'à effacer le nom de la chose signifiée, sans pouvoir supprimer la chose elle-même, dont la racine est dans le principe même qui gouverne la nature.

La religion chrétienne enseigne aux hommes qu'ils sont tous égaux et qu'ils ont tous les mêmes droits, que les chétifs et les humbles sont les bons et les élus, et que les royaumes de la terre et des cieux leur appartiennent de préférence, tandis que les puissants et les orgueilleux sont les mauvais et les réprouvés.

Rien n'est plus faux ni plus pernicieux que cette doctrine, car elle prêche et nous propose précisément le contraire de la vérité qui crève brutalement les yeux des gens sensés et clairvoyants. L'église se trompe ingénument ou elle sait mentir avec effronterie pour les besoins matériels de sa terrestre cause ; les histoires les plus ridicules, les inventions les plus fausses, les raisons les plus spécieuses et les plus mauvais arguments lui sont bons pour tromper le monde et faire triompher, avec l'ignorance et l'imposture, sa domination et ses intérêts.

Aussi longtemps qu'on a pu faire croire aux faibles et aux déshérités de la terre que les félicités qui leur sont réservées là-haut sont plus douces que tous les biens d'ici-bas et qu'elles sont infiniment préférables à ceux-ci, les choses ont pu marcher convenablement, et les petits se sont résignés à espérer et à attendre des temps meilleurs ; mais aujourd'hui que la foi chancelle, que la religion est sapée par sa base et que les fondements en sont ébranlés, maintenant que les croyances sont tièdes et languissantes, que les lumières sont plus grandes et plus vives, que l'incrédulité, le doute et le scepticisme ont paru en tous lieux pour se montrer avec avantage, et qu'ils règnent sans contestation et comme en maîtres souverains, toutes les entraves sont brisées, tous les liens sont rompus, le gouffre béant a surgi devant nous, et la vieille forme des sociétés crève et éclate partout avec fracas.

Le christianisme n'est plus qu'une arme de combat aux mains des mécontents qui se révoltent, qui attaquent avec fureur et qui détruisent impitoyablement et sans répit l'antique édifice qui branle et qui tremble dans toutes ses parties.

Comment cela finira-t-il ? La solution de cette question dépend de la clairvoyance, de la volonté et de l'énergie de ceux qui règlent encore aujourd'hui les destinées des peuples. Demain peut-être il sera trop tard ; il est donc temps de se décider et de prendre une virile résolution.

Depuis que nos esclaves modernes, ouvriers, soldats, artisans, fonctionnaires, employés, domestiques et serviteurs de toute espèce jouissent d'une certaine liberté, tout extérieure et relative, depuis qu'ils sont libres de nom pour continuer en réalité leur servage d'autrefois, depuis qu'ils se croient opprimés et exploités injustement, depuis qu'ils ressentent comme une iniquité et un abus l'application du principe qui gouverne la nature, où tout est développement, progrès et ennoblissement, et où les distinctions aristocratiques et la loi des distances forment la règle à laquelle tout se plie sans murmure, depuis qu'ils ne s'acquittent de leur tâche qu'à contre-cœur et comme tout brûlants de ressentiment et dévorés par une soif de révolte, depuis qu'ils voudraient ne point travailler et ne rien faire pour ceux qu'ils détestent, depuis qu'ils convoitent d'être riches à leur tour pour se créer des loisirs et vivre dans l'oisiveté, depuis qu'ils rêvent de singer leurs maîtres sans avoir les qualités et les mérites de ceux-ci, depuis tout ce long temps nous voyons se défier deux forces hostiles qui cherchent à s'entre-dévorer mutuellement. Ces deux puissances formidables qui ébranlent le monde et qui remuent tout sur leur passage, chacun les a déjà désignées par leurs noms ; elles s'appellent le capital et le travail, l'argent et la main-d'œuvre.

Le conflit est aigu, et la lutte est ardente. L'un de ces deux pouvoirs contraires cherche à opprimer et à étouffer l'autre, mais ce ne sont pas les capitalistes qui semblent intransigeants, ce sont les travailleurs qui se montrent intraitables.

Depuis qu'ils ont conscience de leur importance, ils exagèrent leurs prétentions et veulent abuser de leurs avantages. Ceci est en grande partie la faute des meneurs et des chefs qui ne se servent de la masse que pour assurer leur domination personnelle. On envenime les choses à dessein et l'on augmente la désunion en aigrissant les dissentiments ; les appétits deviennent excessifs et monstrueux, et il y a des moments où toute conciliation semble impossible.

Il est donc temps que les États, les gouvernements, les pouvoirs publics et les particuliers se hâtent ; il faut qu'ils s'occupent sans retard d'apaiser un conflit brutal et acerbe et qu'ils arrêtent une lutte alarmante et funeste.

Que voyons-nous en réalité ? N'assistons-nous pas journellement à un spectacle qui endurcit nos cœurs, qui nous rend impitoyables et qui nous laisse indifférents et froids, parce qu'il se reproduit et se renouvelle sans cesse sous nos yeux insensibles? Ne sommes-nous pas devenus aveugles et sourds par l'accoutumance, et l'habitude, qui a fini par émousser tous nos sens, ne nous empêche-t-elle pas de comprendre ce qui se passe devant nous? Ne sentons-nous pas fermenter partout je ne sais quelle sourde inimitié, quelle exaspération profonde et quel immense mécontentement, et comme l'amer levain d'une haine redoutable dont nous détournons nos regards avec horreur et dégoût? N'entendons-nous pas en tous lieux cette vague rumeur, étrange et mystérieuse, toujours égale, monotone et persistante et qui se prolonge avec une inquiétante obstination? Ne voyons-nous pas ces yeux cruels, ces regards féroces et impitoyables, ces gestes haineux, courroucés et terribles? Lorsque nous quittons nos demeures pour sortir, quand nous traversons les rues et les places de nos villes, que nous parcourons les grandes routes à la campagne, que nous errons par les chemins isolés et les calmes sentiers de nos bois solitaires, ne remarquons-nous pas ces visages hostiles, ces poings levés, ces rires atroces? Ne sommes-nous pas frappés de ces apparitions formidables et menaçantes qui se détachent brutalement sur l'horizon taciturne, comme d'énormes oiseaux funèbres? Ne voyons-nous pas ces hommes qui s'avancent vers nous avec leurs longs doigts crochus et leurs ongles acérés? Cette affreuse image ne nous poursuit-elle pas jusque chez nous et ne vient-elle pas souvent troubler le repos de nos tristes nuits? Ce spectre horrible ne s'assied-il pas à notre foyer, et ceux qui nous servent ne nous témoignent-ils pas effrontément la haine ardente qu'ils nous ont vouée?

Quel est ce duel meurtrier? Quelle est cette guerre, avouée et publique, qui se déchaîne partout à la lumière du grand jour et qui éclate avec un bruit formidable et fait retentir au loin les échos gigantesques? C'est la lutte redoutable des classes, c'est le combat acharné des riches et des pauvres; la mêlée est sanglante; les riches se défendent et les pauvres attaquent.

A qui va demeurer la victoire? Aux plus intelligents, aux plus intrépides et aux plus tenaces, parce qu'ils sont aussi les plus forts.

Aucun rapprochement n'est-il possible ? N'y a-t-il pas moyen de s'entendre ? Sans doute, si les puissants du jour le veulent réellement et s'avisent d'employer les bons remèdes, nécessaires et indispensables, souverains et salutaires.

L'union peut avoir lieu, l'alliance se faire et un traité se conclure avant la catastrophe suprême et fatale. Il ne faut pour cela que du courage, de la décision et de la promptitude.

Nous devons essayer de combler le large et hideux fossé qui sépare les pauvres des riches.

Que les riches renoncent volontairement à une partie de leur fortune ; qu'on fixe par des lois les limites extrêmes que pourront atteindre les biens publics ou particuliers, mais qu'ils ne devront jamais dépasser sans voir leur surplus impitoyablement confisqué : qu'on frappe d'impôts progressifs et de contributions importantes tous les puissants et les ploutocrates du monde ; qu'on leur enlève par an un quart et jusqu'à la moitié de leurs immenses revenus ; que ces sommes énormes servent à soulager les misères du peuple, qu'on augmente autant que possible les salaires des ouvriers ; qu'on leur accorde une part des bénéfices ordinaires et extraordinaires que réalisent les entreprises et les sociétés industrielles et commerciales ; qu'on assure leurs vieux jours par des pensions suffisantes ; qu'on adoucisse leur existence, non seulement en pourvoyant à leurs besoins physiques, mais en contribuant aussi à leurs plaisirs intellectuels ; qu'on leur bâtisse dans la banlieue des demeures économiques, saines et confortables, avec des cours spacieuses et de vastes jardins ; qu'ils aient des salles de récréation et de lecture, des bibliothèques et des jeux de société innocents, agréables et tranquilles ; qu'on leur donne des écoles pour y faire éduquer leurs enfants et pour s'y instruire eux-mêmes et s'y préparer à gravir les degrés de l'échelle sociale ; on fournira ainsi aux plus intelligents et aux meilleurs d'entre eux l'occasion de sortir d'une condition inférieure et de parvenir aux plus hauts emplois, pourvu qu'ils puissent les remplir. Ainsi l'on aura tout fait pour rendre la condition du peuple plus douce et plus supportable. *Beati militesque possidentes.*

Les hommes de bonne volonté seront convaincus qu'on parvient à tout par le travail et la patience, et que la société leur fournit les moyens de se distinguer et d'atteindre même aux sommets, à condition qu'ils aient du talent et de la volonté, de l'énergie et de la persévérance ; ils pourront eux-mêmes embellir leur sort, en supposant qu'ils le désirent fermement et qu'ils s'y efforcent de tout leur pouvoir. Il sera néanmoins impossible de satisfaire complètement tout le monde. La société fera un traité et dressera un contrat ; elle règlera les conditions du travail et elle récompensera les bonnes œuvres ; il lui appartiendra, d'autre part, de déterminer par une loi la nature des châtiments et des peines dont elle frappera les mécontents, les révoltés et les rebelles ; elle écartera finalement du grand corps des honnêtes travailleurs, laborieux, vaillants et consciencieux, tous les membres qui le déshonorent et lui nuisent, les fomenteurs de troubles et les émeutiers ; elle les fera déporter aux colonies où ils défricheront des terres vierges et pourront essayer de se refaire une nouvelle vie ; ou bien elle les emploiera dans les légions étrangères et les opposera les premiers aux ennemis du dehors. L'harmonie et l'ordre règneront à ce prix.

C'est ainsi qu'on pourra combler l'abîme béant qui a surgi entre les hommes ; c'est ainsi qu'on parviendra à éteindre les haines.

Pour exécuter un si vaste dessein, les Ariens devront s'assurer l'appui des Juifs et conclure une alliance avec eux ; ils les détacheront ainsi du socialisme et enlèveront à celui-ci son plus puissant allié ; des concessions équitables et opportunes accordées en grand nombre au peuple et aux artisans feront le reste, et la paix et l'ordre seront assurés pour longtemps.

Voilà une entreprise digne de tenter des esprits généreux, et une tâche assez considérable pour remplir la vie tout entière d'un homme de bien. Qu'il s'y essaie, et son exemple sera bientôt suivi par cent autres. Leur philanthropie sera un levier qui soulèvera le monde et qui le mettra en branle ; le grand mouvement pacifique et libérateur s'exécutera de lui-même comme par miracle. Des industriels, des commerçants, des fabricants, des particuliers même ont commencé déjà en Angleterre et dans d'autres pays à traiter leurs inférieurs avec humanité et noblesse, avec générosité et grandeur d'âme. Des sociétés puissantes, comme celle de Cockerill et des charbonnages de Mariemont en Belgique et le Creusot en France, sont des modèles parfaits pour ceux qui voudraient les imiter. De beaux et grands exemples ont été donnés. Qu'une noble émulation nous anime tous et nous excite à accomplir l'œuvre la plus salutaire et la plus admirable des temps présents.

CHAPITRE XV

De l'avenir de l'Europe ; de sa situation comparée à celle du monde antique ; de l'Asie, rivale du vieux monde ; des intérêts particuliers et contraires de l'Angleterre ; d'une ressemblance du Japon avec cette dernière ; de l'hégémonie du Japon en Asie ; d'une idée de Napoléon ; d'une confédération des États européens ; d'une alliance entre la Russie, l'Allemagne et la France.

L'Europe est exposée à des dangers nombreux et de plusieurs sortes, dont trois me paraissent être d'une nature particulièrement grave et dignes de captiver toute notre attention ; je les trouve si considérables qu'ils méritent de nous occuper sérieusement pour que nous trouvions les moyens de les combattre avec succès. Si l'Europe continue à se diviser en ce point, l'on peut prédire avec certitude qu'elle aura singulièrement compromis son avenir ; il pourra être alors si désespéré que la décadence et la ruine deviennent inévitables ; mais, si nous savons bien user de nos avantages, la victoire est à nous, et notre triomphe sera assuré pour longtemps, car nous aurons réussi à conjurer le plus grand péril qui ait encore menacé l'Europe jusqu'ici.

Nos trois ennemis les plus formidables, mais qui peuvent devenir nos alliés les plus sûrs, sont le socialisme, le nationalisme et l'Asiatisme.

Si nous ne réussissons pas à mettre un frein au socialisme et à le faire rentrer dans son lit, la société et les États modernes seront vite submergés par ce torrent furieux. L'Europe, vaincue chez elle par un parti politique et antimilitaire, se verra forcée de désarmer et sera bientôt la proie de l'Asie.

Si nous ne parvenons pas à éteindre les haines qui séparent les peuples, l'Europe se verra déchirer par des guerres sanglantes qui la diviseront et l'affaibliront tellement qu'elle ne pourra plus résister à une attaque des races jaunes.

Qui ne reconnaît aujourd'hui que nous avons vu surgir d'Asie un danger menaçant pour l'Europe, le jour où le Japon est sorti du long sommeil où il était plongé et a réveillé le vieux monde par le bruit de ses victoires retentissantes sur la Chine et la Russie?

Cet événement est un signe caractéristique des temps, et l'Europe s'est sentie secouée comme par un tremblement de terre. L'alarme passée, bien des gens ont eu hâte de se rendormir, et, parce qu'ils sommeillent profondément, ils s'imaginent que la sûreté de l'Europe ne court aucun danger. Bien fou qui voudra les croire.

Notre monde est bien vieux, et l'Europe est chargée d'années; l'âge et la décrépitude qui la minent depuis si longtemps semblent la destiner à une mort prochaine. Il faudrait infuser dans ses veines quelque puissant élixir ayant le pouvoir de lui donner une vie nouvelle. D'où tirerons-nous le sang dont elle a besoin pour redevenir forte et belle? Où est la nature magicienne qui fera renaître de ses cendres ce phénix destiné à frapper la terre de surprise et d'admiration?

Du sang, du sang! mais le jeune sang des barbares, voilà ce

qu'il lui faut. Il y a deux façons de la satisfaire : d'abord par le socialisme, et les États européens se renouvelleront par la masse du peuple : ensuite par l'Européisme et la Russie, et la confédération des États continentaux et le colosse du Nord deviendront les plus forts boulevards du vieux monde.

Quand on compare la constellation et le groupement des États de l'Europe moderne à ceux du monde antique, on est surpris de leur grande ressemblance, et, si elle n'est pas complète, il y a cependant une analogie frappante.

Le centre de l'Europe me rappelle les petites républiques et les cités grecques d'autrefois. La Prusse de nos jours, n'est-ce pas la Sparte de jadis, cet État militaire organisé par Lycurgue et formé pour la guerre et les conquêtes ? La Prusse a eu son Lycurgue qui fut ce margrave de Brandebourg, plus tard roi de Prusse et père de Frédéric II, et celui-ci fut à son tour une sorte de Lycurgue. Depuis eux la Prusse et l'Allemagne n'ont fait que grandir, et elles aspirent à étendre leur domination sur l'Europe tout entière.

La France contemporaine, n'est-ce pas cette antique Athènes du temps de Périclès, brillante et corrompue, gaie et légère, amoureuse de spectacles, de politique et de beaux discours oratoires, et follement éprise de toutes les joutes populaires ?

Et l'Autriche, cette grande île des Phéaciens, lourde et matérielle, ne ressemble-t-elle pas à cette Béotie à l'esprit épais où l'on passait la meilleure partie de son temps à faire de bons repas ?

Et l'Angleterre, avec son génie commercial, ne nous rappelle-t-elle pas la superbe Carthage ?

Mais Rome, où est Rome, dira-t-on ? Oui, c'est vrai, où est la Rome moderne ?

Il y a deux Rome dans les temps présents. Il y a d'abord, en Italie, celle des Papes, qui se trouve en pleine décadence, et où le génie du christianisme et la religion chrétienne agonisent doucement ; il y a ensuite, dans le Nord, la Rome barbare, bâtie lentement par des sauvages et des hommes à peine civilisés ; il y a quelque part un vaste empire qui se forme dans l'ombre et qui croît en silence, qui grandit et se fortifie, même après ses défaites ; il y a vers la région des glaces, un géant, un ours blanc qui s'éveille de sa torpeur séculaire et auquel la possession du monde semble avoir été promise.

Chacun voit que je parle de la Russie.

La Russie et l'Angleterre sont des ennemies nées et naturelles ; leur haine et leur hostilité rappellent celles de Rome et de Carthage.

L'Allemagne et la France sont rivales comme Sparte et Athènes l'étaient autrefois.

L'Autriche se contente de regarder comme les Béotiens le faisaient dans l'Antiquité ; l'Allemagne et la France caressent et méprisent l'Autriche, comme Sparte et Athènes méprisaient et caressaient Thèbes.

Le danger pour nous vient toujours de l'Asie qui regorge encore de barbares tout prêts à envahir l'ouest et à se jeter sur l'Europe pour la dévorer.

Nous l'avons vu par la guerre entre la Russie et le Japon. Rome naissante fut d'abord vaincue par les peuples qui l'entouraient et fut sérieusement mise en péril surtout par les Samnites ; les Volsques aussi, conduits par le rebelle Coriolan, s'avançaient déjà pour s'emparer de la ville éternelle, lorsque le Romain révolté se laissa attendrir par les supplications de sa mère et de sa femme et ramena dans leurs foyers ses alliés et les ennemis de la patrie ; Rome eut à lutter longtemps avant de soumettre les nombreux adversaires qui menaçaient son existence. Sa vertu et sa constance triomphèrent de tous les obstacles et la firent monter enfin à ce haut degré de grandeur et de gloire qui a fait l'étonnement des hommes et lui a permis de commander à toute la terre.

> C'est le triomphe aisé des plus rudes obstacles
> Qui seul nous apprend l'art d'accomplir des miracles.

Les Japonais se sont conduits avec une bravoure extraordinaire et ont fait voir qu'ils sont des ennemis redoutables et qu'aucune nation européenne ne saurait les mépriser. L'Angleterre a prêté son appui au Japon en concluant avec lui un traité d'alliance; elle l'a aidé de ses conseils et de son argent et a prouvé qu'elle est l'ennemie la plus terrible et la plus irréconciliable, la plus acharnée et la plus mortelle de la Russie.

Il est vrai que leur rivalité est grande en Asie, et que, pour détruire la puissance de l'Angleterre, il suffirait à la Russie de lui enlever ses possessions d'outre-mer, de la chasser d'Asie, de s'emparer de l'hégémonie sur les Indes, l'Afghanistan et le Thibet; c'est là que l'Angleterre est vulnérable, sur la terre ferme, dans la source de ses richesses immenses et de sa force véritable; elle le sent, et sait bien que la perte de ses colonies serait la cause de sa ruine définitive. C'est pour cela qu'elle se défend si obstinément en attaquant partout et toujours la Russie avec opiniâtreté et véhémence. Toutes ses protestations contraires ne sont que fausseté, vaines grimaces et perfidie. Que la Russie ne s'y trompe point et se garde d'être jamais dupe des apparences; qu'elle se souvienne toujours de la parole de Virgile: *Timeo Damos et dona ferentes.*

La foi d'Albion, c'est la foi punique.

Leurs prétentions communes sur la Perse et sur la Turquie ont rendu la haine de la Russie et de l'Angleterre encore plus acerbe et plus furieuse.

L'Angleterre a Gibraltar, le canal de Suez et l'Égypte; ceci est significatif; je ne parle pas du Soudan et du Transvaal qui se trouvent situés trop loin du théâtre des guerres futures.

Les possessions et les colonies de l'Angleterre touchent partout à toutes celles des trois grands États du continent européen, et qui sont la Russie, l'Allemagne et la France.

Les intérêts de ces trois nations ne sont nulle part en conflit véritable, mais ils ont tous la même ennemie qui tire avantage de leurs dissensions. La conclusion n'est-elle pas claire et naturelle? Que ces trois peuples s'unissent contre l'Angleterre; cette alliance est logique et se trouve fondée dans la plus saine raison.

On n'a pas compris ou l'on n'a pas voulu voir que la Russie, dans sa guerre avec le Japon, défendait l'Europe tout entière en luttant pour elle-même; elle livrait à l'Asie un combat d'avant-garde; d'aucuns se sont réjouis des revers de la Russie sans remarquer que l'insuccès de celle-ci était une défaite européenne, que la victoire de l'Asie a été une honte pour nous et que cette humiliation infligée à la race blanche lui a nui énormément dans l'esprit du monde jaune et a rabaissé à un degré extraordinaire notre autorité et notre prestige et l'estime respectueuse qu'il avait de notre mérite et de notre puissance. Notre désunion surtout a excité le juste mépris de l'Asie, rassemblée pour nous combattre et pour nous nuire et s'opposant comme un seul homme à l'invasion et aux attaques de l'Europe. Tandis que l'Asie nous offrait le spectacle de l'accord le plus parfait, l'Europe était plongée dans les divisions. Ces barbares nous ont donné une grande leçon; nous profitera-t-elle? espérons-le, pendant qu'il n'est pas trop tard pour bien faire.

La Russie, qui n'était pas préparée, a fait preuve d'une imprévoyance incroyable et de la plus folle insouciance. Après la guerre du Japon avec la Chine, elle avait mortifié le vainqueur et humilié son orgueil par le dur traité de Port-Arthur. Elle l'avait vu à l'œuvre durant cette guerre et avait pu apprécier son courage et sa valeur. Mais elle se berçait d'un vain rêve et s'imaginait du moins que sa prodigieuse et écrasante supériorité numérique la préservait de tout danger sérieux. Elle ne croyait pas à une guerre que tout faisait prévoir. Cependant elle ne faisait rien pour montrer sa force et n'envoyait en Sibérie et en Mandchourie que des troupes insuffisantes. Elle n'avait là que quarante ou cinquante mille hommes pour défendre un territoire immense; la garde de la voie ferrée en exigeait près de la moitié à elle seule; elle ne disposait donc, au début des hostilités, que d'une vingtaine de mille hommes, et c'est tout ce qu'elle put opposer aux premiers efforts des Japonais. Elle aurait dû avoir cent cinquante ou deux cent mille soldats prêts au premier signe à repousser l'invasion du Japon. Elle combattait en outre à dix mille kilomètres du sol natal et du centre de son empire, dans une contrée qui n'était reliée à la mère-patrie que par un chemin de fer à simple voie, coupé dans son milieu et interrompu dans son parcours par l'immense lac Baïkal qui est vaste comme une mer et qui gèle l'hiver, tandis que les Japonais, maîtres du libre océan par suite du blocus de Port-Arthur et de l'immobilisation de la flotte russe, purent en quelques jours transporter et concentrer trois ou quatre divisions dans la Corée, voisine du Japon.

La Russie n'avait pas assez étendu sa toile d'araignée et se trouvait trop loin de son juste milieu et de la base véritable de ses opérations. La lutte fut inégale dès le début ; Port-Arthur était à peine fortifié, sa flotte mal préparée à tenir tête à l'ennemi.

Après la bataille de Moukden, la Russie, au lieu de consentir à faire la paix et de signer le traité de Portsmouth, aurait dû continuer la lutte. Le Japon était épuisé en soldats et en argent ; la Russie avait le trésor de ses églises et une immense réserve d'hommes, et son énorme supériorité numérique et financière devait finir par se manifester d'une façon éclatante. Au bout de six mois ou d'un an, et peut-être n'eût-il même pas fallu un temps si long, la Russie aurait repris tout l'avantage qu'elle avait dû laisser d'abord à son adversaire. Elle aurait fini par remporter la victoire, et le Japon eût succombé.

Port-Arthur serait resté sans doute quelque temps à ce dernier, la Russie n'ayant plus de navires pour attaquer la forteresse par mer. Le Japon eût échappé momentanément à la conquête et à la ruine, parce que son ennemie avait perdu sa flotte.

Je montrerai plus loin que l'esprit temporisateur et indécis de Kouropatkine a gâté bien des choses, et que ce nouveau Fabius Cunctator a laissé s'échapper la victoire lorsqu'elle s'offrait à lui. Je ferai voir que cette guerre a été mal conduite de part et d'autre, que les Japonais ont été aussi mauvais tacticiens et peut-être pires que les Russes, et qu'ils n'ont dû leurs victoires qu'à la bravoure de leurs soldats bien disciplinés et admirablement préparés et surtout à leurs armées beaucoup plus nombreuses. La marche des Japonais a été oblique, et leur attaque, d'abord sous Kouroki et ensuite sous Oyama, a été molle et hésitante. Malgré leur grand courage et leur intrépide ténacité, les deux adversaires ont joué bataille comme des écoliers. Cette guerre a été faite sans art. On se conduisit en héros, et la lutte fut épique, mais les chefs n'avaient ni le talent, ni le génie nécessaire pour accomplir de grandes choses ; ce fut un tâtonnement général, et l'avantage ne resta qu'au nombre.

Quoi qu'il en soit, ç'a été une grande leçon pour les deux adversaires, et un enseignement salutaire pour les nations européennes. Mais je trouve que nous n'en avons pas récolté tous les fruits ni retiré le profit considérable qu'il nous promettait.

Le retentissement de cette lutte a été d'abord immense, puis les échos se sont tus et tout semble retombé maintenant dans le silence et dans l'oubli. L'Europe s'est replongée dans sa torpeur et ne voit pas le danger croissant dont l'Asie la menace.

L'Angleterre seule a retiré quelques avantages partiels et momentanés de la défaite de sa rivale, abaissée pour quelque temps.

Elle se repent déjà en secret d'avoir favorisé et fortifié à son détriment un concurrent redoutable pour son commerce et sa propre puissance en Asie.

On n'a pas assez remarqué que les intérêts de l'Angleterre diffèrent de ceux des nations continentales de l'Europe et qu'ils leur sont même complètement opposés, et que sa situation géographique lui impose une politique personnelle et égoïste dont le but est tout à fait contraire à celui du reste du continent. Elle ne peut pêcher qu'en eau trouble. Sa flotte immense lui a longtemps permis de dicter la loi au monde. Elle semblait pouvoir se passer généralement d'alliés, et, quand elle en a eu, ç'a toujours été pour amoindrir celui de ses rivaux qui paraissait la gêner le plus et l'emporter en ce temps-là. Elle a toujours changé d'amis comme d'humeurs, et selon le besoin du moment, et elle s'en est servie comme de ces fruits qu'on presse pour en extraire la sève et dont on jette la pelure après qu'ils sont vidés. Sa conduite a été constamment inspirée par son intérêt particulier, immédiat et actuel, et cet intérêt sera toujours opposé à celui du reste de l'Europe.

Elle se sert, selon les circonstances, de la Russie, de l'Allemagne ou de la France pour triompher tour à tour de chacune d'elles ; elle se joue de toutes les trois, et en fait des dupes toujours disposées à recommencer en sa faveur et à combattre leurs alliées naturelles. On s'en est bien aperçu dans la dernière grande guerre, où elle a opposé le Japon et l'Allemagne à la Russie, tandis qu'elle fut l'alliée de cette dernière contre Napoléon Ier, et celle de la France contre la Russie, dans la guerre de Crimée. Aujourd'hui que sa flotte risque de ne plus être la première du monde, les alliances lui sont plus nécessaires qu'autrefois, et elle vient de se rapprocher de la Russie qu'elle avait aidé à affaiblir dernièrement, pour faire aujourd'hui échec à l'Allemagne dont la flotte et le commerce la gênent beaucoup.

La situation et le rôle du Japon en Asie sont les mêmes que ceux de l'Angleterre en Europe ; le Japon est une île dont les intérêts sont différents de ceux du continent asiatique ; il cherche à établir sa domination en Chine et à exercer sur l'Asie une hégémonie absolue et générale ; il y aspire par tous les moyens ; il a entrepris de réveiller et d'organiser militairement ce vaste empire qui compte un demi milliard d'habitants, c'est-à-dire le tiers de la population terrestre ; quand son œuvre sera terminée et qu'il aura atteint le but qu'il poursuivait, il se servira de la Chine et de l'Asie contre nous et mènera le monde jaune à la conquête de l'Europe ; il lui sera en tous cas facile de chasser la race blanche établie en Asie et de lui arracher les possessions et les affaires qu'elle a dans cette contrée.

Toutes ses protestations sont fausses et uniquement inspirées par l'instinct de la conservation et par le sentiment de sa sûreté présente. Malgré les déclarations contraires qu'il avait faites d'abord, nous savons comment il a traité la Corée, et nous prévoyons le sort qu'il réserve à la Mandchourie, en le voyant à l'œuvre.

L'avenir dissipera nos illusions et notre folle confiance. La foi des races jaunes, c'est la foi punique, tout comme pour l'Angleterre. Espérons qu'il ne sera pas trop tard et que nous serons prêts à leur tenir tête.

Si les trois nations principales du continent européen comprenaient que l'Angleterre est leur seule ennemie véritable, que leurs intérêts respectifs ne sont nulle part réellement opposés, et que leur union est l'affaire la plus naturelle et la plus importante du monde, la face des choses changerait soudain comme par enchantement. Il faut isoler l'Angleterre, non la seconder dans ses desseins, et en faire un simple satellite, de soleil qu'elle a été jusqu'ici ; elle doit suivre les nations du continent européen et non marcher à leur tête.

La puissance et la grandeur futures du vieux monde sont à ce prix.

L'idée de Napoléon est toujours juste, et le blocus continental, entendu dans son sens figuré, donne la vraie solution du grand problème passionnant de l'équilibre européen et de celui du monde entier.

La Russie, l'Allemagne et la France doivent voir et comprendre que leur but est le même et que leurs intérêts particuliers et véritables ne se trouvent nulle part en conflit sérieux, hormis dans quelques légers points sans importance réelle où chacun croit devoir se piquer sans raison d'un funeste et méprisable orgueil national ; ces petites brouilles nous nuisent plus que de graves désaccords, et notre ennemie commune est seule à en retirer un avantage considérable ; ç'a été son habileté et sa force incontestables, et tout son talent et tout son art ont toujours été jusqu'ici d'éveiller ces rivalités mesquines et pernicieuses et ces sottes compétitions. Quand les écailles nous tomberont-elles des yeux et à quel moment finirons-nous par voir clair ?

L'Angleterre a parfaitement raison de son point de vue particulier, et il serait ridicule de vouloir lui reprocher sa conduite ; c'est à nous de savoir ce que nous devons faire.

L'alliance des puissances continentales réglerait les destinées de l'Europe et du monde.

Quant à la Russie, elle devra s'assurer l'aide des Juifs, car elle a besoin d'argent et de lumières, et la race juive est riche et éclairée ; en accordant les droits communs aux Israélites et en favorisant ces derniers de tout son pouvoir, elle en détachera un grand nombre du parti révolutionnaire, auquel elle enlèvera ainsi son appui le plus considérable, et elle les rapprochera insensiblement de ses idées et de ses desseins. Elle gagnera beaucoup par leur secours et finira de la sorte par triompher de tous les obstacles qui s'opposent à son développement naturel et régulier.

Napoléon s'était rapproché de la Russie et de l'empereur Alexandre Ier et voulait conclure un traité avec celui-ci pour qu'ils se partageassent la domination de l'Europe et du monde. Il abandonnait la Turquie, sauf Constantinople, à son allié, ne se réservant que le reste, et prétendait que les Moscovites et les Français fussent unis par un bon contrat.

Que la Russie, l'Allemagne et la France s'inspirent de ces idées et forment une confédération puissante ; que cette alliance soit sincère, intime et profonde pour être forte, et son influence et son pouvoir se feront sentir par toute la terre.

La perte de l'Alsace et de la Lorraine, et leur annexion par l'Allemagne ne devraient plus chagriner sérieusement les Français; qu'ils songent que ces deux provinces furent autrefois allemandes; que Strasbourg fut pris à l'Allemagne sous Louis XIV, à la suite d'un heureux coup de main, et qui n'avait réussi que par une ruse déloyale, que la Lorraine fut achetée à son duc par Louis XIV qui la lui paya en beaux deniers comptants. Tout cela était allemand et fut acquis par de vilains moyens, et qui nous semblent iniques et malhonnêtes, par la bonne foi surprise au cours d'une réjouissance publique qui se donnait à Strasbourg, en l'honneur du roi de France, et par une vente forcée à laquelle on contraignit un pauvre prince ruiné !

La France est assez grande et assez puissante par elle-même pour pouvoir renoncer à deux provinces dont elle s'était emparée injustement. — Qu'elle laisse à l'Allemagne ce qui appartenait jadis à celle-ci.

Il est vrai que le Rhin est la frontière naturelle entre l'Allemagne et la France, et ce fut celle qui séparait ces deux pays sous les premiers rois francs, mais peu à peu l'Allemagne empiéta sur le sol de l'ancienne Gaule, et son territoire s'agrandit par suite d'héritages et de partages successifs qui morcelèrent la France à son profit; la France diminua d'étendue et vit ses bornes naturelles se resserrer sous les successeurs de Louis le Débonnaire, fils de Charlemagne, et ce fut Louis le Germanique qui enleva un bon morceau de la France pour le donner à l'Allemagne. Ainsi l'ancienne frontière n'existe plus depuis si longtemps que le souvenir en semble perdu; personne ne s'aviserait avec quelque apparence de raison de vouloir reculer les limites actuelles que chacun regarde comme les véritables, parce que la coutume s'en est fortement établie et depuis un temps immémorial, à une époque très lointaine.

L'Alsace et la Lorraine furent longtemps une pomme de discorde entre les deux États voisins, mais c'est un fruit amer qui ne mérite pas de tenter encore la France; cette dispute prolongerait indéfiniment un conflit redoutable; ceux qui cherchent à éterniser cette vieille et vaine querelle sont les ennemis dont la France doit se défier le plus; tous les Français sensés reconnaissent aujourd'hui qu'il faut laisser à l'Allemagne ce qu'on lui avait injustement arraché autrefois.

Que les trois plus grandes nations du continent se partagent l'hégémonie de l'Europe et du monde.

Que la Russie devienne la protectrice de tous les peuples slaves, de la Turquie et de la Grèce; que l'Allemagne étende son influence sur toutes les nations d'origine germanique, sur l'Autriche, la Suisse allemande, la Hollande, les provinces flamandes de la Belgique, le Danemark, la Suède et la Norvège; que la France ait pour clientes les provinces de langue française en Belgique, la Suisse française, l'Italie, l'Espagne, la Hongrie et la Roumanie.

Sans aller même si loin ni pousser les choses à l'extrême, leur simple union déciderait à l'avenir du sort de l'Europe et règlerait les destinées du monde.

Rien ne les empêcherait de former entre elles une confédération européenne, dont d'autres États encore pourraient faire partie, s'ils le désiraient.

Ce dessein est assez grand, cette entreprise est assez vaste pour occuper et passionner les trois nations principales du continent. Il y aurait là aussi un moyen puissant de maîtriser le socialisme, d'éteindre les haines mesquines des nations, et de former un seul corps, et comme un immense État d'Europe, capable de résister aux attaques des races jaunes et de triompher finalement de l'Asie.

La victoire et le salut sont à ce prix.

Il ne faudrait pas empêcher l'Angleterre de souscrire au pacte européen; son intérêt lui commanderait de marcher à la remorque du continent, et l'intérêt de ce dernier lui ferait voir qu'il a besoin d'elle, qu'elle peut lui être utile, et que nous ne devons pas dédaigner l'assistance de son immense pouvoir.

La concentration des forces du continent assurerait la puissance, l'équilibre, la paix et la grandeur de l'Europe et de toute la terre. Ce noble projet mérite de captiver notre attention; il est assez beau pour nous exciter à faire tous nos efforts afin qu'il se réalise. Essayons de montrer au monde qu'il appartient encore à la vieille Europe d'accomplir cette œuvre admirable.

CHAPITRE XVI

De l'art de faire la guerre et de la guerre moderne; sur Napoléon; d'un enseignement de la guerre entre la Russie et le Japon; des batailles de Liao-Yang, du Chaho et de Moukden; des guerres futures.

L'art de vivre et celui de faire la guerre se ressemblent et ont plus d'un rapport et d'un point communs, car ils se règlent par les mêmes principes.

La vie est un combat ; une bataille est l'image d'une étape et d'un épisode de notre existence ; la guerre est l'abrégé de notre vie qu'elle représente en raccourci.

La guerre et la vie se conduisent par les mêmes maximes.

Il y a deux manières d'agir, de marcher, de manœuvrer et d'attaquer dans la vie et à la guerre. Il y a la ligne droite et la ligne courbe, la marche directe et la marche oblique, la manœuvre en lignes intérieures et celle en lignes extérieures, l'attaque franche ou perpendiculaire, et l'attaque détournée ou oblique.

La première est aussi forte et rare que la seconde est commune et faible ; l'une, aussi aristocratique que l'autre est populaire ; celle-là, aussi noble et héroïque que celle-ci est vulgaire et basse.

Auquel de ces deux principes l'avantage reste-t-il dans les luttes de la vie et dans les rencontres de la guerre ? C'est la conduite franche qui l'emporte partout et toujours sur l'oblique ; quand les attaques opposées sont du même genre, c'est la force du nombre qui décide, dans la manœuvre en lignes intérieures comme dans celle en lignes extérieures.

Le jésuitisme ne trompe et ne vainc que les sots, les naïfs et les crédules, mais la droiture surmonte tous les obstacles, se rit des moyens artificieux et repousse les attaques les plus tortueuses.

A la guerre, l'attaque oblique est faible, parce qu'elle est trop lente, et elle est déjouée et repoussée avant d'avoir pu déployer ses forces ; elle expose en outre celui qui l'exécute à se voir couper de son centre et de sa base, et à perdre la bataille, tandis que l'attaque perpendiculaire est toujours forte, et elle est décisive, pourvu qu'elle ait été faite au vrai moment, au bon endroit, et avec des troupes suffisantes ; la victoire est alors aussi complète que certaine.

Ce sont les réserves qui font remporter les victoires, dans la vie et à la guerre.

Le coup d'œil, la décision, l'attaque perpendiculaire, la supériorité du nombre sur un point donné, la rapidité foudroyante, voilà les avantages considérables qui font remporter les plus grandes victoires.

C'est Napoléon qui a trouvé cette nouvelle manière de faire la guerre; il l'a poussée jusqu'à son plus haut point de perfection, et il lui doit ses plus brillantes et ses plus belles victoires. C'est lui qui le premier a fait voir la supériorité de l'attaque perpendiculaire sur l'oblique. Auparavant l'on ne connaissait guère que l'attaque oblique; on faisait de vastes combinaisons et de longs détours pour tâcher d'envelopper l'ennemi, du moins partiellement; ces tentatives réussissaient mal et ne pouvaient être couronnées de quelque succès, que grâce à l'avantage du nombre. On ne voyait pas que le plus court chemin d'un point à un autre est la ligne droite, que l'attaque directe est la plus simple et la plus facile, parce qu'elle est la plus rapide; que la vitesse et l'économie du temps sont les conditions principales du succès; que s'avancer du lieu le plus proche où l'on tient ses réserves, pour se jeter sur un point faible de l'ennemi et l'écraser soudain sous le poids de troupes plus nombreuses, lancées avec vigueur vers l'endroit où il commence à plier, sont les moyens les plus puissants et les plus sûrs de rester vainqueur et de remporter un avantage décisif.

C'est ainsi que faisait Napoléon; ses marches et ses attaques étaient soudaines et foudroyantes et partaient toujours du côté où l'on s'y attendait le moins. Il se contentait de couvrir et de défendre les positions d'où il ne dirigeait pas son attaque principale pour concentrer tous ses efforts sur le point vulnérable de l'ennemi.

Il débutait le matin de bonne heure et avait fini de percer et d'enfoncer la ligne de l'adversaire avant que le soleil ne fût couché. -- Voilà comment il a remporté ces victoires prodigieuses qui ont frappé le monde d'étonnement, d'admiration et de stupeur.

Il a vaincu ses ennemis par la supériorité de sa méthode et de ses maximes, et il a fait voir que la ligne droite est préférable à la ligne courbe.

C'est ce que nous avons vu également dans la guerre entre la

Russie et le Japon, et les trois grandes batailles de Liao-Yang, du Chaho et de Moukden sont intéressantes et instructives sous ce rapport.

Malgré les leçons et les enseignements du passé, les deux adversaires en sont revenus aux méthodes condamnées et ont commis les fautes les plus grossières. On m'objectera peut-être que l'attaque directe n'est plus possible depuis qu'on s'est avisé de fortifier la ligne par toutes sortes d'ouvrages avancés qui en rendent l'approche pour ainsi dire inaccessible; mais ceci n'est que relatif et n'est vrai qu'en partie. Depuis qu'on a trouvé bon d'étendre le front des armées d'une manière démesurée, pour augmenter le pouvoir et la force de leur action stratégique, on est retombé davantage dans les erreurs de l'ancienne tactique, et l'on aime de nouveau l'attaque détournée. On ne remarque pas qu'il est impossible de fortifier la ligne tout entière, et qu'il doit fatalement rester toujours des deux côtés, entre ce noyau central et les ailes, un espace libre qui devient le vrai centre vulnérable ; c'est ici, vers un des points non défendus par des fortifications et des ouvrages avancés, qu'il faut diriger l'attaque principale. L'étendue du front de bataille, la rapidité des marches, des manœuvres et des opérations militaires, les hasards et les vicissitudes de la guerre ne permettent pas de fortifier toute la ligne, parce que le temps manque toujours pour exécuter un si grand ouvrage.

Le centre se déplace, voilà tout; la partie fortifiée doit être considérée comme un point mort dont il ne faut tenir qu'un compte relatif; la distance qui sépare ce milieu apparent des ailes de l'armée est assez considérable pour que l'attaque directe ou perpendiculaire puisse toujours se faire.

Le génie d'un grand capitaine sait découvrir le point vulnérable de son adversaire et concentrer juste en face, en seconde ligne et à l'arrière, les réserves les plus importantes qu'il lancera au bon moment vers l'endroit où l'ennemi commencera à plier.

Parmi les positions d'une armée, il y en a toujours une qui est forcément mauvaise, vicieuse, faible et mal défendue par le terrain ou les circonstances ; sa perte définitive hâte fatalement la défaite de celui qui n'a pas pu la conserver, et celui qui l'attaque et s'en empare est assuré de la victoire.

La méthode des Japonais a été l'attaque détournée, et ils en ont fait un système et un art qui ne leur ont réussi partiellement que grâce à l'énorme avantage de leurs armées beaucoup plus nombreuses.

Si les Russes avaient eu un général clairvoyant et résolu, les Japonais auraient payé cher ces attaques obliques qui les exposaient à un danger sérieux.

Le terrain étant montagneux et entrecoupé de défilés et de gorges dans tout l'est de la Mandchourie, tandis qu'il est uni et plat à l'ouest, les Russes et les Japonais auraient dû attaquer du côté de la plaine, les premiers vers leur droite, les seconds vers leur gauche.

La guerre dans les montagnes est difficile et ne réussit jamais complètement. Les seules grandes actions et les batailles mémorables qui aient été couronnées d'un plein succès ont toutes eu la plaine pour théâtre.

L'attaque des Japonais à Liao-Yang par leur aile droite, commandée par Kouroki, était condamnée d'avance à échouer misérablement, en ce sens que la victoire ne fut pas décisive et que son importance n'a été en rapport ni avec le nombre des troupes engagées par les Japonais, ni avec les efforts immenses que firent les assaillants.

Kouropatkine a laissé là s'échapper l'occasion d'une grande victoire ; il était maître de la tête de pont sur le Liao ; s'il avait jeté sur Kouroki ses meilleures troupes et les plus nombreuses, soit les trois cinquièmes de son armée, s'il avait fait commander ses soldats par un chef expérimenté, et s'il avait été là en personne, au lieu de mettre à leur tête un homme aussi incapable qu'Orloff, il est à présumer qu'il aurait remporté un succès décisif, et que les divisions de Kouroki eussent été coupées du reste de l'armée et à peu près anéanties. Il aurait pu surprendre Kouroki au moment où ce dernier avait fait passer le fleuve à la moitié ou aux deux tiers de ses soldats, et écraser alors ceux qui venaient d'aborder sur l'autre rive par ses troupes d'élite et en nombre double de celui de l'ennemi. La guerre eût changé de face.

Les Japonais auraient dû faire exécuter leur attaque principale par les soldats qui se trouvaient entre les troupes opposées au centre russe fortifié et celles d'Okou à l'aile gauche. Leur plus grand effort aurait dû être fait de ce côté-là.

A la bataille du Chaho, c'est Kouropatkine qui prend l'offensive, et lui aussi attaque par son aile gauche, du côté des montagnes.

La riposte des Japonais, ordonnée par Oyama, mais inspirée en réalité par Kodama, son chef d'état-major, a été ce qu'ils ont fait de mieux pendant toute la campagne, et ils ont failli remporter là une victoire décisive. L'attaque de Kouropatkine était dangereuse ; les Japonais n'y répondirent pas du même côté et ne concentrèrent point leurs efforts vers leur aile droite ; ils avancèrent en grand nombre par la gauche, commandée par Okou, et, par ce mouvement débordant, ils furent tout près d'envelopper une partie des Russes ; ceux-ci ne réussirent à briser l'élan des Japonais qu'au centre, à la colline Poutiloff, et c'est ainsi qu'un désastre put être évité.

La troisième fois, à la bataille de Moukden, ce sont de nouveau les Japonais qui débutent ; les troupes de Nogi, au nombre d'environ soixante à quatre-vingt mille hommes, devenus libres par la prise de Port-Arthur, étaient arrivées sur le terrain, et les Japonais, dont l'aile gauche était très forte, trouvèrent bon d'attaquer de ce côté, espérant faire triompher enfin l'immense avantage du nombre. S'ils s'étaient avancés par le centre, un peu à droite d'Okou, près de ce fameux pont où eut lieu d'ailleurs un combat meurtrier, j'incline à croire qu'ils auraient remporté une grande victoire. Au lieu de cela, ils firent décrire à Nogi un grand cercle, à l'extrémité de leur aile gauche, se flattant de déborder et d'envelopper ainsi l'aile droite des Russes. Ceci était mal calculé et ne pouvait réussir qu'imparfaitement, malgré leur énorme supériorité numérique.

Leur attaque aurait dû se faire près du pont célèbre dont je viens de parler plus haut, et, si Kouropatkine avait jeté là des troupes suffisantes, je m'imagine qu'il aurait enfoncé le centre des Japonais.

Ma conclusion est que cette guerre a été mal conduite, parce que l'attaque y a toujours été détournée au lieu d'être directe.

Tout, du reste, fut rudimentaire dans cette lutte mémorable. Les canonniers, par exemple, et principalement les Japonais ne visaient pas bien, et l'artillerie, mal placée, ne causa pas les ravages auxquels on s'était attendu.

Ceci prouve donc qu'il n'y a à la guerre, comme dans la vie, qu'une seule mauvaise attaque, qui est l'oblique ou détournée, et qu'une seule bonne, qui est la perpendiculaire ou directe.

Cette constatation doit nous faire réfléchir et nous inviter tous à méditer, que nous soyons hommes de guerre ou simples et paisibles citoyens.

Les guerres futures se conduiront par les mêmes principes et les mêmes maximes, et d'une façon plus rigoureuse encore. La rapidité des informations, fournies par l'aviation, l'électricité, le téléphone et l'automobilisme, sera si énorme que chaque adversaire, vite instruit des points faibles de l'ennemi, se verra forcé d'user sans retard d'un avantage immédiat mais passager, pour tirer quelque profit de la situation stratégique du moment ; le plus prompt, le plus résolu et le plus vigoureux des deux rivaux sera aussi celui qui remportera la victoire.

Le gain d'une bataille dépendra d'un instant vite et bien employé, et le résultat de la rencontre sera plus foudroyant et plus décisif qu'autrefois, grâce aux moyens plus puissants dont dispose l'art moderne.

CHAPITRE XVII

D'une révolution économique et sociale, et d'une civilisation nouvelle ; de la science et de l'argent ; du siècle des découvertes et des grandes inventions ; des quatre âges de l'humanité ; d'une comparaison des diverses cultures.

Notre siècle voit s'accomplir une révolution économique et sociale qui bouleverse peu à peu toutes les choses; ce qui nous frappe le plus, c'est qu'on cherche partout à réduire les distances; on veut gagner du temps pour vivre plus vite, comme si ce n'était pas vivre que de se laisser vivre tranquillement et à son aise. La science et l'argent, les grandes découvertes et les inventions de toute sorte, ont fait naître une culture et une civilisation nouvelles.

Les conditions de l'existence sont infiniment plus variées et plus complexes, les relations des habitants de la terre entre eux sont devenues beaucoup plus fréquentes et plus imprévues qu'autrefois.

L'homme a trouvé des moyens puissants et originaux de communiquer avec ses semblables; il en a découvert et inventé d'autres qui ont augmenté ses commodités, et qui embellissent sa vie et la rendent plus agréable. Il fait plier la nature à ses volontés, et lui arrache des secrets et lui ravit des connaissances qui semblent avoir fait croître son pouvoir et sa force.

Les chemins de fer et la navigation à vapeur lui permettent de parcourir la terre dans le même temps qu'il lui fallait jadis pour traverser l'Europe. Il transporte les produits du sol et les marchandises qu'il a fabriquées, d'un point du globe à l'autre, et les échanges se font partout avec promptitude et facilité. Les bateaux à vapeur lui font sillonner les mers et relier rapidement entre elles toutes les parties du monde.

Le télégraphe transmet en tous lieux la pensée humaine avec la vitesse de l'éclair et de la foudre.

Le téléphone porte la voix à de grandes distances, et nous fournit le moyen de nous entretenir et de nous entendre de loin, comme si nous nous trouvions dans le voisinage le plus rapproché les uns des autres.

L'électricité a une force et une clarté qui nous étonnent ; elle nous procure une lumière admirable dont les rayons et l'éclat jaillissent d'eux-mêmes, grâce à un simple mouvement de la main qui remue un petit appareil ; sa puissance est prodigieuse et déplace facilement des objets dont la dimension est énorme et le poids très considérable.

La bicyclette et l'automobile sont des machines commodes et des moyens de déplacement rapides, et qui rendent partout les services les plus importants.

L'automobilisme sera surtout très utile à la guerre.

L'aviation est bien la découverte la plus remarquable, la plus prodigieuse, la plus étonnante et la plus admirable de toutes; elle progresse et se perfectionne tous les jours.

L'aviation est destinée à changer la face du monde, et c'est elle qui renversera les frontières et qui rapprochera les peuples. La solution du problème de l'aérostat dirigeable et de l'aéroplane, qui permettra à l'homme de planer dans les airs comme certains oiseaux, est près d'être trouvée. Ce sera l'invention la plus extraordinaire des temps modernes, et celle qui révolutionnera le plus le monde. Ce sera le moyen de déplacement et de communication le plus rapide et le plus direct de tous; il supprimera à peu près les distances, puisque l'homme voyagera dans les airs à vol d'oiseau.

Quelles vastes et magnifiques perspectives cette pensée n'ouvre-t-elle pas à notre ardente imagination ? L'homme deviendra le roi de l'air. Cette machine nouvelle lui fera renoncer en partie, pour ses courses lointaines, à tous les autres moyens de déplacement, et elle jouera à la guerre un rôle prépondérant, parce qu'elle fournira aux belligérants les renseignements les plus indispensables et les plus précieux, et dont dépend le plus le sort des batailles ; elle fera connaître exactement les positions, les mouvements, les manœuvres, les desseins, les intentions et les points faibles de l'adversaire, et donnera au plus habile des deux rivaux l'occasion de remporter très vite un avantage signalé et décisif.

Que penseraient, je ne dis pas Alexandre et César, mais Napoléon et Gœthe, s'ils revenaient au monde et pouvaient contempler le spectacle inouï auquel nous assistons tranquillement tous les jours.

L'homme se civilise sans cesse, c'est-à-dire qu'il se rend de plus en plus maître des forces naturelles qui l'entourent, et qu'il les fait servir de mieux en mieux à remplir ses desseins.

L'homme se renouvelle par les progrès de la civilisation, et sa culture dépend du hasard et des circonstances.

Ce siècle est celui de la science et de l'argent ; l'or et les connaissances poussent l'homme à inventer des machines qui augmentent sa puissance et qui font grandir son orgueil et sa fierté ; tous ces ouvrages exaltent en lui le sentiment de sa force décuplée, et lui causent ainsi une satisfaction qui le transporte et l'élève au-dessus de lui-même, et qui le paie largement de son labeur et de ses peines.

La civilisation humaine diffère selon l'époque, le climat et les circonstances ; chaque culture s'avance d'un point central et tend, par une ligne plus ou moins droite, vers un lieu de la sphère, qui figure la course tout entière que l'humanité est appelée à décrire, dans un temps indéfini ; ce point particulier de la sphère, vers lequel elle se dirige, est le but momentané qu'elle cherche à atteindre et qui borne son effort de ce côté ; lorsque l'extrémité a été touchée en cet endroit, la civilisation est parvenue à son apogée ; elle s'y arrête d'abord quelque temps, puis décline, dégénère et meurt. Chaque civilisation nouvelle s'avance à son tour du centre, pour aboutir à un autre point de la sphère, qui limite son pouvoir dans cette direction. La succession de toutes ces cultures différentes marque divers moments qui se suivent, et dont l'ensemble forme le cycle complet.

C'est là notre image de la toile d'araignée, et notre principe du juste milieu perpétuellement mobile, que nous avons vu s'appliquer à l'art de vivre et à celui de faire la guerre. Le développement progressif de l'humanité n'est qu'un art toujours renouvelé de faire la guerre et de bien vivre. Ainsi tout se lie dans la nature, dans l'univers et dans l'existence de la race humaine.

Nous voyons par là que l'homme ne pourra parcourir qu'un certain nombre d'étapes, et qu'il ne produira qu'une quantité de cultures, limitée par la faiblesse de ses moyens.

Le cercle ou cycle qu'il décrit est une sphère ovale ou ellipse, de telle sorte que plusieurs de ses points sont plus éloignés du centre que d'autres, c'est-à-dire que certaines civilisations le conduiront plus loin que les précédentes ou les suivantes, et sembleront augmenter sa puissance, sans que leur perfection soit en réalité plus grande ; elles seront d'un genre différent qui lui fera croire qu'elles sont meilleures, supérieures et d'un ordre plus élevé, parce que le sentiment qu'il a de sa force sera plus vif et plus profond ; mais, en vérité, ces civilisations le feront seulement sortir plus hors de lui-même, tandis que les autres ramassaient toutes ses forces pour les ramener davantage à lui ; il y a là plus de complexité et de dissipation ; ici, plus de concentration et de simplicité ; d'une part, plus de faiblesse ; de l'autre, plus d'intensité ; dans le premier cas nous voyons triompher le génie de l'analyse et de la dissolution ; dans le second, celui de la synthèse et de la centralisation ; mais ceci non plus n'est que relatif et considéré du point de vue de l'individu ; ce qui nuit à la personne isolée profite à la masse compacte et à la foule, et fait croître l'importance de celles-ci.

Cette course de l'humanité ressemble au cercle que la terre décrit en un an autour du soleil ; plus notre planète s'éloigne de celui-ci, plus elle perd de chaleur et de lumière d'un côté, dans l'un des hémisphères, pour en gagner de l'autre ; dans ce contraste perpétuel, nous voyons que l'action et la réaction produisent une compensation véritable ; il y a un point où la chaleur et la lumière sont égales des deux côtés ; c'est l'époque des équinoxes, où tout est tempéré ; c'est à ce moment que commencent le printemps et l'automne, et c'est alors que les rapports des hommes et des sociétés semblent se trouver dans l'équilibre le plus grand, et former ces États parfaits qui font les délices de l'humanité.

Ainsi, dans les civilisations modernes, le développement de l'homme est plus extérieur et plus apparent, tandis que les cultures anciennes, qui concentraient davantage ses facultés, en vue d'un progrès intérieur, faisaient épanouir et rayonner merveilleusement autour de lui les fleurs mystérieuses qui avaient germé dans son âme, et que des influences secrètes et propices venaient de faire éclore dans son sein.

L'antiquité a fait croître l'homme à l'égal d'un chêne superbe et magnifique, qui couvre de son ombre tout l'espace qu'il occupe.

Les temps modernes le font pousser et courir comme ces lianes sauvages et monstrueuses, qui envahissent la forêt tout entière, et qui s'enchevêtrent dans toutes les branches des arbres innombrables qui peuplent partout les solitudes ; ces lianes sont les fils étranges et mystérieux qui relient tous les géants de la forêt ; de même l'homme moderne embrasse, dans une large étreinte, les civilisations de tous les temps, mais il en étouffe plusieurs dans ses bras nerveux, comme les lianes voraces font périr maint arbre des vastes savanes aux souches séculaires.

On peut comparer la course de l'humanité aux quatre âges de l'homme, ou aux saisons de l'année.

L'antique culture des Grecs nous apparaît comme le rêve d'un enfant dont l'âme s'ouvre à la vie, et qui se livre à ses ébats dans un beau jardin rempli de fleurs suaves.

Le génie grec naît et s'éveille avec Homère ; il s'épanouit pleinement à l'époque des grands tragiques, et le siècle de Périclès lui voit porter tous ses fruits, et les plus rares ; la mort suit de près, mais ce n'est là qu'une mort apparente, temporaire et locale, puisque le dieu, banni de la Grèce, va reparaître et briller dans d'autres contrées, qui s'empressent de l'accueillir avec distinction. Quand ce noble exilé est chassé d'un lieu, il fuit et se cache quelque temps, jusqu'au jour où l'hospitalité compatissante et généreuse lui ouvre quelque part les portes d'un nouvel Eden.

La Renaissance et le siècle de Léon X, c'est cette fermentation du sang qui secoue le corps et bouleverse l'organisme humain, au moment de la puberté et de l'adolescence.

Le siècle de Louis XIV, c'est la vision d'un jeune homme de seize ans, conscient de sa force et de son mérite, et qui, avant de se jeter dans le tourbillon du monde, et de se précipiter dans les luttes meurtrières qui se préparent pour lui, laisse tomber un suprême regard sur son passé et fait encore un dernier rêve, au moment de marcher au devant de la dure réalité, qui surgit à l'horizon et s'avance gravement à sa rencontre.

Les temps modernes sont la réalité qui commence; c'est comme la vraie jeunesse de l'humanité qui se développe encore. Ainsi le jeune homme, robuste et courageux, s'élance pour se mesurer avec les difficultés qui se présentent en foule, et renverser les obstacles dont sa route est partout hérissée.

La jeunesse, c'est la vaillance et la force, c'est l'espoir et la foi.

Les travaux du jeune homme sont des essais pour apprendre à bien faire; ce sont des semailles qui promettent une belle et abondante moisson, mais la richesse de la récolte va dépendre de la clémence des saisons et de la douceur des cieux.

La jeunesse, c'est le chaud été qui fait mûrir le bon grain.

Tout ce qu'ont accompli les premiers siècles, tout ce que produit l'époque actuelle, tout ce que feront naître encore les temps futurs, c'est l'œuvre gigantesque et patiente, dont l'humanité s'apprête à recueillir les fruits qui la feront vivre, quand l'hiver sera venu.

Après quelques milliers de siècles, l'humanité aura atteint les limites de son âge mûr; l'été sera fini, et l'automne commencera; ce sera le moment de la récolte et de la vendange; la race humaine aura décrit la moitié de son cercle, et elle tâchera de tirer de ses travaux tout le bien qui est en eux.

L'automne passera à son tour; l'homme s'apercevra alors qu'il y a un point qu'il ne peut dépasser, une borne que son pouvoir ne saurait franchir, et que la nature ne nous livrera jamais son dernier secret; nous aurons beau lui enfoncer notre scalpel dans le sein, nous ne parviendrons pas à expliquer le mystère de la vie et de la mort, de la naissance et de la destruction, de la transformation et de la métamorphose. Pénétrerons-nous jamais le secret de la germination d'un humble brin d'herbe, de l'éclosion d'une faible fleur, du mûrissement d'un simple fruit, du développement d'une pauvre semence ou de celui du curieux et admirable fœtus?

Nous n'entrerons pas dans le fameux laboratoire de la nature; nous ne surprendrons point ses suprêmes secrets, nous ne la forcerons jamais dans ses derniers retranchements. Un moment viendra où elle ne se laissera plus violenter, où notre impuissance éclatera au grand jour, et où nous devrons nous avouer vaincus. C'est alors que nous nous rendrons un compte exact de la faiblesse de tous nos efforts. Nous ressemblons aux actives et fiévreuses fourmis, qui ne font que déplacer un peu de cette poussière qui les entoure, dans laquelle elles vivent, et où elles s'agitent frénétiquement pendant quelques heures.

Les progrès de l'homme se manifestent dans ses différentes civilisations; l'humanité se développe par cycles concentriques qui ne se touchent que par quelques points. Le courant nous entraîne malgré nous, et nous nous trouvons bientôt à cent lieues de l'endroit que nous venons à peine de quitter. C'est ce que Lamartine exprime si bien dans les vers que voici :

> Ainsi toujours poussés vers de nouveaux rivages,
> Dans la nuit éternelle emportés sans retour,
> Ne pourrons-nous jamais sur l'océan des âges
>   Jeter l'ancre un seul jour?

Et encore dans le suivant, où il dit, en parlant du fleuve et de l'homme :

> Il coule, et nous passons.

Ainsi le développement de l'humanité est progressif, et le génie humain semble croître de toute la science qu'il ne cesse d'acquérir; ses connaissances et ses moyens d'action s'accumulent et se soutiennent mutuellement, et, par le pouvoir de ces leviers de plus en plus puissants, il soulève des mondes plus considérables et semble vouloir bouleverser l'univers; sa force augmente, son audace grandit, et l'on dirait que ses œuvres vont lever leur front dans les cieux.

Il arrivera un moment où nous aurons fait le tour des connaissances humaines, et où nous verrons qu'il est impossible d'aller plus loin.

L'homme finira par reconnaître qu'il a pris beaucoup de soins et de peine, mais que le résultat qu'il a obtenu et le bonheur auquel il est parvenu ne valent pas la perte de son repos et de sa santé.

Il tournera ses regards vers le passé pour se ressouvenir de son enfance, et il se plongera dans un long et doux recueillement; il se prendra d'une nouvelle tendresse pour ses jeux et ses rêves d'autrefois; il recommencera à chérir les arts et toutes les inventions du matin de sa vie; il se mettra à revivre par l'imagination toutes les belles pensées et toutes les grandes actions qui illuminèrent et firent rayonner les chemins, où il a porté ses premiers pas et qu'il a parcourus si souvent avec délice. Cette vision brillante et merveilleuse transfigurera ses derniers jours, et son existence tout entière lui réapparaîtra comme auréolée d'un cercle de mystérieuse et douce lumière; il s'éteindra, un pâle sourire aux lèvres, avec la tristesse résignée et la sérénité mélancolique de ces superbes journées d'hiver, où le soleil, clair et froid, agonise dans sa splendeur majestueuse.

L'hiver aussi peut être magnifique.

La vieillesse et l'enfance se touchent, et, lorsque l'humanité aura fini de parcourir son cercle tout entier, elle terminera sa course au point où elle l'avait commencée.

Les civilisations sont différentes, et l'on ne saurait les comparer rigoureusement entre elles, ni accorder à l'une la préférence sur l'autre avec quelque apparence de vérité, si ce n'est d'un point de vue particulier et relatif. Chaque culture a sa valeur et sa signification propres, et chacune d'elles a sa raison d'être, sa beauté et sa grandeur véritables, et une excellence qui lui est personnelle.

Nous avons tous nos prédilections, qui dépendent de notre nature et de notre tempérament, et nous ne saurions les imposer aux autres hommes, qui ont des passions et des goûts différents.

Quand nous tenons nos regards attachés sur l'antiquité grecque, ce spectacle nous saisit d'admiration; nous y découvrons des hommes si remarquables, et en si grand nombre, qu'il nous semble qu'il n'y en a nulle part autant ni d'une pareille qualité.

Ce n'est là qu'un effet d'optique et de perspective.

Tout ce que nous apercevons à une certaine distance nous paraît plus plein et plus beau; c'est comme un village qu'on voit de loin dans la campagne; il semble plus grand et plus pittoresque dans l'éloignement, et l'on croirait que ses maisons touchent l'une à l'autre; mais, dès qu'on en approche et qu'on y entre, on est frappé de la laideur, de la vulgarité, de la saleté et de la misère des habitations; elles sont pareilles à celles de tous les villages par où l'on a passé, et sont séparées par de grands espaces de terrain plats, dénudés et vides, et sans le moindre charme.

L'endroit, qui était si séduisant de loin, nous repousse presque maintenant, et nous le quittons, déçus et mécontents.

Les hommes remarquables et les génies des meilleurs siècles de l'antiquité s'offrent en masse à nos regards, et nous apparaissent groupés tous ensemble sur le devant de la scène du monde; nous sommes surpris de leur quantité et de leur singulière valeur. Nous oublions que cette foule se répartit sur plusieurs siècles, et que ces personnages admirables avaient aussi leurs défauts et leurs faiblesses. Si nous avions vécu à l'époque où ils florissaient, et si nous nous étions mêlés parmi eux, nous aurions trouvé que cette imposante et auguste assemblée se perdait au milieu de la masse de gens médiocres qui l'entouraient de toutes parts; leur présence n'eût pas attiré extrêmement nos regards; si nous les avions connus, il est même probable que nous eussions accordé plus d'attention à leurs vices qu'à leurs qualités, et que nous ne les eussions pas distingués spécialement, si on ne nous les avait pas signalés en particulier, en nous vantant leur mérite personnel.

N'est-ce pas ainsi qu'il en va communément, et ne remarquons-nous pas plutôt la vilaine face des choses et des hommes avec lesquels nous vivons, que leurs beaux côtés, et qui sont les plus agréables et les plus excellents, et de nature à réjouir les yeux et le cœur? Tout ce que nous voyons dans le lointain, ne nous paraît-il pas meilleur, plus charmant et plus admirable que de près? Ne nous ressouvenons-nous pas alors plus volontiers du bien que du mal? Les aspérités disparaissent et les imperfections s'adoucissent ou s'effacent, quand on considère les hommes et les choses d'un point éloigné et d'un certain biais. C'est ainsi qu'un tableau nous semble mieux peint et nous plaît davantage, lorsque nous le regardons à quelque distance et du côté convenable.

C'est là un effet d'optique et un jeu de la perspective.

Si les siècles qui sont plus rapprochés de nous paraissent renfermer moins de grands hommes, et d'une moindre qualité, c'est que nous les apercevons de trop près; ce n'est là qu'une erreur de notre vision.

Chaque civilisation et chaque culture différentes ont un nombre à peu près égal de génies remarquables; le genre seulement n'en est pas tout à fait le même, et, en accordant la supériorité à une époque sur l'autre, nous sommes guidés par nos préférences et par une secrète sympathie, qui nous laisse froids et indifférents, et qui nous rend injustes pour tout le reste.

J'avoue que l'antiquité grecque brille d'un éclat incomparable, et que j'ai pour elle une estime et une tendresse singulières, mais je partage mon amour entre cette civilisation vénérable et le siècle de Louis XIV, pour lequel je nourris une prédilection profonde et marquée.

Le jour viendra où les grands hommes des temps modernes apparaîtront en rangs plus serrés et à une place plus honorable, aux regards de la postérité saisie d'étonnement et d'admiration.

Ce qui nous frappe le plus chez les anciens Grecs, c'est cette facilité et cette aisance, cette variété et cette richesse, cette élégance et cette grâce, cette harmonie et cette perfection merveilleuses qui distinguent tous leurs ouvrages, et leur donnent un caractère si particulier, si original et si inimitable. Ils ont l'air de faire tout en se jouant ; ce sont de grands enfants sublimes; et ces jeux, comme ceux de tous les vrais enfants, sont pour eux la plus importante de toutes les affaires, et la plus sérieuse qui soit; tandis que nous faisons les moindres choses avec une gravité, une raideur et une gaucherie qui sont toujours les plus comiques du monde.

Nous devrions, à leur exemple, traiter les choses les plus considérables avec une gracieuse aisance, et comme si ce n'était qu'un jeu.

Les Grecs étaient des artistes incomparables; il n'y en a eu nulle part d'aussi accomplis, et il n'y en aura jamais, je ne dis pas de supérieurs, mais d'aussi grands qu'ils l'ont été.

Les temps modernes appartiennent à l'argent, à la science, aux découvertes et aux inventions de toute sorte, et la postérité dira qu'ils furent très remarquables et très excellents dans leur genre.

Les derniers siècles sembleront même l'emporter sur les autres, par l'importance de leurs œuvres extérieures et leurs résultats pratiques plus apparents, bien que leur effet ne soit souvent que superficiel; il y a là une accumulation de force prodigieuse et surprenante, et l'on serait presque tenté d'accorder aux temps modernes la préférence sur les anciens, tant ils paraissent surpasser ceux-ci au point de vue des progrès matériels qu'ils ont accomplis. Mais c'est là une erreur d'optique ; le pouvoir externe de l'homme a grandi, et toutes les conquêtes qu'il a faites, s'appuyant les unes sur les autres, forment une masse colossale dont la hardiesse semble vouloir défier les cieux.

L'immense réunion des forces produit partout des effets

énormes; nous soulevons et déplaçons sans peine des mondes gigantesques, et chaque machine nouvelle que nous inventons est comme le levier d'Archimède qui devait faire changer la terre de position.

Il peut nous paraître étrange que l'être humain finisse par apprendre à marcher, lorsque nous songeons que l'enfant commence par se traîner à terre et qu'il s'avance d'abord en tâtonnant et en s'appuyant à tout ce qui l'entoure; pourtant il n'y a que le premier pas qui coûte, parce que c'est le plus nouveau et le plus difficile de tous; l'exercice et l'habitude font le reste.

Nos progrès et notre développement semblent tenir du miracle, mais le génie de l'invention créatrice n'est pas plus grand de nos jours qu'autrefois; nos machines sont plus compliquées et plus puissantes, et elles nous paraissent être l'œuvre d'un esprit supérieur, mais les premières découvertes et les inventions les plus simples en apparence sont le produit d'un génie au moins égal à celui des temps présents. Rien n'était écrit sur les tablettes de l'humanité, rien n'existait encore, et il fallait tout créer, même les choses les plus primitives, les plus communes et les plus indispensables. Quelle force d'invention et quel mérite n'y a-t-il pas eu à construire les premières habitations, à faire des vêtements et du feu, à cuire des mets, à élever du bétail, à cultiver le sol, à former la langue, la société, les lois, les métiers et les arts ?

Quelle puissance d'imagination et quelle patience n'a-t-il pas fallu pour produire ces premiers ouvrages ?

En résumé, il semble bien que le génie humain soit partout assez sensiblement égal, sans être jamais absolument le même, que ses effets sont toujours différents, et que l'accumulation des connaissances et des forces thésaurisées par les siècles, et qui sont l'héritage de l'humanité tout entière, ont augmenté le pouvoir et la dignité de l'homme.

En y regardant de près, on s'aperçoit que nous vivons d'une manière plus dissipée et plus superficielle, et qu'il y avait plus de concentration et d'intensité chez les Anciens. Le génie de l'Antiquité était plus raide et avait plus de force et de grandeur véritables ; le nôtre s'éparpille davantage, nos facultés se divisent, nos moyens se disséminent, nos désirs et nos aspirations s'essaiment ; on dirait que nous nous efforçons de nous fuir et de nous échapper, tant nous vivons hâtivement et pour le dehors et la montre.

Il y a plus de vanité aujourd'hui ; il y avait plus d'orgueil autrefois ; nous aimons à nous griser de tout ce qui brille et paraît à l'extérieur, et nous nous évertuons sans cesse à surpasser et à étonner les autres par nos excentricités et nos folies ; les Anciens trouvaient plus en eux-mêmes ces biens qui ne trompent point et qui ne nous font jamais défaut, et ils s'entendaient à merveille à jouir tranquillement de cette félicité intérieure qui est toujours si douce, si profonde et si délicieuse.

Tous les hommes sont vains, et tout est vanité.

La vanité est le lien le plus solide entre les hommes, et c'est elle qui resserre et qui noue le mieux leurs rapports.

La vanité nous fait faire les plus petites comme les plus grandes choses, et elle peut nous rendre tour à tour risibles ou sublimes, héroïques ou criminels.

Il y a deux degrés dans la vanité ; il y a d'abord la vanité des petits esprits et des petites âmes, qui est celle de la majeure partie de l'humanité, et qui fait que les hommes cherchent leur principal appui dans l'opinion de leurs semblables ; il y a ensuite la vanité des vertus exceptionnelles et des gens qui sont mécontents du monde et de l'estime qu'il leur accorde ; c'est celle des natures qui sont riches de leur propre fonds ; forts de leur mérite réel ou prétendu, et méprisant la bassesse et la misère intellectuelle de la foule, ces mâles esprits se réfugient en eux-mêmes ; chez eux la vanité se mue en orgueil, car l'orgueil n'est qu'une sublimation de la vanité ; c'est la vanité à la seconde ou à la troisième puissance ; dans leur fierté superbe, ils pensent tout le bien qu'ils s'imaginent que la société devrait penser de leur personne ou de leurs ouvrages, et plus encore, s'il est possible ; et ils se consolent en espérant que la postérité sera plus équitable à leur égard.

La vanité nous fait dire les paroles les plus sottes et commettre les actions les plus ridicules et les plus mesquines qui soient ; un noble orgueil nous inspire les pensées les plus hautes et nous excite à accomplir les plus grandes choses.

L'orgueilleux s'estime lui-même ; on le croit sans vanité, et il semble renoncer à la considération du monde, mais il compte en secret sur elle, et il est bien aise quand elle vient à lui.

Ainsi donc la vanité n'est jamais un mal, mais c'est une de nos qualités les plus essentielles, les plus éminentes et les plus indispensables ; sans elle, le commerce entre les hommes serait à peine possible. La vanité est plus nécessaire dans les rapports ordinaires de la vie, mais l'orgueil seul nous met en état d'accomplir de grandes choses.

De nos jours, l'homme paraît plus grand, mais il ne l'est pas en réalité, et le surhomme de Nietzsche n'est qu'un vain fantôme.

Nous n'avons qu'une certaine quantité de force et de moyens que nous développons d'une manière spéciale ; tout ce que nous gagnons d'un côté nous devons forcément le perdre de l'autre, et réciproquement. Les extrêmes s'excluent, et tout excès dans un sens particulier est une cause de pénurie dans le sens contraire ; la santé pléthorique de quelques-unes de nos facultés, de nos qualités et de nos passions est compensée par l'anémie et l'atrophie de quelques autres ; la prospérité et la perfection sont dans un juste milieu, et il convient de développer également toutes nos aptitudes pour en former un ensemble harmonieux et pondéré.

L'âme de l'homme ressemble à une balance dont l'un des plateaux ne saurait monter sans que l'autre descende ; pour maintenir l'équilibre et la santé, il est nécessaire qu'il y ait le même poids dans chaque plateau, et ce poids peut augmenter, pourvu qu'il soit égal de part et d'autre ; ainsi donc, les capacités peuvent croître sans danger, selon la grandeur, le pouvoir et la force de la balance, aussi longtemps que les capacités opposées progressent dans la même mesure et la même proportion ; il y a une borne à tout, mais l'importance des quantités peut croître en raison du pouvoir de la balance ; un homme peut posséder deux qualités contraires dans leur degré le plus éminent et occuper encore tout l'entre-deux, comme ce fut le cas pour Épaminondas qui, selon la judicieuse remarque de Pascal, unissait le plus mâle courage à la bénignité la plus extrême, en remplissant encore toute la distance qui sépare deux vertus si différentes ; c'est là le signe d'un équilibre singulièrement stable et d'une santé très parfaite.

Ce point avancé marque le mieux la forte synthèse de deux facultés contraires. C'est là le vrai but que l'individu et l'humanité doivent se proposer d'atteindre, et auquel il faut qu'ils s'efforcent de parvenir par les meilleurs moyens, et c'est alors que l'homme aura produit les plus grandes choses qu'il était en son pouvoir d'accomplir. Il faut que le fléau de la balance demeure continuellement droit et ne penche ni d'un côté ni de l'autre, et que les qualités opposées et les passions contraires se fassent toujours mutuellement contre-poids et se tiennent sans cesse dans l'équilibre le plus stable et le plus parfait. C'est là le comble de l'art.

CHAPITRE XVIII

De la banque ou du commerce de l'argent ; de l'usure ; de la presse ou du commerce des idées ; de la vénalité ; de la politique ou du commerce des influences ; des intrigues de parti ; du caractère et du rôle des juifs ; du parasitisme ; de l'antiquité et des temps modernes.

Nous avons vu que les temps modernes sont essentiellement matérialistes et réalistes, et que la science et l'argent y exercent une influence prépondérante et y jouent en réalité le rôle principal.

L'une des places fortes les plus formidables de ce siècle, ce sont les banques avec leurs capitaux immenses et leur puissante organisation. Exercer le commerce de l'argent est devenu une haute science et singulièrement perfectionnée.

C'est le grand public qui fournit les fonds, et, sous prétexte de soigner surtout ses intérêts, les banquiers, qui ne s'oublient jamais, commencent par inventer toute espèce de moyens pour tirer des biens qui leur sont confiés une quantité de profits exorbitants et illicites. Ils imposent à la foule des lois draconiennes qu'elle est assez naïve et assez simple pour observer sans protestations, et qui n'ont été faites que par l'un des intéressés, sans que l'autre ait été consulté pour les approuver et les ratifier : il n'y a là, en vérité, aucun traité régulier, et, où il n'y a pas de traité formel, il n'y a non plus aucun droit positif ; mais le public accepte les yeux fermés et signe sans hésiter les conditions où son intérêt particulier est complètement sacrifié !

A ce propos, il est très curieux de remarquer que, plus une banque est importante, plus elle abuse du public, et que les plus grandes banques sont aussi celles qui ont le moins de fierté, de pudeur et de scrupules. On m'objectera qu'elles ont à supporter des charges plus considérables que les petites banques ; je ne suis pas de cet avis, et je crois bien que c'est le contraire, toute proportion gardée. On dira que la sûreté qu'elles donnent est plus grande qu'autre part ; ceci est relatif et n'est pas absolument vrai, sauf peut-être pour les banques d'État.

Nous avons connu plus d'une banque, réputée de premier ordre, qui a fait une faillite retentissante.

L'adage est souvent vrai, qui dit : que trop embrasse, mal étreint.

D'ailleurs la sécurité du public n'est pas une raison suffisante pour justifier les gains excessifs que les banques tirent des capitaux qu'on leur apporte.

Je ne parle ici que des opérations ordinaires des banques et principalement de celles qui se rapportent aux dépôts de titres et d'espèces.

C'est la masse des petites économies qui alimente surtout le numéraire disponible et le fonds roulant des banques. Ces maigres économies sont faites et apportées par une foule de petites gens qui gagnent durement leur vie et ne peuvent épargner que sou par sou.

Ce sont principalement eux qui font prospérer les établissements de crédit, et c'est d'eux que ces derniers tirent leurs plus clairs revenus. Cette grande foule du petit public est cruellement exploitée.

Il y a toute une catégorie de personnes qui profitent directement de tous les deniers qu'on arrache ainsi au grand nombre; ce sont les gros actionnaires des banques. Ceux-ci ont constitué à leur avantage une société dont ils ont formé le pacte, rédigé les statuts, et fixé les clauses et conditions qui leur assurent la distribution des plus gras bénéfices et des plus certains.

Les principaux actionnaires de ces banques en sont en outre généralement les premiers administrateurs, et ils ont soin de s'allouer par avance les tantièmes les plus élevés en même temps qu'un très bel intérêt des obligations et des actions à l'émission desquelles ils ont participé.

Toute entreprise industrielle ou commerciale, qui s'est formée en société civile, est en réalité une grande banque qui opère comme tous les autres établissements de crédit.

Plus une banque est importante, plus élevés sont les droits de dépôt et de garde qu'elle exige de ses clients, et moins elle sert d'intérêt des sommes qui lui sont confiées ; elle profite de toute cette différence qui est toujours énorme.

Les banques usent de tous les prétextes possibles, voire même des plus déraisonnables, pour multiplier à l'infini les gains les plus exagérés et les plus illicites.

L'intérêt qu'on doit leur payer est toujours supérieur de plusieurs pour cent à celui qu'elles accordent elles-mêmes, et cet écart est excessif. Les droits de commission et les faux frais qu'elles comptent en toute occasion créent pour elle une source nouvelle de revenus constitués au détriment de ceux qui ont recours à leurs services. Un autre abus criant s'est établi par la coutume de retenir aux déposants plusieurs jours d'intérêt sur le montant des coupons échus de leurs titres ; ceci est de l'anatocisme ; c'est cette usure fameuse qui consiste à prendre l'intérêt de l'intérêt.

Les grands instituts financiers sont les plus féroces et les plus voraces ; chez eux l'usure est officielle et érigée en principe souverain qui domine tous les autres ; ils ont formé un vaste réseau d'exploitation et de spéculation générales, et se sont puissamment organisés pour la poursuite systématique et impitoyable des moindres profits et des gains les moins justifiés, les plus exorbitants et les plus iniques.

Ils sont d'avis que les petits ruisseaux font les grandes rivières, et que l'argent n'a pas d'odeur. Ils rient sous cape de leurs bons tours et ils ont les gros rieurs pour eux ; pendant ce temps le brave public se contente de rire jaune et se résigne tranquillement à son sort.

Beaucoup de banques, et plusieurs des plus considérables, ressemblent à des cavernes de brigands, qui seraient tolérées ouvertement et protégées en secret par les pouvoirs publics ou les autorités locales, moyennant une forte redevance, comme ç'a été le cas en Italie depuis l'époque de la Renaissance jusqu'au début du XIXe siècle.

Quelques grandes banques et sociétés d'assurance pourraient prendre pour raison sociale la devise suivante : Exploitation générale pour le développement de l'agiotage et de l'usure.

D'autre part, je ne conteste pas leur immense utilité, et je reconnais qu'elles rendent de très réels et de très grands services, pourvu que leur probité soit entière et leur modération véritable.

Que le public s'entende pour fonder lui-même sa banque ; qu'il signe un pacte équitable avec des hommes intègres et compétents, qu'il discute et fixe les conditions du commerce de l'argent, et qu'il conclue un bon traité avec ceux auxquels il confie ses plus chers intérêts. C'est le seul moyen de mettre un terme aux abus et d'être bien servi.

Jetons maintenant un regard sur cette autre forteresse de nos sociétés actuelles, sur la Presse qui est, autant que la Banque, l'une des plus grandes puissances des temps modernes. Ce qui nous frappe d'abord, c'est l'importance extraordinaire du journalisme, et la quantité considérable de journaux qui pullulent partout comme des champignons vénéneux, et envahissent de toutes parts le monde et la société modernes.

Il est certain que la Presse gouverne l'opinion publique, et que les journaux les plus importants se trouvent toujours à la tête des grands partis politiques.

Comme il y a peu de gens qui ne lisent pas de journaux et qui aient sur toute chose une opinion qui leur soit propre, il n'est pas étonnant que la Presse exerce une influence de plus en plus considérable, qu'elle décide de toutes les affaires et tranche les questions les plus importantes.

Qu'un mouton saute, et le troupeau de Panurge tout entier suit le contagieux exemple qui lui est ainsi donné. Chaque journal est le berger d'un troupeau, mais le berger n'est très souvent qu'un simple loup.

Quoi qu'il en soit, les principaux partis politiques ont des organes officiels et publics à leur solde personnelle; les feuilles les plus puissantes se font un honneur de porter la bannière des champions qui les ont choisies, et elles sont fières de combattre à la tête de ces armées nombreuses, dont une seule défaite réduit parfois momentanément la force, mais que la moindre victoire peut augmenter considérablement.

L'argent joue également ici un rôle prépondérant, et la vénalité est un vice qui se répand de plus en plus, et dont le poison s'insinue rapidement partout.

Il y a peu de journaux strictement honnêtes et réellement indépendants, ou ils ne le sont que par exception. En un mot, la Presse fait le commerce des idées, et ce commerce est généralement très lucratif.

Une autre bastille des temps présents, c'est la politique.

La même corruption règne au sein des Parlements et des assemblées nationales, et les factions y sont nombreuses. Chaque parti politique essaie par tous les moyens : promesses, concessions, fortune, honneurs, à enlever à ses adversaires quelques-uns de leurs plus chauds partisans, et l'on voit les énergumènes les plus fougueux devenir parfois tout à coup plus doux et plus inoffensifs que des moutons, et renier leurs plus chers principes pour leur préférer quelque avantage personnel qui flatte leur cupidité, leur orgueil ou leurs manies.

La politique, c'est le commerce des influences, et cette puissante déesse fait la fortune de beaucoup de gens qui, sans elle, vivraient dans la misère la plus profonde.

La Politique, la Presse et la Banque se soutiennent mutuellement comme trois forts avancés et trois bastions dans cette fameuse place forte qu'ont bâtie les deux grands tyrans modernes : la science et l'argent. Elles s'appuient et s'assistent tour à tour et deviennent auxiliaires l'une de l'autre dans certaines occasions importantes où il s'agit de faire triompher quelque maxime ou quelque mesure avantageuse à leur institution et à leur cause.

C'est dans les Parlements que les bavards et les intrigants font merveille, et l'on peut dire que toutes les actions de la politique ne sont qu'une longue et insipide succession des cabales les plus odieuses ou les plus ridicules.

La Banque, la Presse et la Politique sont les trois puissances principales des temps actuels, et ce sont elles qui gouvernent souverainement les sociétés modernes. Ces trois fédérations distinctes forment une vaste confédération dont dépend toute l'existence du monde d'aujourd'hui.

A ces trois forces colossales s'en oppose une quatrième ; c'est le quart-état ou le peuple qui s'est rassemblé dans un grand parti.

C'est peut-être le plus important de tous ; il se nomme le Socialisme. C'est la bête à mille têtes, le monstre redoutable qui menace parfois de tout dévorer ; c'est la force du nombre, si imposante et si terrible ; c'est la puissance la plus formidable qui soit ; c'est elle qui déchaîne les révolutions, et c'est alors qu'on voit ce qu'elle peut, par ses efforts énormes.

L'ancienne politique n'était formée que de deux éléments, le conservateur et le libéral, la droite et la gauche, l'aristocratique et le démocratique ; un troisième est venu s'ajouter aux deux premiers ; c'est l'élément socialiste ou dionysien ; le conservateur est l'apollinien ; le libéral est le médiateur et le régulateur, et c'est celui qui semblerait destiné à jouer le rôle prépondérant.

Chacun voit, en effet, qu'il lui serait facile de remporter toujours l'avantage et de faire triompher partout ses idées, tout en gardant son indépendance ; il lui suffirait de favoriser et de soutenir, dans les assemblées nationales, le parti dont les sentiments, les desseins et les propositions du moment seraient les plus modérés et les plus raisonnables, c'est-à-dire qu'il s'unirait une fois à l'un et une fois à l'autre, selon l'occasion et les circonstances ; il serait constamment ainsi le *deus ex machina* qui trancherait le nœud des actions les plus embrouillées et donnerait la solution des problèmes les plus compliqués.

Au moment des élections qui renouvellent la représentation nationale, il accorderait sa voix, dans les régions où il n'est pas le maître et n'a pas la majorité, au parti le plus nombreux et qui compte le plus d'adhérents ; il déciderait ainsi des ballottages en faveur de celui dont l'opinion personnifie en effet le mieux les désirs du plus grand nombre des habitants de la circonscription électorale.

Il doit comprendre que les deux partis extrêmes ne peuvent ni se réconcilier ni s'unir sérieusement, si ce n'est par hasard et dans quelques points dont l'importance est très relative, et qu'ainsi il sera toujours l'arbitre souverain, parce que le succès d'un parti dépendra constamment de l'appui qu'il lui prêtera. Il faut qu'il voie aussi que l'existence et la prospérité de ces deux grands corps est nécessaire à la santé générale, et que la destruction complète ou l'affaiblissement sérieux de l'un des deux fortifierait trop l'autre et romprait l'équilibre en déplaçant le juste milieu ; l'absence d'une raison pondérée et d'une prudente modération arrêterait tout développement véritable et compromettrait les progrès les plus naturels ; il y aurait excès dans un sens ou dans l'autre, et la marche serait ou trop rétrograde ou trop ascensionnelle ; il y aurait là une forte et funeste réaction ; ici, une action trop véhémente et trop rapide, et la direction du mouvement politique échapperait à la fraction du centre, qui n'est généralement pas la plus nombreuse, et elle irait complètement au parti extrême qui aurait d'avance la majorité pour lui.

Ainsi donc, le rôle de la fédération libérale, qui est le parti du juste milieu ou du centre, doit être celui d'un régulateur et d'un modérateur, ou, pour mieux dire encore, d'un médiateur; c'est à ce parti qu'il appartient de combler l'abîme qui sépare deux adversaires acharnés, et qui semblent irréconciliables.

L'influence des Juifs se fait sentir extrêmement partout, et leur puissance est très considérable dans les affaires en général et dans toutes les questions de banque, de presse, de politique et de socialisme, en un mot dans toutes les occasions où il s'agit de science et d'argent.

Comme il y a parmi eux beaucoup de grands corrupteurs et de corrompus avérés, il ne faut pas s'étonner de les voir en toutes circonstances à la tête du vaste mouvement de corruption qui bouleverse le monde moderne et le fait trembler dans ses fondements. Ils savent tirer toujours de leurs agitations et de leurs intrigues toute espèce de profits et d'avantages personnels dont ils sont extrêmement friands ; ils s'entendent à recueillir sans peine les meilleurs fruits de la moisson ; ils se contentent de mettre la machine en branle, et laissent travailler et suer les autres, bien certains de s'assurer le gain le plus considérable et le plus important, et qu'on nomme en bon français : la part du lion. Ceci rappelle la fameuse fable de La Fontaine. Cette façon sommaire de procéder et d'agir est du parasitisme et de l'usure, et ils ont poussé très loin une science où ils sont passés maîtres.

Le parasitisme et l'usure sont les deux signes les plus caractéristiques des temps modernes. C'est un mal nécessaire et un bien relatif; on ne saurait les condamner sans rémission, et l'on aurait tort de blâmer outre mesure ceux qui s'en servent dans la vie, puisque ce sont deux des principes qui gouvernent la matière et la nature. Ce sont deux formes de l'appétit, maître souverain du monde et de l'univers. C'est à ceux qui se sentent attaqués de se bien défendre, et de tout leur pouvoir.

Dans l'antiquité la personne avait plus d'importance ; l'émulation était plus individuelle et se rapportait davantage à toute espèce de développement, de progrès et de profit intérieurs et durables, tandis qu'aujourd'hui c'est la force aveugle et brutale du nombre qui l'emporte. La masse du peuple et la grande foule jouent le rôle le plus considérable, et leur prépondérance se fait sentir partout. On se mesure par groupes ; la joute et la concurrence ont lieu en nombreuse compagnie et par sociétés puissantes, et les efforts de l'homme et ses associations cherchent à atteindre toute sorte d'extension, de gain et de pouvoir extérieurs et momentanés.

Les Anciens avaient plus de concentration personnelle et ils étaient plus synthétiques ; nous aimons plus l'analyse qui est notre triomphe, et nous excellons à diviser le travail et à partager les forces. Nous formons de grands corps qui se meuvent comme des automates ; nous construisons des machines monstrueuses qui fonctionnent comme des corps vivants. Nous rassemblons les individus pour en faire un tout synthétique ; les Anciens divisaient la masse, concentraient les forces personnelles et produisaient des êtres d'une puissance remarquable.

L'antiquité a déifié l'individu ; les temps modernes glorifient les foules.

CHAPITRE XIX

D'un défaut et d'une faiblesse du socialisme ; de la révolution en Russie ; du féminisme ; de l'émancipation et du rôle de la femme.

Ce qui frappe dans le socialisme, c'est un point faible qui lui nuit extrêmement et retarde son développement naturel et son progrès logique. Ses revendications sont exagérées; ses tendances, excessives; ses meneurs et ses chefs lui ont donné un mal aigu dont il souffre étrangement; ses prétendus défenseurs sont comme ces médecins qui tirent de l'état de leurs malades leurs plus beaux et plus clairs revenus.

Les boute-feu se servent de la foule du peuple comme d'un instrument et d'un levier; c'est par elle qu'ils obtiennent ce qu'ils désirent, c'est-à-dire des places, des richesses et de la considération. Ces hommes, dont on vante l'esprit et les lumières, sont aveugles de naissance ou ils le sont devenus par goût et par intérêt, pour les besoins de leur triste cause. — Ils ne voient pas ou feignent de ne pas remarquer ce qui crève tous les yeux. — La fameuse déclaration qu'ils font hurler partout et qui crie : liberté, égalité, fraternité, n'est en somme qu'un trompe-l'œil et qu'un miroir aux alouettes; c'est une arme à double tranchant qui blesse autant celui qui s'en sert que celui contre lequel elle est dirigée. — Cette grande phrase a deux sens, l'un qui ne regarde que la lettre et qui est faux, l'autre qui pénètre l'esprit et qui est vrai dans une certaine mesure.

C'est être très libre de voir que notre liberté est extrêmement bornée. Vouloir faire tout ce qui flatte notre fantaisie, chercher la liberté dans la licence, c'est être en effet l'esclave de son imagination et de ses appétits malsains. Désirer faire comme son voisin, c'est ne pas reconnaître qu'il n'y a pas deux êtres absolument semblables et que ce qui convient à l'un n'est pas bon pour l'autre.

Le socialisme ne voit pas que la nature est foncièrement aristocratique et qu'il n'y a nulle part deux choses ni deux êtres complètement pareils; il n'y a donc pas d'égalité naturelle. Prêcher l'égalité, c'est annoncer l'absurde et l'impossible, mais les extrêmes plaisent à la foule, et les propositions excessives sont celles qu'elle accepte avec le plus d'empressement, parce qu'elles flattent beaucoup la violence de ses passions. — Il n'y a non plus de fraternité ou de confraternité véritable qu'entre pairs; celui qui n'a rien de commun avec moi n'est mon frère que de nom.

Ainsi il n'y a pas de liberté, d'égalité et de fraternité parmi les hommes, dans le sens et le degré où se l'imaginent et veulent le faire croire les socialistes.

Toute vérité et toute erreur sont relatives. La vérité est dans le juste milieu.

Les hommes sont tous libres, en ce sens que personne ne peut en effet les forcer à faire ce qu'ils ne veulent pas; ce qu'ils font, ils le font, contraints par la nature et la nécessité, et cette nécessité et cette nature se manifestent clairement en eux-mêmes qui sont une partie du grand Tout.

Chacun trouve à s'employer et à travailler selon ses aptitudes, mais les talents diffèrent avec les hommes. Celui que la fortune adverse ou des circonstances difficiles tiennent éloigné de sa véritable destination et obligent à remplir une place indigne de lui, jouira cependant toujours de quelques moments où il lui sera possible de se réfugier en lui-même et de se livrer aux occupations et aux travaux qui lui conviennent le mieux. — C'est de cette façon qu'un esclave peut se sentir très libre, comme l'était par exemple Épictète, qui, dans la servitude, s'est montré plus indépendant que les brillants personnages qui le méprisaient du haut de leur vaine grandeur. L'esclave Ésope aussi a vécu plus libre que son maître, tandis que les riches et les puissants de la terre peuvent en effet languir dans l'asservissement le plus complet, parce qu'ils sont misérablement assujettis à une foule de passions honteuses qui les dévorent sans pitié ni répit. — Au surplus notre liberté est singulièrement restreinte, et le peu que nous en avons risque toujours de nous échapper par notre faute, pour autant que nous manquions de raison et de prudence.

Il y a aussi une certaine égalité parmi les hommes, parce que leur existence est soumise aux mêmes conditions générales qui leur sont imposées par la souveraine nature. — Les principes de la vie, du développement, de la santé, du progrès et de l'accroissement, de l'affaiblissement, de la décadence, de la maladie, de la décrépitude et de la mort sont identiques pour tous. Ils obéissent forcément à des lois communes; ils ont à remplir certains devoirs et ils jouissent de certains droits relatifs qui sont les mêmes pour chacun.

Il existe également entre les hommes quelque fraternité qui les pousse à partager les joies ou à compatir aux malheurs et aux maux de leurs semblables; mais tous les hommes ne sont pas absolument pareils, et ils ne le sont qu'autant qu'ils sentent de même, dans un moment où ils se rapprochent extrêmement les uns des autres.

Tout le reste n'est qu'un vain bavardage et qu'un outrage à la nature, au bon sens et à la raison. La commisération, la pitié, la compassion, la participation aux douleurs et joies d'autrui n'est possible qu'entre des êtres qui se comprennent et qui ont les mêmes sentiments. Cet accord ne se fait que si l'on est uni; cet état ressemble à celui de deux vases communicants où le liquide qu'ils contiennent s'élève à la même hauteur des deux côtés.

Il n'y a d'égalité parfaite que dans la communauté absolue des idées, des sentiments et des intérêts.

Les hommes ne sont égaux qu'autant qu'ils se ressemblent. Ceci explique tout, et ce qui va au delà n'est qu'erreur et que chimère.

Il est très fâcheux et très regrettable que les chefs du parti socialiste compromettent si gravement le triomphe de leur cause, en nourrissant le peuple d'une quantité de vains rêves et d'espoirs irréalisables.

Quoi qu'on puisse dire ou faire, la même inégalité règnera toujours parmi les hommes; leur liberté restera constamment très différente, et ils ne seront frères qu'autant qu'ils se ressembleront et sentiront de la même manière.

Il est impossible d'établir une règle fixe, uniforme et générale qui oblige également tous les hommes, et qu'ils soient tenus d'observer exactement.

On voit par là le vice et la faiblesse des doctrines socialistes.

Le projet de diviser la fortune publique en parts égales, et de la distribuer à tous les hommes en quantités pareilles, est la fausse conséquence de ce principe erroné!

En vertu de quel droit partagerait-on cette fortune publique? Ceux qui ont des richesses et des biens, les ont acquis par leur travail et leur mérite, ou ils les tiennent par héritage de leurs parents ou de leurs amis ; ceci est un droit ; il existe en vertu d'un traité contenu dans le contrat social, et ce pacte est d'accord avec le principe qui gouverne tout dans la nature et dans l'univers. — Pour agir autrement, il faudrait donc ne pas respecter un traité raisonnable et violer un droit naturel. Supposons qu'on le fasse ; qu'adviendrait-il ? Au bout de peu de moments l'équilibre serait rompu ; les uns auraient gagné ou épargné moins ou dépensé davantage que les autres ; l'inégalité reparaîtrait, tout serait à refaire, c'est-à-dire qu'on ne peut bâtir rien de durable sur de pareils fondements, et le seul et vrai principe naturel triompherait bientôt dans toute sa force.

Le socialisme n'est bon et ne se maintiendra qu'en ce qu'il a de modéré ; tout le reste, qui est excessif, est condamné d'avance à ne réussir jamais.

Nous voyons les mêmes erreurs se répandre en Russie, où les chefs du nihilisme et de la révolution voudraient pousser le peuple à revendiquer des droits excessifs et opposés à la vraie nature des choses. Le mouvement est dirigé par des mécontents de toute espèce, quelques têtes chaudes, des exaltés, des visionnaires, des jeunes gens, des étudiants, des aventuriers, quelques femmes malades et hystériques, des Juifs hors du droit commun, et la lie de tout ce qui fermente sans cesse dans ce vaste Empire ; toutes les classes, tous les éléments s'y trouvent mêlés, mais leur réunion ne fait que l'infime minorité du peuple russe. — Ces meneurs ne sont suivis que par la masse des ouvriers des mines et des fabriques, qui fourmillent partout dans les villes principales et les grands centres industriels, et qui se laissent éblouir par des promesses fallacieuses et séduire par de vaines espérances.

Ces ouvriers sont d'anciens paysans ou des fils de paysans, mécontents de leur nouveau sort ; ils ont abandonné la libre terre, qu'ils aimaient avec passion et qu'ils cultivaient tranquillement, pour se rendre captifs dans les fabriques, les ateliers et les mines dont les fournaises ardentes leur cuisent les paupières et les yeux, et leur dessèchent le cœur. Ils ont cru améliorer leur sort, parce qu'ils gagnent un peu plus d'argent, mais il a empiré en effet, car la vie est plus compliquée et plus coûteuse dans les villes qu'à la campagne.

Les factieux voudraient entraîner à leur suite la masse des cultivateurs dont ils tâchent de faire des révoltés ; ils s'efforcent de persuader aux paysans que la terre leur appartient et que tout le sol cultivable de la Russie est à eux. Le gouvernement était disposé à leur céder à bon compte une certaine quantité de terre qui aurait suffi à leurs besoins, mais cette proposition n'a pas contenté les boute-feu. Les paysans, qui naguère encore étaient serfs, regrettent leur ancien état et leur esclavage, et se rappellent que la vie de leurs pères était plus agréable et plus douce dans la sujétion que la leur dans la liberté. Ils travaillaient pour leurs seigneurs, mais les maîtres devaient pourvoir à leur existence, et supportaient bravement le dommage, quand la récolte était mauvaise. Aujourd'hui les paysans russes sont plus misérables qu'autrefois. Lorsqu'ils auront obtenu les terres qu'ils convoitent et qu'ils réclament à grands cris, on ne fera plus rien pour soulager leurs maux, et ils seront abandonnés à leurs propres forces. C'est ce que la plupart d'entre eux redoutent, et ils se tiennent tranquilles, parce qu'ils savent qu'ils n'auraient qu'à perdre en se soulevant.

Les paysans forment la masse la plus considérable de la nation russe, et les agitateurs ne peuvent rien sans leur appui. C'est pourquoi ces derniers s'évertuent à les convertir à leurs idées, mais ils n'ont aucun espoir de réussir, parce que le plus grand nombre des paysans pense et juge trop sainement pour se laisser entraîner dans une folle et désastreuse aventure ; aussi la révolution n'a-t-elle pour l'instant que très peu de pouvoir en Russie.

Un fait digne d'attention, c'est le rôle que les femmes, et principalement les étudiantes des Universités, jouent dans le mouvement révolutionnaire qui agite ce grand empire. Ces jeunes écervelées rêvent de toute espèce de réformes qui doivent leur donner le paradis sur terre. A ce propos on remarquera que le féminisme, qui est généralement une maladie et une hystérie de la femme, ne fait guère de progrès dans le monde. Ce mal, ayant frappé toutes celles qui étaient prédisposées à subir ses atteintes, s'est vu subitement enrayé à cause du nombre infiniment restreint des prédestinées véritables.

Les féministes sont des femmes qui n'ont aucun espoir de trouver un établissement naturel, parce qu'elles n'ont ou point de fortune, ou point de beauté, ou nulle des qualités qui rendent leurs pareilles aimables et désirables aux yeux des hommes; comme il y a plus de femmes que d'hommes, et que beaucoup de ceux-ci restent célibataires, il n'est pas étonnant de voir un certain nombre de déshéritées, qui n'ont pas trouvé à se marier, propager des idées pernicieuses à la communauté des femmes, et nuisibles à la société tout entière. Mais cette rare exception confirme la règle générale.

Il y a des femmes qui ne sont guère femmes et qui ne semblent pas destinées à devenir épouses ni mères, à moins que l'argent ne les aide à s'établir et à décider les poursuivants. Quand elles n'ont aucune richesse, elles se voient forcées de travailler afin de pourvoir à leur subsistance; cet état de choses les rend injustes envers leurs pareilles, et c'est pourquoi elles cherchent à discréditer le rôle ordinaire et naturel de la femme.

La femme est destinée par la nature à s'unir à l'homme, à mettre des enfants au monde, et à tout faire pour les élever convenablement.

Toutes les sottes prétentions et les folles revendications de quelques malheureuses, qui réclament les mêmes droits que les hommes, ne sont qu'erreur et déraison, hormis quelques exceptions, car il faut reconnaître que certaines femmes sont tout à fait hors de leur sexe, qu'elles ont plutôt le caractère viril, et qu'il n'y aurait guère d'inconvénient à leur accorder les prérogatives et les privilèges des hommes, pourvu qu'on exigeât, d'autre part, qu'elles remplissent les devoirs communs à tous les citoyens, si cet exemple ne devait pas exciter l'envie des autres et les engager à demander pour elles les mêmes avantages.

Il y a quelques mécontentes, quelques rebelles, quelques

révoltées, quelques révolutionnaires, mais la majorité des femmes demeure raisonnable et reconnaît, qu'à concourir avec les hommes, elle perdrait en réalité beaucoup plus qu'elle ne gagnerait.

L'émancipation de la femme la conduirait à sa perte. Son rôle est d'orner son foyer, de gouverner son intérieur, de présider à la vie de famille et de réserver sa tendresse et ses soins à son mari et à ses enfants. Une femme de ce caractère et de ce goût est aimée et respectée par un homme digne d'elle.

Qu'en dehors des occupations ordinaires de son ménage, elle fasse ce qui lui plaît, si elle en a le temps, et pourvu que ses penchants soient honorables et ses plaisirs, décents et délicats. Qu'elle se consacre sérieusement à la direction de sa maison et à l'éducation de ses enfants, et elle n'aura guère l'occasion de s'ennuyer ni de rêver à de folles chimères.

CHAPITRE XX

De la liberté et du libre arbitre.

On a beaucoup disputé sur la question de savoir si nous sommes libres ou non ; les uns ont décidé que l'homme jouit d'une liberté absolue ; les autres, qu'il n'en possède aucune.

Entre ces deux extrêmes nous choisirons la voie moyenne et nous dirons que l'homme a une certaine liberté, mais qu'elle est singulièrement bornée par le pouvoir de ce qui l'entoure de toutes parts et la propre faiblesse de ses moyens naturels. Nous sommes emportés malgré nous par le torrent universel.

Nous dépendons d'une foule d'êtres, de choses, d'événements, d'opinions, de circonstances, de hasards qui exercent une influence énorme sur nos moindres décisions et sur nos actions les plus simples, et le courant dans lequel nous nous trouvons nous entraîne dans son mouvement irrésistible.

Nous dépendons aussi de nous-mêmes, c'est-à-dire de notre nature, de notre caractère, de notre éducation, de nos humeurs, de notre santé, de nos caprices, de nos maladies, et toutes ces causes multiples et diverses déterminent dans une certaine mesure la direction de notre volonté.

A quoi se réduit, en somme, la liberté humaine? A très peu de chose, dans la plupart des cas et les plus importants.

L'homme est comme la barque sur l'océan, à la merci des vents et des flots. Il y a dans l'esquif, secoué par les vagues et la tempête, deux nautonniers qui s'évertuent à diriger leur course vers un point de l'horizon qu'ils ont choisi pour but; l'un fait mouvoir les avirons, et l'autre se tient à la barre. Le premier est le cœur, et le second, la tête : celui-là, l'instinct et la passion; celui-ci, la raison et la science. Ils luttent à l'envi et redoublent d'efforts, mais le courant les emporte; la mer est haute et démontée, et les vents contraires soufflent avec une violence impétueuse. Que peut la force de leurs rames débiles contre la puissance de l'eau et de l'air? Le pilote a beau changer de cours, son faible gouvernail ne saurait tenir tête à la fureur des éléments déchaînés. La pauvre embarcation erre ainsi à l'aventure, livrée en proie au pouvoir d'une volonté aveugle, mais supérieure; elle flotte longtemps au gré des ondes et de l'aquilon.

Elle avance pourtant et se trouve déjà loin de l'endroit qu'elle a quitté tantôt. Où abordera-t-elle? Elle touche terre enfin et se réfugie dans une baie qui lui offre un abri salutaire. C'est là qu'elle passe sa première nuit ; elle ignore où elle se trouve, car elle n'a pu atteindre au rivage où elle s'était proposé de se rendre, mais elle poursuivra bientôt son voyage, et, si l'océan et les zéphyrs lui sont propices, elle touchera peut-être un jour aux bords où elle rêve et languit de parvenir; demain elle continuera sa course et, si le ciel est plus clément, elle se flatte de courir plus vite et de voir luire prochainement la terre promise à ses désirs.

En avant donc, et bonne chance! Grâce au calme des éléments adoucis comme par miracle, et à d'heureux hasards, survenus tout à coup, l'énergie, les efforts et la science des vaillants marins secondant d'ailleurs puissamment l'action de la nature, le frêle canot finit par aborder dans l'endroit qu'il cherchait depuis si longtemps, ou, s'il n'y arrive pas encore, il n'en est plus guère éloigné et il voit maintenant blanchir à l'horizon la côte brillante et merveilleuse. Mais cette course non plus n'est qu'une simple étape, et ce n'est là qu'une courte halte de quelques heures ; notre soif de vivre et d'agir n'est pas étanchée ; des aspirations plus hautes nous poussent encore plus loin ; nous languissons toujours et nous désirons ardemment embrasser d'autres objets qui nous paraissent mériter notre amour ; nous sentons qu'il serait indigne de nous et de notre courage de prolonger plus longtemps un si lâche repos, et, pleins d'espoir et de confiance, nous repartons pour d'autres rives dans ce grand et vaste océan qui nous submerge de toutes parts.

L'homme n'a jamais fini de voyager dans la vie, et il ne jette point l'ancre au port suprême, qu'on n'occupe plus dès lors que pour y demeurer tranquille, si ce n'est quand la mort met un terme à son œuvre.

Ainsi nous allons tous, vivant au jour le jour et sans cesse poussés vers de nouveaux rivages, selon la belle expression de Lamartine. Nous voyons par là que la liberté et le libre arbitre de l'homme sont en réalité bien restreints ; ils existent, cela est évident et sûr, mais leur champ d'action est bien borné, et leur pouvoir diffère singulièrement selon les hommes et les circonstances. Appliquons-nous à bien faire et usons des occasions favorables pour avancer toujours plus loin et monter sans cesse plus haut.

La libre volonté de l'homme ne dépend pas uniquement de ce qui l'entoure, l'opprime et l'écrase, elle est aussi déterminée par la connaissance exacte et parfaite des forces de l'univers et de ses propres moyens naturels. Il ne saurait jouir d'une indépendance absolue et complète ; il peut beaucoup pour conquérir et s'assurer une liberté toute relative, il est vrai, mais très réelle et extrêmement honorable. C'est tout ce qu'on est en droit d'exiger de lui, et c'est assez pour rendre sa destinée constamment supportable, et souvent même très enviable et très heureuse, pourvu qu'il sache tirer parti de ses vrais avantages.

CHAPITRE XXI

Des appétits ; de l'amour ; de l'ambition ; de la philosophie ; de l'éducation ; des différentes civilisations ; du mariage ; de l'atavisme et des avatars.

Si l'homme ne fait pas tout ce qu'il voudrait, s'il n'obtient pas toujours ce qu'il désire, il avance néanmoins, et ses progrès sont réels et constants.

Dans cette poursuite infatigable des objets qui le tentent, il s'empare d'abord de tout ce qui s'offre à lui et semble devoir contenter son envie. Cet instinct qui le gouverne despotiquement, c'est l'appétit, maître souverain de la nature et de l'univers.

Tout est appétit dans le monde, même les penchants les plus nobles, les sentiments les plus purs et les passions les plus généreuses. Il y a en nous à chaque moment un besoin dominant qui opprime et étouffe tous les autres et qui se nourrit de tout ce qui se trouve à sa portée immédiate. Cette volonté de domination s'étend encore à tout ce qui l'entoure, et varie selon les êtres, les humeurs et les circonstances.

Tout est égoïsme dans l'homme ; il y a deux sortes d'égoïsme ; l'un grossier ; l'autre délicat ; le premier se rapporte plus directement à nous-mêmes ; le second, qui s'exerce de préférence sur notre prochain, semble ne point nous toucher, mais il flatte davantage notre amour-propre. Nous caressons toujours notre égoïsme, et surtout en faisant du bien à autrui par une action qui nous est particulièrement agréable. Ceci nous montre de quelle nature est l'amour, en apparence le plus désintéressé, que les meilleurs parents ressentent pour leurs enfants.

L'homme le plus délicat, lorsqu'il est épris d'une femme, veut aussi exercer son pouvoir sur elle, mais il cherche à la posséder par d'autres moyens que l'amoureux vulgaire. Voilà toute la différence, qui est dans les nuances et la qualité. Son amour a beau être platonique, il n'en désire pas moins ardemment que son objet lui appartienne tout entier et soit exclusivement à lui seul. Cette tyrannie est plus douce peut-être, mais elle n'est que plus impérieuse. La volonté despotique y est plus forte qu'ailleurs, et, en paraissant plus modérée, elle exige en réalité davantage.

L'amant grossier et brutal ne s'adresse qu'aux sens ; l'amoureux délicat en appelle à tout le reste de la personne ; il s'arroge des droits qu'il prétend n'être qu'à lui seul ; c'est un accaparement général et une prise de possession complète, et l'amour idéal est un parfait tyran.

Ces exigences d'un amant que sa maîtresse semble occuper tout entier, et qui honore celle-ci d'un culte si exclusif, plaisent extrêmement à certaines femmes, parce qu'elles tiennent l'adorateur dans une servitude absolue et ne font courir aucun danger véritable à la vertu de l'idole sacrée.

Les femmes passionnées et sensuelles qui se donnent sans réserve ont généralement vite fini d'éteindre l'ardeur de leurs poursuivants les plus enflammés. Celles qui sont chastes et réservées, par suite d'un amour véritable, mais plein de pudeur, ou par prudence ou coquetterie, ou bien encore en vertu d'un savant calcul et d'un art consommé, gardent plus leurs amants dans leur dépendance, exercent sur eux un empire qui, pour délicieux qu'il puisse être, n'en est pas moins despotique, et le maintiennent ainsi dans le plus entier et le plus parfait des esclavages.

La pleine et absolue possession éteint presque toujours très rapidement les désirs les plus violents, tandis qu'une retenue et une décence continuelles ne font qu'exaspérer davantage une soif qu'on ne satisfait jamais complètement.

C'est ainsi que de franches coquettes se rendent souvent insupportables par leurs folles prétentions, et retiennent longtemps injustement et sans raison auprès d'elles des hommes du plus rare mérite, qui deviennent ridicules à force de constance, ou des naïfs et des sots, qui souffrent patiemment et en silence les choses les plus cruelles et les plus grandes iniquités, et toutes les humeurs les plus capricieuses, les plus bizarres et les plus révoltantes de la femme qu'ils aiment sans mesure ; tous sont les pauvres dupes des fausses grimaces, des vaines simagrées et des vilains manèges de leurs idoles, et perdent toujours un temps précieux et qu'ils auraient pu employer d'une manière plus décente et plus honorable.

Fuyons tout commerce avec des femmes qui ne sont pas parfaitement saines de corps et d'esprit, de peur de nous rendre malades et malheureux pour toute la vie.

Maîtresses et amants obéissent tous à leurs instincts naturels et ne font que satisfaire malgré eux leur aveugle appétit et cette soif insatiable de domination, qui les tourmente sans cesse et à leur propre insu.

On peut faire la même distinction parmi les ambitieux, qui se divisent en réalistes et en idéalistes. Les uns ne cherchent qu'à s'enrichir et à amasser toujours de nouveaux trésors, les autres ne poursuivent que les honneurs et que la gloire.

Les premiers sont plus faciles à satisfaire que les seconds ; ils ne méprisent aucun profit matériel, quelque minime qu'il soit, et le moindre gain leur sourit extrêmement, tandis que les derniers sont d'une exigence incroyable ; ils dédaignent les petits avantages et exigent les plus grandes marques de distinction et la renommée la plus éclatante, ou, s'ils se contentent de leur propre estime, elle ne manque jamais d'être la plus haute qui se puisse concevoir.

Les Grecs se sont toujours défendus de payer leurs artistes, et ceux-ci devaient avoir assez de biens pour être en état de subsister sans se voir astreints à gagner leur vie ; de cette façon l'art ne tentait réellement que ceux qui l'aimaient d'une passion profonde et qui avaient assez de talent pour s'y distinguer et y réussir avec honneur.

Les natures vénales et les esprits médiocres étaient ainsi forcément écartés d'une carrière qui n'avait pour eux aucun attrait véritable.

On ne produisait au grand jour que de belles œuvres, et tout à fait dignes de remarque, et la Grèce fut préservée par là de cette foule de méchants ouvrages dont nous accablent aujourd'hui leurs insipides et plats auteurs.

Ce qui attire tous ces pseudo-artistes et ces prétendus écrivains, c'est l'espoir presque assuré de la fortune et des honneurs, car la réputation et l'argent vont de préférence à ceux dont la médiocrité se trouve au niveau de celle du grand public; c'est ce que Chamfort avait déjà remarqué.

Ce furent les philosophes, appelés à tort sophistes par le sophiste Socrate et ceux de son école, qui s'avisèrent de se faire payer par leurs disciples et leurs auditeurs, et qui mirent cette sotte prétention et cette habitude ridicule à la mode. Cet usage semble avoir prévalu depuis, et c'est à lui que nous devons ce déluge d'auteurs qui nous inonde, et qui menace de nous submerger tout à fait.

Les Grecs étaient plus heureux que nous sous ce rapport.

Ainsi tout est appétit dans la vie, comme dans la nature et dans l'univers.

L'appétit est un instinct tragique; la tragédie est un appétit cruel.

Les choses que nous entreprenons servent d'aliment à nos appétits et ne sont que des moyens de les satisfaire en sûreté; nous usons de tout comme d'une pâture propre à assouvir notre faim et à contenter nos besoins les plus pressants et nos plaisirs les plus nécessaires.

C'est de ce point de vue qu'il convient de considérer et de juger nos opinions, nos sympathies, nos devoirs et nos désirs.

L'homme qui jouit d'une bonne santé se nourrit simplement, et les mets qu'il aime sont tous sains et substantiels.

Le malade, au contraire, a recours à des moyens extraordinaires, et son régime est compliqué; il a une prédilection singulière pour les aliments qui lui sont nuisibles, et il emploie une foule de remèdes qui lui font plus de mal que de bien.

Comme personne n'est toujours bien portant, et que chacun de nous est exposé à des crises isolées ou périodiques, passagères ou intermittentes, et à des fièvres soudaines ou prévues longtemps à l'avance, chaque homme traverse des moments d'épreuve et des époques d'infortune, d'abattement et de doute, où il se voit assailli par le malheur, la souffrance, la maladie, la douleur, le chagrin, le découragement et le pessimisme. Pour supporter les maux qui l'accablent, il cherche des adoucissements et il invente de grands remèdes. Si la vaillance, la gaieté et la sérénité ne viennent pas le secourir, il se jette dans l'extrême opposé et se complaît dans sa propre misère; c'est alors qu'on le voit user des moyens les plus extraordinaires et des spécifiques les plus violents.

La douleur et le pessimisme se rencontrent ensemble, de même que l'optimisme et le contentement vont toujours de compagnie.

Il peut être bon de se raidir contre la maladie et l'infortune, et c'est alors que le stoïcisme nous rend d'excellents services.

L'épicurisme convient davantage à des natures impressionnables et d'une sensibilité excessive; elles évitent souvent tout contact avec les hommes et les choses, et, pour s'épargner la moindre blessure qui les ferait souffrir, elles cherchent la solitude et mènent de préférence une vie toute contemplative.

Le contentement est optimiste, et l'optimisme, qui nous invite aux plaisirs matériels, nous épaissit souvent et risque de nous rendre grossiers et vulgaires.

Le mécontentement est pessimiste; le pessimisme, qui nous porte plutôt vers les jouissances de l'esprit, nous affine toujours et rend notre délicatesse plus exquise et notre goût plus pur, parce que nous exigeons davantage de ce qui se présente à nous, et que nous devenons de plus en plus difficiles dans notre choix.

La joie et la douleur sont bonnes et utiles toutes les deux, mais ce ne sont là que des impressions finales et accessoires.

L'art de vivre consiste à mêler sans cesse ces deux éléments divers, et à établir entre eux le plus grand équilibre, pour atteindre à ce juste milieu qui est le signe le plus évident d'une santé très parfaite.

Ainsi donc, ne calomnions pas la douleur; elle nous ennoblit véritablement, et elle est si salutaire que nous lui devons ce qu'il y a de meilleur dans la vie et en nous-mêmes.

La joie aussi est nécessaire, parce qu'elle excite notre courage ; en exaltant en nous le goût et l'amour de la vie, elle nous aide à supporter les tribulations et les maux de l'existence et nous pousse à achever notre œuvre.

Chaque philosophie, chaque tendance philosophique n'est qu'un essai que nous faisons pour interpréter le sens de l'univers et de la vie, et qu'une tentative particulière de succès et de bonheur. Toute philosophie n'est qu'un moyen de satisfaire nos appétits et un instrument de tyrannie personnelle et de domination générale. La philosophie, comme tout le reste, est un aliment destiné à nourrir notre cerveau et notre cœur.

Tout est nuances, transition, compensation et métamorphose dans l'univers, la nature et la vie. Ce qu'il y a en plus d'un côté manque nécessairement de l'autre. Rien n'est véritablement, car tout devient sans cesse, et chaque état est transitoire ; tout est compensation, et ce qui nous est enlevé d'une part, nous est sûrement rendu de l'autre. La loi des compensations gouverne tout dans l'univers, et le mouvement général est réglé par ce jeu perpétuel de toutes les forces contraires.

Nous voyons qu'il y a partout lutte, joute et émulation. Ce principe est la source de toute bonne éducation et de tout développement réel, et c'est lui seul qui fait accomplir des progrès véritables à l'humanité.

Les Grecs l'avaient fort bien compris et ils avaient fait de l'émulation et de la joute ou lutte pacifique le fondement de toute leur société. Chez eux, l'éducation était foncièrement agonale; l'agon, ἀγών, se mêlait à tout, et les individus se mesuraient entre eux dans toutes les classes de la société et dans toutes les circonstances de la vie. Loin de vouloir rendre toutes les choses uniformes, en les jetant dans le même moule, on s'efforçait, au contraire, de conserver sa propre originalité à chaque manifestation de l'existence, à chaque être et à chaque ouvrage.

L'amitié était fort cultivée et tenue dans une estime particulière, et elle jouait un rôle très important dans l'éducation et la vie ; elle se montrait même dans les camps, et la phalange sacrée à Thèbes était formée des jeunes gens des meilleures familles, qui étaient liés d'amitié deux par deux et qui combattaient côte à côte à la guerre ; plusieurs y ont brillé d'un éclat incomparable, tels Epaminondas et Pélopidas, dont l'amitié fut célèbre dans toute la Grèce, et qui accomplirent ensemble les actions les plus mémorables ; il y en a d'autres exemples fameux dont le souvenir nous a été conservé ; ainsi dans l'histoire de la conjuration contre les Pisistratides, qui fut conduite par Harmodius et Aristogiton, deux amis de très illustre mémoire.

L'amitié est plus méprisée de nos jours, et l'amour, ayant grandi en importance et en considération, les hommes sont plus souvent rivaux et deviennent presque naturellement des ennemis souvent irréconciliables. L'éducation et l'instruction sont moins parfaites et moins excellentes aujourd'hui que dans l'antiquité. Nos instituteurs et nos maîtres sont pour la plupart trop jeunes, et les plus capables d'entre eux sont insuffisamment préparés à bien remplir leur mission, et n'ont ni la science, ni l'expérience, ni l'autorité nécessaires à l'exercice d'une fonction si sérieuse et si difficile.

Une chose qui m'a toujours frappé, c'est qu'on ne nous habitue pas à nous servir indifféremment des deux mains, et qu'on néglige la main gauche pour laisser faire tout par la droite Il y aurait un avantage immense à posséder deux mains d'une égale habileté ; notre main gauche est faible ; un exercice constant la fortifierait ; nous pourrions ainsi laisser reposer tour à tour chaque main, et, quand un accident nous aurait privé momentanément de l'usage de l'une d'elles, il nous resterait toujours l'autre ; on a deux mains pour s'en servir, et celui qui sait les employer parfaitement bien toutes les deux en est d'autant plus fort.

C'est ainsi que les uns n'encouragent que les passions et que les autres ne jurent que par la raison, tandis qu'il convient de cultiver de même toutes nos facultés et toutes nos qualités à la fois ; unissons nos moyens, ils seront plus puissants. Ceci me rappelle la belle fable de Florian : *l'Aveugle et le Paralytique;* l'aveugle qui a les jambes bonnes, ce sont les passions ; le paralytique qui a les yeux excellents, c'est la raison à laquelle il appartient de nous guider, nos passions et nous ; unissons nos moyens, nous en serons plus forts.

L'école n'est qu'une faible préparation à la vie, et l'on n'y étudie généralement rien de vraiment essentiel ; tout ce que l'on finit par apprendre à fond et par savoir convenablement, on n'y parvient que plus tard et par soi-même, mais au moins l'école devrait-elle nous donner une idée et quelques notions principales de toutes les sciences pratiques qu'il nous importe le plus de bien connaître, parce que nous en aurons surtout besoin dans le monde, au lieu qu'elle néglige l'enseignement des matières les plus indispensables pour nous farcir la tête d'une foule de choses inutiles et indigestes, nuisibles et fausses, que nous sommes obligés de désapprendre tout à fait, de rejeter sans pitié et d'oublier à tout jamais dans la suite, pour recommencer et refaire nous-mêmes notre éducation.

Dans le peu que l'école a de bon, elle se montre trop dogmatique, trop uniforme, trop littérale, trop égale pour tous et trop étroite, et sa méthode générale est trop strictement rigoureuse et trop exclusive ; on forme tous les disciples sur un même et unique modèle.

L'éducation moderne, c'est le lit de Procuste ; de tous ceux qu'on couche dessus, il y en a peu qui aient précisément la longueur du fameux appareil de torture ; on étire les membres de ceux qui sont plus petits et on mutile les autres en leur arrachant tout ce qui en eux dépasse la commune mesure. Comme l'État n'a besoin que de parfaits fonctionnaires de toute sorte, de parfaits officiers, de parfaits bureaucrates et de parfaits employés, on jette toute cette masse dans un même moule, et c'est ainsi que les facultés les plus rares et les plus beaux talents sont impitoyablement étouffés, parce qu'on ne saurait qu'en faire dans une société où tout est si bien réglé d'avance pour favoriser exclusivement la médiocrité ordinaire et générale. L'État ne demande et ne veut que des automates, et ne fait construire que des machines aux rouages et aux ressorts parfaitement bien graissés.

Dans l'antiquité on développait toutes les forces naturelles des hommes, et l'on pensait que, plus un individu a d'aptitudes et de qualités différentes, plus il peut devenir utile à la communauté et à l'État.

De nos jours on redoute les esprits éminents et les intelligences trop clairvoyantes, et l'on tâche d'étouffer au berceau le talent et le génie.

Le génie, c'est la faculté d'invention; le talent, c'est l'art de la mise en œuvre.

Il se peut bien que nous n'ayons plus besoin d'une certaine espèce de génie qui florissait merveilleusement autrefois, et que l'humanité, ayant quitté la première enfance, se passe aisément des ouvrages et des productions qui lui ont donné jadis un éclat si brillant. Il faut croire que l'art a fait son temps et qu'il n'a été nécessaire aux hommes qu'aux époques primitives et dans la première jeunesse du monde, où les connaissances positives étaient encore trop restreintes et trop faibles pour faire produire des œuvres scientifiques vraiment remarquables.

C'est ainsi que l'enfance se nourrit de contes de fées, jusqu'au jour où le jeune homme se voit tout à coup aux prises avec la réalité.

L'art nous a donné tout ce qu'il pouvait produire de plus parfait, et son domaine semble avoir été complètement exploré; la science, au contraire, nous ouvre des horizons toujours nouveaux; l'homme fait à tout moment quelque rare découverte ou quelque invention admirable; son champ d'action est ici extrêmement vaste et étendu, et les œuvres qu'il lui est réservé de créer encore sont d'une abondance si énorme, et d'une richesse si extraordinaire, qu'il aura longtemps et beaucoup à faire avant d'avoir exploité les matières qui lui sont fournies par l'inépuisable nature.

L'humanité se développe progressivement par cycles concentriques qui naissent les uns des autres, et qui se touchent deux par deux un moment pour s'éloigner de plus en plus. La grande course ou marche générale de l'humanité est figurée par une immense sphère elliptique, pareille au cercle que la terre décrit annuellement autour du soleil ; c'est l'œuf gigantesque qui représente la nature humaine tout entière, et qui renferme toutes les phases possibles de son développement futur et le grandiose avenir qui semble lui être encore réservé. Chaque civilisation particulière ressemble aux petits cercles que décrit la terre, en exécutant chaque jour son mouvement de rotation autour de son propre centre ou axe ; elle en parcourt trois cent soixante-cinq en une année ; de même le nombre possible des diverses civilisations, que produira tour à tour l'humanité, est indéfini et très considérable. Ces nombreux cercles se touchent par quelque endroit, et quelques-uns d'entr'eux ont même des portions communes, mais chaque circonférence nouvelle s'éloigne de plus en plus des anciennes, les suivantes diffèrent toujours notablement des précédentes, et les plus neuves finiront par n'avoir pour ainsi dire aucun point de contact immédiat avec les premières, sauf en tout dernier lieu, quand l'humanité aura accompli sa course et sera revenue à son point de départ.

La figure ci-après donne une idée approximative du mouvement général dont je viens de parler.

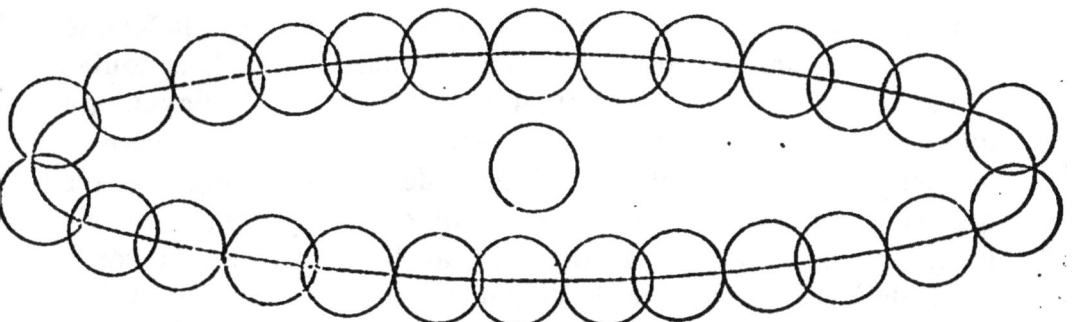

Il convient de remarquer que chaque petit cercle a deux centres; son centre propre, ou momentané et transitoire, qui figure l'axe autour duquel il gravite, et qui ne détermine qu'une journée de sa marche ; et un centre commun, ou perpétuel et durable, qui se trouve au milieu de la grande sphère elliptique et qui règle la course totale. Les petits cercles représentent les civilisations particulières, et l'immense ovale ou sphère elliptique marque la route entière et l'itinéraire général que l'humanité est appelée à suivre dans la longue succession des temps. La marche de l'humanité est elliptique et représente un grand ovale; sa course est bornée à un nombre d'étapes important mais limité, après quoi elle finira fatalement par en revenir et par toucher au point d'où elle était partie.

Il semble bien que la bêtise et la misère humaines soient incurables.

Lorsque je considère la plupart de mes semblables, je ne puis me défendre de songer à la belle fable de La Fontaine où un dauphin, croyant avoir sauvé la vie à un homme, s'aperçoit soudain de son erreur, voit qu'il ne porte qu'un singe sur son dos, et, plein de mépris, le rejette aussitôt à la mer.

Je reviens maintenant pour un moment à cette question de l'éducation qui nous a déjà occupés tout à l'heure. — La vie des Grecs avait ceci de remarquable, que l'acte de la génération y était hautement sanctifié, et, sous ce rapport, leur éducation se proposait de former des hommes robustes et sains.

Chez eux l'importance de l'amour était singulièrement réduite; l'antagonisme naturel, qui sépare si souvent l'homme et la femme dans leur commerce ordinaire, dans le mariage et dans toutes ces relations étroites qui sembleraient devoir les unir davantage qu'on ne le remarque d'habitude, était extrêmement tempéré et adouci par une foule d'institutions et de coutumes ingénieuses qui nous surprennent et nous étonnent toujours; l'on ne songeait avant tout qu'à l'éducation, au bien-être et à la santé générale la plus prospère de l'enfant; toute la sévère institution du mariage, si pleine d'une sainte gravité, ne considérait que le sort de la race future, et toute son utilité se bornait à assurer la force et la grandeur de celle-ci.

Aujourd'hui l'on se marie ordinairement pour d'autres raisons qui ne sont que trop connues, et qui paraissent affligeantes à tous les esprits bien faits.

Les femmes veulent s'assurer un brillant établissement, et les hommes ne cherchent que des associées pour leurs affaires ou leurs plaisirs.

L'intérêt de l'enfant est mis hors de cause et grandement négligé, ou, si l'on songe à son bonheur et à ses besoins, c'est pour s'acquitter le plus sommairement possible d'un devoir gênant et d'une tâche qui semble bien fâcheuse aux coupables parents.

Nous savons trop bien à quel point l'éducation de l'enfance est négligée, et que le soin de l'élever est confié à ces mains mercenaires, qui ne cherchent qu'à tirer de gros profits d'une mission qu'elles acceptent généralement sans en connaître ni en soupçonner même les obligations sacrées et la responsabilité redoutable.

Le mariage a perdu cette noblesse et cette sainteté, qui consistent avant tout à éduquer soigneusement l'enfant et à le bien préparer, pour qu'il puisse affronter avec vaillance l'inflexible et douteux avenir qui l'attend au sortir de son inconsciente jeunesse.

Ce qui nous manque le plus, c'est le courage intrépide, le naïf héroïsme et la foi robuste.

Les louables exceptions à cette règle, que nous rencontrons parfois dans le monde et qui nous touchent d'autant plus vivement que, par leur rareté même, elles nous semblent l'œuvre de quelque prodige incroyable, ne sont en vérité qu'un effet de l'atavisme, qui fait reparaître soudain des qualités et des vertus, des défauts et des vices que nous croyions perdus depuis longtemps.

On peut observer un phénomène semblable dans la vie entière du même individu. — Quoique son fonds ne varie guère, sa nature et son caractère se manifestent cependant par certains côtés qu'on ne lui avait pas connus jusqu'alors et qui semblent tout nouveaux; ces avatars ne sont non plus que des effets de l'atavisme; la personne qui paraît changer ainsi fait revivre, aux différentes époques de son existence, des signes particuliers de la nature, du caractère, du tempérament et des humeurs qui éclatèrent au même âge chez l'un de ses propres parents ou dans quelque autre de ses ancêtres. — Ces évocations d'un passé, qui nous paraissait éteint, ressemblent à ces organes physiques qui subsistent parfois encore, lorsqu'on a cessé d'en faire usage, et qui ne sont plus en réalité que des rudiments de membres que l'être possédait jadis dans leur entier, et qui lui sont devenus complètement inutiles.

C'est ainsi qu'on voit refleurir tout à coup des aptitudes et des talents, se réaffirmer des tendances, et revivre des êtres qu'on croyait évanouis depuis une éternité; c'est une vision subite qui nous réveille à l'improviste, et ce rare spectacle nous cause une surprise étrange, et nous frappe toujours d'admiration ou de stupeur.

Le commerce entre les sexes est réglé par la soif du plaisir ou par le souci de perpétuer son espèce et son nom, et de laisser ses biens à ses héritiers naturels. Dans le premier cas, le concubinage suffit; le mariage est fait pour le second.

Celui qui ne recherche que le plaisir, peut se contenter d'une maîtresse, mais l'homme, qui veut élever des enfants dignes de lui succéder avec honneur, doit prendre une compagne pour la vie, afin qu'elle soit l'épouse respectée de tous, et qu'elle devienne la mère, vénérée par des enfants auxquels elle consacre tout son temps, et qu'elle entoure des soins les plus tendres.

C'est à ce prix que nous produirons une belle race, et que nous formerons des hommes bien portants et robustes. C'est ce noble but qui fait l'excellence et la sainteté du mariage.

CHAPITRE XXII

De l'hygiène et de la santé ; de la médecine ; de la justice ; de la guerre ; de la religion ; de la morale ; de l'art et de la philosophie.

Le premier et le plus grand bien de la vie, c'est la santé, et c'est celui dont on nous parle le moins à l'école ; c'est de lui pourtant que dépendent tous les autres, car il s'étend et se rapporte à toutes les parties de notre être. — Les Anciens étaient plus avancés que nous dans cette matière, et Juvénal affirme que le bien-être humain consiste à posséder *mens sana in corpore sano*. — Pour conserver sa santé, il faut connaître les préceptes de l'hygiène, et vivre conformément à ce qu'ils nous prescrivent ; il est également nécessaire d'avoir quelques notions élémentaires de l'anatomie pour savoir comment notre corps est formé et de quelle manière il convient de le traiter et de le soigner.

On ne nous dit pas un mot dans nos classes des sciences les plus importantes et les plus indispensables, et dont dépend le plus le bonheur de toute notre existence.

On s'en remet, dès le début, aux médecins du soin de nous traiter et de nous guérir, au lieu de faire tout pour se passer d'eux le plus possible et d'apprendre le peu qu'il faut pour cela.

Toutes les religions en général, et la chrétienne, en particulier, sont nuisibles et pernicieuses sous ce rapport, parce qu'elles établissent une fausse distinction entre l'esprit et le corps, nous poussant à mépriser ce dernier et à nous en reposer, pour le salut de l'autre, sur un pouvoir chimérique et imaginaire qui se moque bien de nos prétentions.

Il importe d'avoir reconnu avant tout qu'il n'y a pas d'esprit pur et que ce qu'on appelle communément âme n'est pas un être particulier et différent du corps, et n'existe même pas en réalité, mais que c'est un assemblage de facultés et de fonctions qui dépendent du cerveau et du cœur.

Toutes les religions et tous les systèmes de philosophie qui se basent sur le dualisme sont foncièrement faux, absurdes et ridicules.

Le cœur est l'organe principal sans lequel il n'y a point de vie ; le cœur est pour l'homme et les animaux ce que les racines sont pour les plantes et les arbres. — Le cœur est formé avant tout le reste ; la vie ne commence à se manifester qu'avec la première pulsation de ce muscle essentiel, et la mort survient aussitôt qu'il a cessé de battre.

C'est du cœur que partent les impulsions et les mouvements qui déterminent tous les actes de la vie ; le cœur, c'est l'instinct aveugle qui anime le chaos et qui le met en branle ; c'est l'impulsion puissante qui agite la matière inerte.

Le cerveau, c'est la lumière éclatante qui cherche à percer les ténèbres épaisses, et qui dissipe l'obscurité profonde où nous nous trouvons enveloppés de toutes parts ; c'est le fanal qui éclaire la route, c'est l'œil qui voit, le conseiller qui nous guide, le balancier qui assure la stabilité de notre équilibre et qui affermit notre marche, le bras qui nous soutient, nous protège et nous défend en toute circonstance.

Ce que nous appelons âme n'est qu'un composé des facultés du cerveau et du cœur. — Ce n'est pas un être particulier qui est fait d'une seule pièce, et qui demeure toujours plein et entier, se tenant debout par sa propre force, *stans mole sua;* c'est quelque chose d'indécis et de flottant, d'ondoyant et de divers ; c'est le Protée de la fable, qui s'évanouit, quand on veut l'approcher, et qui fond dans la main qui croyait le tenir.

Le cœur et le cerveau sont deux viscères ; le cœur est la racine, le cerveau est la couronne, et l'âme est comme la fleur et le fruit de cet arbre étrange et admirable qui s'appelle l'homme. — Le cœur et le cerveau se nourrissent comme l'estomac ; celui-ci reçoit, absorbe, digère et s'assimile les aliments essentiels et indispensables à l'existence, aux fonctions, au développement, au progrès et à la prospérité de ce grand tout, si délicat et si merveilleux, et qui est l'être humain.

Le cœur et le cerveau sont nourris par les sucs et le sang que distille l'estomac, et qui circulent sans cesse dans le corps tout entier. — Ce sang court du cœur au cerveau et retourne du cerveau au cœur, dans un mouvement perpétuel qui fait affluer la vie dans les deux centres du corps humain. — Ceux-ci sont reliés entre eux par des canaux qui sont les veines et les artères, et qui font circuler le sang dans tous les membres. — Cette transformation des aliments est l'une des applications et l'un des exemples les plus frappants du grand principe de la métamorphose, qui gouverne partout l'univers, la nature et la vie.

Cette course incessante a une double signification et une double utilité.

On peut comparer le corps humain à la terre qui nous porte et dont nous tirons notre subsistance.

Le feu central, c'est le cœur de la terre, qui lui donne l'impulsion première ; le soleil, c'est le cerveau ou la tête qui l'éclaire et la chauffe, et qui fait pousser les végétaux, croître les arbres, mûrir les moissons et grandir les animaux qui la couvrent en tous lieux.

Le double mouvement de la circulation du sang, ce sont, d'une part, les sources qui jaillissent du sol et les eaux qui sont renfermées dans le sein de la terre, puis les canaux, les ruisseaux, les torrents, les rivières, les fleuves, les lacs, les mers et les océans qui la sillonnent de tous côtés et qui la fertilisent ; d'autre part, les nuages qui sont formés par cette humidité et ces brouillards qui s'élèvent du vaste globe, par suite de l'évaporation de l'élément liquide, répandu partout à profusion à sa surface.

La formation des nuages ressemble à la circulation du sang qui se porte du cœur vers le cerveau ; la pluie qui tombe du ciel pour féconder la terre, c'est le mouvement de ce même sang qui retourne du cerveau au cœur.

La santé de l'esprit dépend de celle du corps, et l'esprit est malade, quand le corps n'est pas sain.

Cette vérité paraît dans tout son éclat, quand nous considérons à quel point les facultés intellectuelles se trouvent dans une dépendance absolue de la nature physique, et combien les moindres lésions du cœur et du cerveau; exercent leur influence sur notre intelligence et notre volonté. Quand le cœur est atteint, c'est notre énergie qui décroît, et d'autant plus sensiblement que le cœur est plus malade; lorsque la tête souffre, nos facultés mentales s'affaiblissent, et l'esprit s'obscurcit, et, dès que le cerveau est gravement blessé, on voit surgir la paralysie, l'imbécillité ou la folie, et le plus beau génie retombe dans les ténèbres de la nuit la plus profonde.

L'homme même du génie le plus supérieur et du mérite le plus accompli n'a non plus qu'une certaine quantité de force physique et intellectuelle, dont le progrès a ses bornes et qu'il risque d'épuiser, s'il en use d'une manière excessive. L'emploi qu'il en fait doit être tempéré, réglé par une raison puissante, et proportionné à la résistance qu'il est capable d'opposer à la fatigue. L'équilibre et l'harmonie de ces deux éléments, le physique et l'intellectuel, font la santé du génie robuste.

Quand l'équilibre et l'harmonie sont rompus, et que l'activité cérébrale dépasse une certaine mesure, le génie tombe dans un excès maladif; le développement exagéré d'une faculté de l'esprit se fait toujours aux dépens de toutes les autres; l'harmonie des proportions est détruite, et la rupture de l'équilibre produit quelque chose de monstrueux.

Si l'âme avait réellement une existence propre et absolument indépendante du reste de l'organisme, aucune faiblesse ni aucune maladie du corps n'auraient la moindre prise sur elle; elle continuerait malgré tout à être saine et robuste, et sa force et ses clartés ne cesseraient pas un seul instant de briller d'un éclat incomparable. Mais ce savant composé, ce complexe assemblage de toutes nos aptitudes, auquel nous avons donné le nom d'âme, n'est pas plus impérissable que le corps qui le renferme; bien au contraire, quand il a disparu, par exemple dans la folie, et qu'il s'est évanoui comme un fluide subtil, le vase qui le contenait dans ses flancs existe toujours et dure aussi longtemps que le cœur n'a pas cessé de battre.

Ceci prouve donc que tout l'homme est matière ou fonction et manifestation d'une substance matérielle.

Le cœur et le cerveau peuvent être aussi comparés à deux stations télégraphiques, reliées entre elles par ces fils merveilleux qui sont les nerfs. Le cœur transmet au cerveau tous les mouvements qui partent du centre et qui sont engendrés par les passions ; le cerveau communique au cœur toute sa propre science personnelle et toutes les connaissances les plus variées qu'il a tirées du dehors ; il pèse de tout son poids sur les impulsions du cœur et sur cet aveugle instinct qui menace parfois de tout emporter ; il essaie de tempérer ainsi ces élans impétueux qui révolutionnent et bouleversent tout notre organisme ; il y a comme une sorte de consultation et de médiation, qui se fait entre les deux tyrans et régulateurs du corps humain, la passion et la raison ; c'est souvent la raison qui triomphe ; d'autres fois, c'est la passion qui demeure maîtresse absolue, et il y a des cas, les plus exceptionnels et les plus admirables, où un accord tacite se conclut entre les deux puissances rivales, où un équilibre parfait s'établit peu à peu, et où le juste milieu finit par être atteint d'une façon certaine. C'est là le plus rare et le plus beau des spectacles, et le signe le plus évident d'une santé très parfaite.

Ainsi donc la santé de l'esprit n'est qu'une suite naturelle de la santé du corps, et le bien-être général de l'individu dépend exclusivement du bon état de sa constitution physique. Nous voyons par là quel rôle considérable l'hygiène est destinée à jouer dans la vie, et que c'est à l'étude de cette science si importante et si indispensable que nous devrions nous appliquer surtout, et qu'il faudrait commencer par y consacrer le meilleur de notre temps, jusqu'à ce que nous nous trouvions en état de traiter et de soigner nous-mêmes notre propre personne.

Mais, me dira-t-on, et les médecins ? Que faites-vous des médecins ? Ce que j'en fais ? pas grand'chose ; le mieux c'est de les laisser où ils sont, pour autant que faire se peut.

Hormis dans quelques graves maladies et dans certaines circonstances désespérées, où leur secours n'est pas toujours très efficace, nous pouvons nous passer complètement de leur aide qui est souvent plus nuisible que salutaire. Outre qu'ils ne connaissent généralement pas ou très imparfaitement notre constitution particulière et notre propre tempérament, et qu'ils ignorent notre histoire physique, la plupart de nos Hippocrates ne sont que des hypocrites, c'est-à-dire des gens intéressés à prolonger le plus possible les petits et les grands maux dont nous souffrons, pour en tirer quelque temps les gros profits qu'ils leur rapportent.

Si les hommes s'instruisaient dans l'art de vivre, les médecins connaîtraient bientôt celui de mourir de faim.

Les bons malades et les chers clients de nos illustres maîtres sont de véritables vaches à lait pour ces fameux exploiteurs du genre humain.

Je conviens qu'il y a d'excellents et d'honnêtes médecins, mais on n'en rencontre à peine qu'un sur dix qui soit véritablement consciencieux. Il y a de louables exceptions à cette triste règle, mais le nombre des charlatans est énorme, et il y en a beaucoup plus qu'on ne pense.

La connaissance des règles de l'hygiène nous affranchirait pour toujours et nous préserverait victorieusement de toutes les entreprises, tentées sans cesse contre nous par une corporation intéressée à ne nous voir jamais trop bien portants.

La femme d'un médecin disait à une autre femme : mes enfants ne s'enrhument jamais. Comment faites-vous, demanda l'autre ? les miens sont toujours refroidis, et cependant je les habitue à sortir par tous les temps. Pardi, réplique la femme de Gallien, vous les rendez malades vous-même, en les exposant sans raison aux dangereuses intempéries de l'hiver; les miens restent à la maison, quand il fait mauvais temps; il est vrai que mon mari se garde bien de révéler notre secret à ses clientes; il n'aurait bientôt plus rien à faire et pourrait cesser ses consultations et fermer son cabinet.

Un moderne Esculape dit à une dame : je n'entends pas parler de votre amie, Mme X... et de sa famille; comment cela se fait-il? ce gens-là ne sont-ils donc jamais malades? Non, répond la dame, ils se portent généralement bien. Si tout le monde pouvait se flatter d'en dire autant, reprend notre docteur, les médecins deviendraient de pauvres hères et ne sauraient bientôt plus à quel saint se vouer.

Le même personnage, qui avait épousé une femme riche, et qui était lui-même occupé jour et nuit, priait néanmoins une de ses clientes de vouloir bien le recommander auprès de ses amies.

Les médecins pullulent, et la concurrence qu'ils se font est âpre et vive ; c'est pourquoi ils se tiennent à l'affût, comme des bêtes fauves épiant leur proie. Ceci devrait nous ouvrir les yeux et nous faire réfléchir.

Pour apprendre pratiquement l'hygiène et vivre selon ses prescriptions, il faut connaître le corps humain et les signes de la santé et de la maladie ; la séméïotique ou traité de ces signes est donc une science très importante et également utile à tous.

Il y a quatre parties principales à considérer dans l'hygiène : l'hygiène préventive qui consiste à vivre convenablement et à éviter les maladies ; la science de l'alimentation ou l'art de nourrir son corps et son esprit, le traitement rationnel des maladies, et l'étude des climats, c'est-à-dire la connaissance des conditions atmosphériques les plus favorables à notre nature et à notre santé.

Les six organes principaux de notre corps sont le cœur, les poumons, l'estomac, le foie, les nerfs et le cerveau.

Ce que nous devons éviter le plus, ce sont les excès de toute sorte qui nous nuisent davantage qu'une modération exagérée. Fuyons donc les passions trop impétueuses et les aliments trop échauffants, qui nous brûlent le sang et font souffrir notre cœur, notre foie et nos nerfs.

Tout travail de la tête, soutenu démesurément et avec une trop grande application, rend forcément le cerveau malade et peut même causer la folie.

Une des questions les plus importantes de l'hygiène, c'est celle qui se rapporte à l'alimentation.

Les enfants ont surtout besoin d'aliments gras et de ceux qui contiennent de la chaux pour nourrir leurs os et leurs tissus encore faibles. Le régime qui leur est le plus favorable se composé surtout de lait cuit, de beurre, d'œufs à la coque, de farine et de fromages doux. Quand ils sont plus âgés et qu'ils grandissent beaucoup, on peut leur donner de la viande rôtie ; les légumes, les fruits, et principalement les compotes et les marmelades, les entremets simples et sucrés, préparés avec du lait et des œufs, tels que le gruau, le riz, les nouilles, les gâteaux de biscuit, leur conviennent extrêmement et font généralement l'affaire de tout le monde, sauf que les personnes trop grasses font bien de se passer de toute espèce d'entremets et de s'en tenir de préférence à la viande, aux légumes et aux fruits. Les enfants doivent manger souvent et peu à la fois. La vie à la campagne et au grand air leur profite merveilleusement et leur fait un bien inouï, et c'est là qu'ils jouissent de la santé la plus prospère, et qu'ils se développent le mieux et le plus rapidement. Qu'on leur accorde la liberté de courir et de faire beaucoup de mouvement pendant toute la journée, et qu'on ne les astreigne pas à se livrer à de trop fortes études ; ils auront assez fait, s'ils restent bien portants.

Le climat aussi joue un grand rôle dans l'hygiène et exerce une influence considérable sur la santé de tout le monde. L'air pur et léger, subtil et sec, qu'on respire sur les hautes montagnes, procure au corps et à l'esprit une souplesse et une élasticité merveilleuse, et donne à chacun de nous un appétit qui demeure constamment vif et franc.

Le meilleur séjour d'été est dans les montagnes ; quant à l'hiver, il convient surtout de le passer au bord de la mer, dans le sud de la France ou en Italie.

Les adultes feront bien de suivre un régime mixte, c'est-à-dire composé des aliments les plus divers, et de ne faire que trois repas par jour, pour ménager leur estomac ; qu'ils prennent le matin du pain léger, des œufs à la coque et une boisson composée surtout de lait chauffé ; il faut s'abstenir de boire du lait cru, parce qu'il donne facilement la diarrhée ; à midi du potage, une petite quantité de viande bien cuite, et de préférence du bœuf bouilli, du mouton ou du porc, ou un peu de poisson maigre, pour varier ; les viandes blanches, le veau et la volaille sont à déconseiller, de même que le gibier et les poissons gras ; des légumes, des fruits, surtout cuits en compote, et un entremets léger ; le soir, du jambon, des œufs à la coque, du pain beurré, du fromage doux et un thé très clair sans rhum, avec un peu de lait ou quelques gouttes de citron.

Le régime des vieillards doit se rapprocher le plus possible de celui des enfants.

L'usage du café, du tabac et des boissons fermentées, telles que la bière, le vin et les liqueurs, est nuisible à tous les âges ; il doit être rigoureusement prohibé ; celui du café et des boissons fermentées ne peut être toléré que par exception, et pour ranimer momentanément le courage et l'énergie des personnes affaiblies par la maladie ou les privations ; ce n'est alors qu'un stimulant.

Chacun de nous doit faire beaucoup d'exercice au grand air et marcher plusieurs heures par jour.

Il est bon de changer sa manière de vivre deux ou trois fois par an, et de voyager assez souvent afin de respirer un autre air.

Les mêmes habitudes, trop longtemps prolongées, finissent par devenir pernicieuses ; la routine produit plus de mauvais effets que de bons.

Il convient néanmoins de vivre toujours d'après une certaine règle, et de faire un plan journalier que l'on exécute le plus exactement possible.

Il ne faut pas que nous fassions trop longtemps une même chose sans nous interrompre, ni que nous nous livrions à des travaux trop soutenus, surtout s'ils sont difficiles. Nous devons pouvoir cesser au bon moment notre labeur et nos plaisirs, et nous arracher aux meilleures choses, dans l'instant où elles menacent de captiver toute notre attention.

Déterminons d'avance les différentes étapes que nous nous proposons de parcourir, et arrêtons-nous chaque fois pour reprendre haleine et nous reposer.

Fixons l'heure où nous nous promènerons, celle où nous travaillerons, celle que nous consacrerons à nos plaisirs, à nos repas, à notre repos et à notre sommeil.

Que toutes nos occupations soient de courte durée, et tâchons de les varier le plus possible. Faisons tout comme par jeu et arrêtons-nous aussitôt que nous ressentons quelque lassitude. C'est ainsi qu'on conserve la santé du corps et celle de l'esprit.

Notre humeur exerce également une influence énorme sur notre santé générale. Il est indispensable de chasser sans pitié les pensées moroses et attristantes, de fuir les contrariétés, les chagrins et les soucis de toute espèce, comme une peste véritable et le fléau le plus terrible qui soit.

La sérénité, la gaieté, la bonté, la douceur, la bienveillance, un caractère facile et pacifique, une humeur aimable et enjouée, sont des magiciens qui savent enchanter merveilleusement l'existence de ceux qui se confient à eux.

Évitons les excès de table dont les effets sont toujours désastreux, et n'oublions jamais que la sobriété et la frugalité sont le meilleur moyen de rester sain et robuste.

Il faut diviser sa besogne de façon à faire ce qu'il y a de plus difficile et de plus fatigant le matin, et ce qu'il y a de plus aisé dans l'après-midi ; il convient de ne jamais travailler après le repas du soir, de crainte de troubler le repos de sa nuit. La question du sommeil est aussi importante que celle de l'alimentation ; une courte sieste après le repas principal, qui doit être pris au milieu de la journée, est un moyen excellent de refaire et de retremper ses forces, mais les gens gras doivent s'en abstenir ; le sommeil de la nuit est aussi nécessaire que l'air que nous respirons et que les aliments qui nous servent de nourriture ; la tranquillité de l'âme procure toujours un sommeil profond ; veillons donc à ce que rien ne vienne troubler le calme de nos esprits.

Pour conserver notre santé, évitons l'usage des drogues, et en général des remèdes qui ne sont pas naturels, et qui ne se trouvent pas tous contenus dans le régime alimentaire qui convient le mieux à notre constitution.

C'est un défaut et une erreur des médecins, de prescrire toujours quelque potion ou quelque drogue qu'il faut aller chercher chez l'apothicaire ; ils ont la fureur de faire constamment appel au concours du pharmacien, et ainsi ils nous empoisonnent d'habitude dès que nous souffrons de la moindre incommodité. Les remèdes qu'ils préconisent n'adoucissent guère le mal qu'ils sont destinés à combattre, et nous enlèvent généralement le peu d'appétit qui nous restait encore.

Comme il est très important, au contraire, de nous conserver le semblant de faim, qui nous est fidèlement demeuré jusqu'ici, parce qu'il est indispensable de continuer à prendre des aliments pour éviter de nous affaiblir de plus en plus, on voit que toutes les drogues ne sont pour nous que le plus mortel des venins.

Il est vrai que la plupart des malades exigent des médecines, et qu'ils n'ont pas confiance dans les docteurs qui n'en ordonnent point; mais un médecin probe et consciencieux devrait avoir la force de s'opposer à cette folle manie de ses clients.

Un médecin doit être assez âgé pour avoir de l'expérience, assez riche pour être indépendant et ne pas être forcé de vivre au préjudice de ses malades, assez honnête et fier pour renoncer à amasser de nouveaux trésors, et assez intelligent, assez instruit et assez capable pour connaître convenablement les obligations de son métier. Mais où dénicher ce merle blanc? La plupart de nos Esculapes ne raisonnent pas ainsi; en faisant marcher les affaires des pharmaciens, ils font aller les leurs, car ces derniers ne manquent jamais de recommander à tout le monde un homme qui s'entend si bien à leur faire faire fortune. Une main lave l'autre, dit-on, et l'adage est vrai, même dans ce cas-ci où il s'agit de la santé publique.

Une chose surprenante et monstrueuse, c'est de souffrir que les apothicaires tirent des profits aussi exorbitants de leurs menues denrées et de leurs damnées drogues, et qu'ils fassent une fortune rapide et scandaleuse, en vendant des remèdes que l'humanité doit payer si cher, pour n'en tirer qu'un soulagement assez douteux de ses maux.

Cette question si importante semble n'avoir guère éveillé l'attention des législateurs.

Ma conclusion est qu'il vient un âge, où nous devons connaître notre nature et notre constitution physique, et où nous sommes en état de nous traiter et de nous soigner nous-mêmes, et d'être nos propres médecins, ainsi que nous l'a fait voir Dioclétien qui, à partir de sa quarantième année, se passa de tous les docteurs.

En nous y appliquant de bonne heure, il nous sera même possible d'atteindre ce résultat dix ou quinze ans plus tôt.

Dans les cas d'indisposition ou de maladie, il est très important de savoir quels aliments nous pouvons prendre, et ceux que nous devons éviter et dont il convient que nous supprimions même complètement l'usage. Il nous suffira d'étudier soigneusement notre propre nature et notre constitution particulière, pour que nous apprenions à connaître ce qui nous convient le mieux.

Dans la dyspepsie et l'indigestion, il n'y a pas de meilleur remède que de se tenir à la diète pendant un ou plusieurs jours. Elle produit des effets surprenants et admirables, et elle nous rend rapidement une santé que nous avions demandée longtemps en vain à une foule de remèdes pernicieux, et qui ne faisaient que prolonger et aggraver les maux qui nous accablaient.

Les chirurgiens peuvent nous rendre de grands services, mais il y en a beaucoup qui commettent de graves abus dont l'histoire est souvent scandaleuse et révoltante. Je veux, pour terminer cet article, en rapporter un qui me fit frémir et dont je garantis l'authenticité, puisque la personne qui en fut victime me touchait de fort près.

La jeune femme dont il s'agit souffrait depuis dix ans d'un fibrome qui la minait lentement, mais sûrement. On sait que le fibrome est une excroissance interne, qui se développe et qui grandit entre l'abdomen et l'urètre ; beaucoup de femmes y sont exposées à leur insu, et la personne dont il est question ici se savait malade, mais ignorait au juste le nom et la gravité du mal implacable dont elle était atteinte. Ceci expliquera comment il s'est fait qu'elle ait pu vivre si longtemps dans une parfaite insouciance de son sort et dans l'ignorance la plus absolue du danger terrible qui la menaçait ; lorsqu'il fut trop tard et que les douleurs devinrent intolérables, elle se fit transporter à Paris dans une clinique célèbre, tenue et administrée par des religieuses dont le chef de service était un opérateur réputé. La malade venait chercher un soulagement à ses souffrances ; le médecin conseillait l'opération et exigeait dix mille francs pour la faire ; la somme ayant paru exagérée à une amie de la pauvre patiente, elle réussit à obtenir une réduction, et l'on se mit d'accord au prix de cinq mille francs. L'argent dut être versé d'avance, et il le fut, sinon l'opérateur eût refusé d'intervenir.

L'opération eut lieu le jour suivant ou le surlendemain, et la malade succomba trente-six heures plus tard, après avoir enduré des douleurs atroces. Que s'était-il passé ? L'opérateur savait qu'il était trop tard et que sa cliente était condamnée, telle quelle, à s'éteindre bientôt ; le fibrome, qui aurait dû être blanc et frais pour être opérable, était bleu et en putréfaction ; de plus le mal se compliquait d'une péritonite ; dans ces conditions, l'opération était inutile ; bien plus, elle était criminelle et condamnable à un double chef, d'abord parce qu'elle augmentait le supplice de la pauvre martyre, ensuite parce que le chirurgien arrachait ainsi à la famille de la défunte une somme de cinq mille francs qu'il s'appropriait par fraude. Mais que lui importaient toutes ces considérations ou d'autres semblables ? L'important pour lui, c'était de faire quand même l'opération pour en tirer un profit illicite et scandaleux. L'ironie macabre de cette farce lugubre, c'est que l'établissement où se passa cette horrible histoire était situé dans une rue qui s'appelait de l'homme bien portant ou de quelque autre du même genre.

Mon notaire, qui était au courant de toute cette affaire, en avait parlé à l'un de ses amis ; celui-ci était le directeur et le chef de la clinique la plus importante et la plus réputée qui soit en Belgique. C'est ainsi que nous apprîmes que notre chirurgien de Paris savait fort bien, par l'état dans lequel il avait trouvé la malade, que l'opération ne devait plus se faire et qu'il était odieux et criminel de la tenter, alors qu'il était déjà beaucoup trop tard pour s'y résoudre encore.

Le même savant affirma en même temps qu'il aurait refusé de faire une opération dans des conditions pareilles, et, qu'en tous les cas, elle ne valait pas plus de cinq cents francs. A mon sens, elle ne valait même pas un sou. Quelqu'un avait conseillé d'intenter un procès à l'opérateur, mais on trouva qu'il valait mieux ne pas faire de scandale et que tout ce vilain bruit eût mal fait sur une tombe à peine fermée. C'est grâce à des scrupules aussi délicats et à des considérations aussi judicieuses, que tant de malfaiteurs avérés échappent au châtiment qu'ils méritent.

Apprenons donc à soigner nous-mêmes ce triste corps dont chacun essaie d'arracher un poil ou un cheveu.

Quittons l'hygiène et les médecins d'illustre mémoire, pour nous occuper un peu d'un autre sujet qui n'est pas moins important à mon avis. Il s'agit de l'administration de nos intérêts matériels, et des avocats et des juges auxquels nous nous adressons, quand nos affaires sont embrouillées.

A ce propos, je ferai remarquer tout d'abord qu'on nous laisse à l'école dans l'ignorance la plus complète de nos droits et de nos devoirs, et qu'on ne nous dit pas un mot des lois de l'observation desquelles dépendent la prospérité de nos affaires et le bonheur de notre existence, car enfin tout le monde ne peut pas devenir législateur, avocat ou jurisconsulte, et la connaissance du code civil est aussi nécessaire, sinon davantage, aux simples mortels que nous sommes qu'à messieurs les gens de loi. Cette science nous est plus indispensable qu'à nos prétendus conseillers et amis.

Une autre observation que j'ai faite, c'est que le code civil renferme une foule de lois absurdes, ridicules et injustes ; il serait grand temps que de sages législateurs s'occupassent de nous donner des lois plus raisonnables.

Pourquoi, par exemple, le survivant de deux époux, séparés de biens et sans enfants, hérite-t-il du mobilier de son conjoint défunt, même lorsque celui-ci n'a pas testé en sa faveur ? Je ne cite ce cas, d'une importance très relative par lui-même, que pour faire voir la sottise du législateur. Comment deux époux, séparés en vertu d'un arrêt de justice, peuvent-ils encore hériter valablement l'un de l'autre ? Qui n'aperçoit ici la contradiction flagrante et le manque absolu de logique ? Et c'est ainsi qu'on nous rend justice.

Les hommes devraient cependant bien voir qu'il vaut mieux pour eux tâcher de s'entendre que se jeter dans toutes sortes de procès dont l'issue est toujours douteuse et qui les appauvrissent pour profiter à une foule de gens qui vivent à leurs dépens. Il y a à cette triste règle de rares et louables exceptions qui font grand honneur à ceux en qui l'on rencontre un mérite éminent uni à la probité la plus singulière. Il est vrai encore qu'il y a bien des affaires qu'on ne saurait régler convenablement sans le secours des avocats et des juges; l'on doit se féliciter alors de n'avoir affaire qu'à d'honnêtes gens. Par bonheur, il en est encore, et c'est un des spectacles les plus réjouissants qui soient, par le temps qui court.

Il faut bien avouer que la plupart des avocats ne sont guère scrupuleux et qu'ils poussent trop volontiers leurs clients à faire des procès sans raison pressante.

Il est vrai que c'est de là qu'ils tirent leurs plus gros revenus, et la nature humaine est bien faible.

Si les hommes étaient raisonnables et s'ils se mettaient d'accord, quand c'est possible, la pratique des avocats s'en trouverait singulièrement réduite, et les choses n'en iraient pas plus mal, au contraire.

Le barreau fourmille de charlatans, et il y a presse pour obtenir la moindre affaire.

Il y a trop d'avocats, et trop jeunes et trop pauvres; il leur manque l'expérience, l'autorité et l'indépendance; leur nombre devrait être limité, leur responsabilité, rigoureusement déterminée, et leurs délits, impitoyablement poursuivis; les abus diminueraient, et chacun s'en trouverait bien.

Si nous pouvons souvent nous passer des avocats, il n'en est pas de même des notaires qui président à tous les actes les plus importants de la vie, comme à la signature des contrats de mariage et au règlement des successions.

Il y a peu de notaires tout à fait scrupuleux, et les honnêtes gens sont aussi rares ici que partout ailleurs.

Ceci nous prouve combien il importe d'être prudent dans le

choix de ses auxiliaires, et à quel point il convient de bien connaître soi-même les lois.

Je n'en dis pas davantage ; à bon entendeur, salut.

Les juges aussi n'ont ni l'âge, ni la science, ni la fortune nécessaires à assurer l'indépendance et l'équité de leurs arrêts. Il y a encore plus de juges prévaricateurs qu'on ne croit. Il faudrait moins de juges, et ils devraient être plus vieux, plus savants, plus riches, et leurs fonctions plus largement rétribuées ; mais, en revanche, leur responsabilité serait plus grande et plus redoutable, et leurs crimes sévèrement châtiés.

Il y a parmi les avocats d'impudents coquins qui compromettent gravement la réputation et la dignité de la confrérie, et qui déshonorent de la façon la plus scandaleuse la corporation tout entière ; je veux rapporter ici une histoire, prise au hasard et qui fit, dans son temps, plus pour mon édification et mon avancement que toutes les friponneries les plus raffinées dont j'avais moi-même été déjà victime.

La chose s'est passée en Autriche-Hongrie, où les lois sont différentes pour les deux pays. Un riche Autrichien s'était établi en Hongrie pour ses affaires et s'était fait naturaliser Hongrois pour faciliter ses entreprises. Dans la suite il épousa une Autrichienne qui acquit ainsi la nationalité de son mari. Celui-ci mourut subitement quelques années plus tard, sans laisser d'enfants et sans avoir fait de testament. Le défunt avait une sœur, restée Autrichienne, qu'il chérissait tendrement et dont il aimait beaucoup les enfants, et il avait toujours déclaré qu'il doterait convenablement ceux-ci.

Le conseiller de cette sœur, et qui était un des premiers avocats du barreau de Vienne, consulté également par la veuve, avait assuré à celle-ci, qui était sans expérience, que la loi autrichienne lui était plus favorable que la hongroise, et qu'elle devait par conséquent se bien garder de se réclamer de celle-ci ; elle le crut sur sa parole et s'en trouva mal. C'était en effet précisément l'opposé qui était vrai, et l'avocat le savait bien, mais, en servant les intérêts de la sœur du mort, il servait en même temps les siens, car cette dame lui avait promis de lui payer grassement sa tromperie. Il s'agissait d'un gros million.

La loi autrichienne n'accorde qu'environ la moitié de l'héritage à la veuve sans enfants d'un homme mort *ab intestat,* tandis que la loi hongroise lui en donne les deux tiers ou les trois quarts. La différence était donc de plusieurs centaines de mille francs. Le partage se fit aux conditions proposées par l'avocat, et l'on n'en reparla plus. A quelque temps de là, la veuve se remaria, et le hasard voulut que son second mari fût précisément un avocat. Celui-ci, mis au courant de ce qui s'était passé, alla trouver son confrère indélicat et les héritiers favorisés au préjudice de sa femme, et il leur réclama ce qu'ils s'étaient indûment arrogé. Pour éviter un procès scandaleux et retentissant, la sœur du mort, sur l'avis de son ancien conseiller, se décida à rendre gorge et remit à la frustrée une grande partie du bien mal acquis.

Ce trait est caractéristique et fait éclater dans leur plus beau jour les mœurs singulièrement corrompues qui distinguent des hommes dont la réputation est considérable, quelque peu méritée qu'elle soit d'ailleurs. Je pourrais multiplier les exemples, mais celui-ci suffira à nous instruire. Ceci prouve qu'il y a beaucoup de loups qui se font bergers, et qu'il convient d'administrer ses affaires et de soigner ses intérêts soi-même, et de s'appliquer à acquérir l'expérience nécessaire pour y parvenir.

Puisque nous avons parlé de juges et de tribunaux, je veux dire un mot des criminels, et principalement des meurtriers dont les actions continuent à épouvanter le monde. A ce propos, je toucherai à la question de la conscience et des remords.

La conscience est quelque chose d'ondoyant et de divers, d'indécis et de flottant, qui dépend de notre intelligence, de notre sensibilité, de nos scrupules et de notre force de caractère.

Il y a des gens si délicats et si sensibles que leur conscience ne cesse de les tourmenter, et qu'ils se reprochent parfois les paroles ou les actions les plus innocentes et les plus inoffensives comme si c'étaient de grands crimes. Il y en a d'autres dont la nature est plus grossière et plus rude, et le caractère d'une énergie sauvage, et qui n'ont que peu ou point de scrupules;

ils ne savent ce que c'est que la conscience et ne connaissent pas les remords. Pour peu que leurs instincts soient mauvais, pervers, violents et cruels, rien ne pourra les arrêter dans la poursuite de leurs désirs ni dans l'exécution de leurs entreprises. Ceux-ci sont criminels, comme par prédestination ; ce sont les criminels-nés et les impulsifs qui renversent tous les obstacles.

Qu'un homme mortellement offensé tue sans réfléchir son offenseur et lave dans le sang de son ennemi l'outrage qu'il en a reçu, il y aura là, si l'on veut, une étrange violence, mais excusable en quelque sorte par la chaleur du tempérament et la gravité des circonstances.

Il faut donc distinguer tout d'abord deux espèces de criminels, le criminel d'occasion et celui qui l'est par sa propre constitution. Tous deux sont des malades, mais avec cette différence que le premier ne l'est que par accident et par exception, tandis que le second l'est de nature, par une sorte de fatalité héréditaire ou d'atavisme qui rassemble dans un individu toutes les vilaines tares de ses ancêtres, et fait de cette triste réunion un produit monstrueux et effrayant dont la vue nous glace d'horreur.

Un homme, qui est malade par hasard, finit forcément par se guérir, pourvu qu'il s'y prenne à temps et qu'il emploie les bons remèdes ; les récidives sont toujours funestes et peuvent nous conduire à quelque grand désastre.

Celui dont la constitution est minée par un mal qui ne pardonne pas, est tout à fait incurable ; la maladie ne cesse de faire des progrès, et il est condamné à une fin prochaine.

On laisse les malades ordinaires se mouvoir librement, tandis qu'on tient les autres dans l'isolement et qu'on les éloigne du reste de l'humanité de peur de contagion. Le danger ne cesse qu'avec la mort du patient.

Il en est de même des malfaiteurs ; celui qui n'a commis qu'une faute légère, par exception et sans préméditation ni préparation savante, dans un moment d'égarement, d'entraînement, d'inconscience ou d'oubli, doit être traité avec la plus grande douceur, surtout si son caractère fait espérer qu'il se corrigera, car le moindre châtiment lui causera plus de honte que la peine la plus infamante n'en pourrait donner à un criminel endurci, et cette faible punition suffira à le détourner de mal faire encore.

Les juges d'aujourd'hui raisonnent généralement tout de travers et frappent en proportion plus sévèrement les petites fautes des gens sensés que les crimes les plus atroces commis par de stupides assassins. C'est comme si l'on en voulait plus à un homme d'être légèrement malade et par accident qu'à un autre qui le serait gravement et de nature.

Il est évident qu'il faut un traitement moins sévère pour les gens qui sont à peine atteints que pour ceux qui sont mortellement frappés.

J'en viens maintenant aux châtiments et à la question de la peine de mort ainsi qu'à celle de la déportation.

La peine de mort devrait être prononcée contre tout grand criminel que l'on désespérerait de pouvoir ramener jamais à de meilleurs sentiments. Il faut se contenter de déporter tous ceux qui nous laissent une lueur d'espoir et que nous pouvons nous flatter de voir un jour guéris de leurs erreurs.

On devrait choisir comme lieu de déportation une vaste colonie, saine et fertile, pour permettre aux condamnés, auxquels on n'aurait eu rien à reprocher pendant plusieurs années, de cultiver et d'acquérir des terres, de se marier et de fonder une famille dans une contrée parfaitement habitable.

Je ne crois pas que le rapatriement des détenus à terme, qui ont subi leur peine et qui se sont bien conduits, produise généralement de bons effets. En reparaissant sur le théâtre de leurs anciens crimes, au milieu d'une société qui les traitera en parias, il est fort à craindre qu'ils ne soient entraînés par la force des choses à commettre de nouveau les mêmes fautes.

Il faut traiter les grands criminels comme des gens qui sont gravement malades, par un changement d'air, et les envoyer le plus loin possible est ce qui vaut le mieux.

Il est impossible de convertir les pécheurs endurcis ; ils sont condamnés d'avance. Quant aux autres, il est toujours permis d'espérer qu'ils se convertiront, et, sous ce rapport, la colonisation systématique peut produire d'excellents résultats.

On a beaucoup disputé sur la question de savoir s'il faut maintenir la peine de mort ou s'il convient plutôt de l'abolir ; les uns ne voient qu'elle et voudraient faire exécuter tout le monde ; les autres n'en veulent point entendre parler. *In medio veritas ;* la vérité est dans le juste milieu.

Je pense que la peine de mort est nécessaire, mais qu'il n'en faut pas abuser.

Il y a des cas où il est permis de se débarrasser d'un homme comme on tue une bête fauve et malfaisante, et, quand la société est attaquée de près, elle a le droit de se défendre de tout son pouvoir.

Tout le reste n'est qu'une vaine sentimentalité, à peine digne de faire pleurer quelques pauvres femmelettes.

A mon avis, le châtiment doit être toujours aussi modéré que possible, mais il y a des crimes que la mort même du coupable semble à peine expier.

Nos lois sont mal faites, et l'échelle des peines est mal proportionnée, parce qu'elle n'est ni assez haute ni assez large, et que les degrés n'en sont pas suffisamment nombreux. La grande quantité des degrés doit se rapporter à la foule énorme des délits possibles, leur largeur, à la gravité différente des circonstances qui les caractérisent et les distinguent, et à la signification particulière des délits du même genre. Tout est nuances, et chaque châtiment nouveau doit exprimer une nuance spéciale. Deux crimes ne se ressemblent pas plus que deux gouttes d'eau. On ne peut pas frapper deux coupables de la même façon.

Sauf quelques tentatives isolées d'indépendance et de caractère, nous voyons siéger généralement dans nos tribunaux des juges qui s'en tiennent trop strictement à la lettre de la loi et qui ne savent pas l'animer d'un souffle vivifiant.

Je trouve que les exécutions capitales ne doivent pas se faire en public et qu'il faut en tenir la foule éloignée ; ce spectacle ne sert qu'à exciter davantage la férocité naturelle des masses.

On a dit que la peine de mort n'effraie personne et ne prévient aucun crime ; c'est comme si l'on prétendait qu'il ne faut pas ensevelir les pestiférés, parce que cela n'épouvante et ne chasse point la peste. Ce qui la fait reculer et ce qui l'étouffe, c'est l'hygiène, la propreté et les mesures sanitaires. On finit par enrayer et par vaincre le mal, quand on y emploie les bons moyens.

Supprimer un monstre, c'est mettre une mesure sanitaire en vigueur ; faire périr les grands criminels, c'est purifier l'air corrompu.

On a soutenu encore que la société n'a pas le droit de tuer ; la société fait bien la guerre ; c'est aussi la guerre qu'elle fait aux malfaiteurs qui l'attaquent, et elle s'en débarrasse quand elle le peut. C'est son droit, qui est le droit du plus fort ; le criminel est le plus fort, aussi longtemps qu'il assassine ; quand la société s'est emparée du coupable, et qu'elle lui donne la mort, c'est elle qui est devenue la plus forte et elle exerce un droit qui lui appartient réellement.

La guerre est un mal nécessaire et un bien relatif.

Il ne faut faire la guerre qu'après avoir épuisé tous les autres moyens de s'entendre.

Les princes et les États se servent souvent des guerres pour se grandir injustement ou pour se soutenir dans des moments difficiles. La guerre fait diversion et étouffe pour quelque temps les rumeurs d'un peuple mécontent, mais l'événement détruit parfois les plus belles espérances et renverse les entreprises les mieux concertées ; ceux qui se flattaient de prospérer, ne se tirent de l'aventure que mal en point et considérablement amoindris, et leurs affaires ne font qu'empirer de jour en jour.

Ainsi la guerre est un jeu dangereux et que le plus fort lui-même doit éviter tant qu'il peut.

La guerre est comme une affaire de justice ; les meilleures sont souvent désastreuses, et une médiocre transaction vaut mieux qu'un bon procès.

Peu de campagnes sont bien conduites, et les grands capitaines sont rares ; on ignore trop les vrais principes de l'art de la guerre, et l'on confie presque toujours le sort des nations à des gens inexpérimentés ou incapables.

Comme la plupart des guerres sont complètement inutiles, et qu'elles ne rapportent généralement aucun vrai profit ni aucun avantage réel aux vainqueurs, ni à aucun de ceux qui les entreprennent, chacun fera bien de se défier d'un moyen si périlleux.

Chaque peuple va s'écriant : le plus fort l'emporte ; soyons les plus forts ; mais personne ne peut savoir exactement quel est le plus fort ; les circonstances déjouent souvent les combinaisons les plus savantes, et le hasard mortifie les armées les plus courageuses et les plus puissantes. Aux clameurs belliqueuses des nations menaçantes, je réponds par ces mots : l'union fait la force ; unissez-vous ; concluez des alliances, signez des traités, défendez mutuellement vos plus chers intérêts, formez de grandes confédérations, préservez-vous de toute attaque du dehors et défendez-vous les uns les autres.

La ligue de la paix qu'on a fondée dans ces derniers temps, et les congrès qui se tiennent chaque année prouvent que cette idée a des partisans fervents et convaincus ; c'est un symptôme rassurant et un bon signe, et qui fait bien augurer de l'avenir. Le dessein d'Henri IV et de l'abbé de Saint-Pierre commence à se réaliser lentement.

Il faut réduire le nombre des guerres, comme on cherche à faire diminuer celui des maladies de l'homme ; un corps bien portant n'en est que plus robuste.

Quel avantage immense la suppression des guerres ne procurera-t-elle pas à l'humanité écrasée d'impôts et gémissant sous leur poids? Les contributions les plus lourdes seront abolies ; les frontières seront renversées ; les douanes disparaîtront ; les marchandises de toute espèce, les ouvrages de l'industrie et du commerce, les denrées et les produits naturels du sol seront à meilleur marché, et la concurrence générale rendra moins chère une foule de choses nécessaires à l'homme, et dont le prix était trop élevé encore.

La même monnaie sera partout en usage ; il n'y aura plus ni change ni agiotage, ces deux formes d'une usure qui accable tous les peuples et qui n'engraisse que des intermédiaires et des parasites. La même langue, l'Esperanto peut-être, sera parlée partout et rapprochera toutes les nations ; les places et les emplois seront partout accessibles à tout le monde, sans distinction de race ni d'origine.

L'émulation produira en tous lieux les meilleurs effets.

Le duel est comme la guerre ; lui aussi est un mal nécessaire et un bien relatif ; quand on a usé en vain de tous les moyens de conciliation, il ne reste souvent, dans certaines affaires délicates où le point d'honneur a fortement souffert, qu'un remède souverain et qui est le duel. Il ne faut recourir au duel qu'à la dernière extrémité ; c'est la bête fauve qui se défend, lorsqu'elle a été poussée jusque dans ses derniers retranchements. Les duels sont moins nécessaires dans la vie civile ; l'honneur courant est moins rigoureux que l'autre, et, en fin de compte nous avons les tribunaux qui tranchent les questions les plus épineuses et qui se chargent de laver une réputation injustement noircie. Le duel est plutôt fait pour les militaires, et j'avoue qu'il leur est parfois impossible de refuser aux autres ou de ne point exiger pour eux-mêmes satisfaction par les armes ; mais je trouve qu'il ne devrait être permis à aucun officier de se battre sans l'autorisation ou le commandement exprès d'un tribunal particulier qui serait composé d'arbitres militaires, et spécialement institué pour décider de toutes les affaires d'honneur.

Le suicide est une guerre qu'on se fait à soi-même ; c'est un droit qu'à la porte on achète en entrant ; il doit être permis à chacun de nous de renoncer à une vie où nous avons été appelés sans notre consentement ; le suicide est un remède extraordinaire, je le veux bien, et il convient de n'en user qu'avec une extrême modération ; mais il y a des maux incurables et désespérés, et c'est au malade à juger si son état est trop misérable pour qu'il puisse encore se flatter de guérir. On a dit que ceux qui se tuent agissent inconsciemment et comme dans un accès de folie ; je crois bien qu'il y a là quelque exaltation exaspérée qui fait qu'on perd la tête ; quelques courts instants de patience et de courage suffiraient parfois à rétablir la fortune la plus compromise, mais on ne croit plus à rien, et surtout point à soi-même, et c'est notre propre mépris qui nous pousse dans la mort.

Il faut reconnaître aussi qu'il y a des situations qui ne peuvent plus s'améliorer, et, quand on a eu la force de supporter l'orage, et que le calme est revenu, on se résigne à respirer encore, déshonoré et perdu, comme un condamné qui baisse la tête et qui attend que les choses suivent leur cours naturel.

Il y a de beaux suicides, comme il y en a de très sots et de très ridicules. Ne médisons pas du suicide ; c'est le suprême ami, quand tout nous a manqué ; toute la question est de savoir si nous n'avons vraiment plus rien, et si le moment est bien venu d'en finir pour tout de bon avec l'existence. Soyons comme cet homme, qui était un artiste en son genre, et qui portait toujours un revolver sur lui ; je suis sûr de mon affaire, disait-il ; j'ai mon remède en poche, mais, avant de m'en servir, je veux attendre tranquillement pour voir si je ne puis pas m'en tirer par un autre moyen plus doux.

Que les peuples deviennent eux-mêmes leurs propres maîtres et règlent en personne leurs destinées ; bien des guerres seront ainsi évitées, et les choses n'en iront que mieux.

Ainsi la connaissance du droit des gens et celle de l'économie politique sont nécessaires à tous les hommes ; personne ne nous enseigne des sciences qui importent si fort à la prospérité des nations.

De même la plupart des religions nous remplissent la tête d'une foule de billevesées, et nul ne nous apprend que toute la religion est contenue dans ces mots : sois honnête homme.

Les prêtres ont trop d'intérêt à dénaturer les choses pour que nous puissions espérer jamais tenir de leur bouche une proposition raisonnable.

Les deux plus grands défauts de toutes les religions, et qui sont des erreurs involontaires ou de grossières fourberies, se trouvent renfermés dans les deux déclarations suivantes : que l'homme est un être supérieur et d'une espèce tout à fait différente de celle des animaux, que son âme est immortelle et qu'il y aura pour lui une seconde existence appelée vie future.

Rien n'est plus faux, plus ridicule ni plus pernicieux que tout cela.

L'homme aussi n'est qu'un animal ; c'est une sorte de singe d'un ordre supérieur, que le hasard a fait plantigrade et auquel il a donné un peu plus de cervelle qu'aux autres, bien qu'on en puisse douter parfois ; ces deux avantages lui permettent de se tenir droit et de marcher, et de se servir de ses mains autrement que pour les seuls besoins de son alimentation et de sa défense, et de comprendre les choses qui l'entourent et d'en user un peu mieux que ses parents éloignés.

Et ce sont ces deux faveurs problématiques qui enflent si fort son orgueil et qui le rendent assez insensé pour qu'il s'imagine être un demi-dieu et pétri d'un autre limon ! Quel triste dieu et comme il est vulnérable !

Quant à l'immortalité de l'âme, nous n'avons rien de mieux à faire qu'à lui chanter pouilles ; c'est bien le conte le plus absurde, le plus ridicule et le plus sot qui se puisse inventer.

J'ai montré à quel point l'âme est quelque chose d'instable et de flottant, et combien il est chimérique de vouloir la séparer du corps dont elle n'est qu'une subtile émanation : nous avons vu que l'âme n'est qu'un assemblage des sensations les plus diverses ; les fonctions du cœur et du cerveau s'exercent de cent façons différentes ; toutes ces expressions multiples de nos pensées, de nos sentiments et de nos passions se mêlent sans cesse les unes aux autres, et, de cette union mystique, naît à chaque moment un composé hybride que nous appelons mouvements ou impressions de l'âme.

Mais tout cela n'est que l'effet d'une activité intérieure dont les mobiles complexes et mystérieux nous échappent toujours. Chacune de nos décisions et de nos résolutions est le résultat d'un débat long et compliqué ; elle ressemble à une dépêche déchiffrée dans une station centrale, qui est en même temps le bureau récepteur et d'arrivée où aboutissent toutes les lignes télégraphiques ; chaque fil apporte une lettre ou un mot, et il s'agit de trouver la clef de l'énigme en mettant chaque lettre ou chaque mot à sa vraie place, pour finir par former le mot ou la phrase qui donne le sens véritable du message envoyé.

Il n'y a pas d'âme, au sens propre et ordinaire du mot ; l'âme n'est donc pas immortelle, pas plus que le corps, qui n'est qu'une métamorphose de la matière et de la nature, et que la mort fait rentrer dans la poussière dont il était sorti.

L'énormité monstrueuse de certaines religions, comme la chrétienne, c'est qu'elles nous apprennent à mépriser cette vie en nous disant que tout le bonheur est dans un avenir qui n'existe pas.

Elles proclament une vaine et fausse grandeur de l'homme, mais le rendent en effet misérable dans ce monde qui lui appartient seul, en lui annonçant une félicité et une gloire qui doivent le dédommager du triste sort qu'elles lui réservent ici-bas. Cette splendeur et cette sublimité lui sont promises pour une époque où ses restes pourriront depuis longtemps dans le sein de la terre, et lorsqu'il sera trop tard pour songer encore à bien vivre et à être heureux.

Ainsi, par de fallacieuses assurances et un espoir trompeur, on prive une foule d'hommes de la tranquille jouissance du seul bien véritable qu'ils possèdent réellement, je veux dire de la vie qu'ils ont reçue et qui ne leur sera pas rendue une seconde fois. On leur fait lâcher la proie pour l'ombre, pour ce mirage d'une existence future qui n'est que pure imagination.

Toutes ces fausses religions qui semblent grandir l'homme, mais qui l'affaiblissent en vérité, rapetissent en même temps l'univers qui nous opprime et nous écrase de toutes parts. Et, comme le dit si bien Voltaire dans son *Mahomet* :

> Les prêtres ne sont pas ce qu'un vain peuple pense:
> Notre crédulité fait toute leur science.
> . . . .
> Ils nous vendent le ciel pour acheter la terre.

La seule vraie religion est celle qui reconnaît les avantages la bonté et la douceur de cette vie et qui conseille à chacun d'être honnête homme. Une semblable religion est simple et héroïque, et aussi belle que rare ; mais où la rencontrer, si ce n'est dans la vie de quelques vrais philosophes, aussi modestes qu'inconnus ? Comment la mettre en pratique, à moins d'appliquer constamment les principes d'une philosophie aussi vaillante et ferme que calme et silencieuse ?

La seule morale véritable est celle qui nous exhorte à faire ce que nous devons, j'entends à produire au grand jour tout ce que nous renfermons d'excellent en nous-mêmes ; c'est elle qui ne cesse de nous crier d'être honnêtes hommes et courageux.

Tout le reste n'est qu'un vain bavardage et parfaitement méprisable.

Ce que nous avons de mieux à faire, c'est de bien vivre pour apprendre à bien mourir, et, en attendant, tâchons d'accomplir notre œuvre d'homme. N'aimons que ce qui nous paraît vrai ; soyons braves et sincères.

Vivons en artistes ; l'art de vivre est la seule chose qui nous importe réellement et qu'il nous appartient de chérir sans réserve et de cultiver avec idolâtrie.

Le seul art qui soit digne de nous intéresser, c'est le grand art ou celui qui élève nos pensées et ennoblit nos sentiments.

Les artistes qui se proposent uniquement de nous divertir et de nous arracher à notre ennui ne méritent pas de nous occuper sérieusement. N'estimons que les ouvrages de notre goût et de notre choix.

Adressons-nous de préférence aux philosophes, mais uniquement à ceux qui nous font connaître les vrais moyens de bien user de cette vie.

Il n'y a de vraie et bonne philosophie que celle qui évite de flatter nos folies, et dont tous les principes sont inspirés par la saine raison et le bon sens.

Une philosophie de ce genre doit être l'expression même de la modération, de la mesure, de l'ordre, de la proportion, de l'harmonie, de l'équilibre, du juste milieu et de la santé. Toutes les autres philosophies ne sont que des actes de démence.

Ne nous conduisons que par des règles dont nous avons éprouvé nous-mêmes l'excellence.

Nous pouvons apercevoir maintenant combien il reste encore à faire à l'humanité.

Il nous faudrait un prince mûr, sage, juste, éclairé et énergique, et jouissant d'une autorité et d'un prestige considérables, qui commandât à quelques grands hommes de reconstruire sous ses auspices le vaste édifice qui nous abrite encore si mal.

L'amour de l'argent gâte les meilleures natures et ruine les vertus les plus éminentes ; l'on désespère presque tout à fait, à de certains moments, des hautes destinées qu'on disait promises et qui semblaient réservées à l'ambitieuse humanité, lorsqu'on voit combien les puissants du jour et les plus beaux génies se croient intéressés à protéger toutes les institutions et tous les hommes qui servent à accumuler et à détenir la fortune publique dans les mêmes mains.

Nous avons vu que nos instituteurs et nos maîtres ont besoin de notre ignorance ; nos médecins, de nos maladies réelles ou imaginaires ; nos avocats, de nos contestations et de nos querelles ; nos juges, de nos procès ; nos princes et nos États, de nos guerres ; nos prêtres, de notre crédulité ; nos moralistes, de nos faiblesses ; nos artistes, de notre désœuvrement et de notre ennui, et nos philosophes, de nos folies.

Tâchons donc de nous conduire par nos propres lumières, ou, si nous nous confions à d'autres, n'achetons pas de notre santé et de notre repos une foule de faux biens et de croyances pernicieuses, et, si nous devons payer un bon prix la félicité que nous poursuivons, n'acquérons du moins jamais que la science et les trésors qui nous aideront à mener une vie calme et simple, mais heureuse et bien remplie.

Les hommes ne pourraient vivre entre eux, sans se faire des concessions réciproques.

Nous sommes si vains et si remplis de nous-mêmes, que nous ne nous occupons des autres que pour savoir ce qu'ils pensent de notre personne.

CHAPITRE XXIII

De la théorie et de la pratique ; du sort de la terre ; de l'univers et des mondes habités ; de la course de l'humanité ; de quelques philosophes ; conclusion de la première partie du présent ouvrage.

Pour savoir ce que valent nos théories et nos institutions, il convient d'examiner les effets qu'elles produisent dans la pratique ; c'est par la qualité de leurs fruits qu'on voit si elles sont bonnes ou mauvaises.

On distingue et on sépare généralement la théorie d'avec la pratique, comme si c'étaient deux parties entièrement différentes, et l'on ne rencontre pour ainsi dire nulle part une théorie et une pratique qui ne se contredisent point en quelque chose et qui soient toujours parfaitement d'accord.

On recommande tout haut un précepte pour en suivre en secret un autre. C'est ainsi qu'il arrive que la vie de tant d'auteurs dément les principes contenus dans leurs ouvrages. De deux choses l'une, ou le livre dit vrai, et alors son auteur a mal vécu, ou sa vie a été celle d'un sage, et c'est son livre qui est faux. Cette contradiction entre les paroles et les actions d'un homme n'est pas un bon signe de l'excellence de ce qu'il nous propose. C'est souvent l'homme qui vaut mieux que son œuvre, comme nous le voyons par Schopenhauer, qui a vécu plus raisonnablement qu'il n'a écrit : d'autres fois, c'est l'œuvre qui est préférable à son auteur, comme nous l'a prouvé Pascal, qui a été plus habile à nous montrer à bien écrire qu'à vivre convenablement.

En réalité, il n'y a pas une théorie bonne seulement pour les spéculations du cabinet, et une pratique destinée à régler notre conduite dans la vie. Il n'y a pas ici deux faces différentes d'une même chose, mais il n'existe en effet, dans l'espèce, qu'une face des choses, ou plutôt nous ne reconnaissons qu'un seul principe fait pour inspirer tous nos discours et toutes nos actions.

Il faut que la théorie serve de base à la pratique ; la pratique doit être fondée dans la théorie, dont elle n'est que la confirmation vivante et la véritable sanction.

Le signe qu'une théorie ou un livre sont bons pour nous, c'est que nous pouvons gouverner notre vie d'après leurs commandements ; la preuve que nous menons une existence raisonnable, c'est qu'il nous est possible d'en fixer les règles dans une théorie et dans un livre pleins de bon sens et de jugement.

La théorie et la pratique ne sont en vérité qu'une même science faite pour nous enseigner à bien parler et à bien vivre.

Il faut qu'il y ait harmonie entre nos discours et nos actions ; c'est là le signe d'une santé très parfaite ; lorsqu'il y a lutte et contradiction en ce point, c'est un symptôme évident de maladie et d'erreur.

Il doit y avoir un accord absolu entre la théorie et la pratique, pour qu'elles soient toutes les deux l'expression naturelle d'un principe juste et vrai.

La guerre entre la théorie et la pratique, c'est la confusion et le désordre ; leur concorde et leur union, c'est l'aveugle instinct, maîtrisé par une raison supérieure, c'est l'organisation complète d'un monde nouveau, surgi soudain du chaos monstrueux et détaché lentement de la masse informe de l'incommensurable matière.

L'antagonisme entre la théorie et la pratique, c'est l'enfance des choses ; leur alliance, c'est la maturité et le comble de l'art.

Cette grande règle s'applique à tout ce qui est dans l'univers, dans la nature et dans ce monde, et c'est elle qui nous apprend combien de temps notre terre sera encore habitable et jusqu'à quel moment l'homme y pourra vivre.

Notre planète est un morceau détaché du soleil, et elle a commencé par être une nébuleuse, c'est-à-dire une énorme masse de matières en fusion et de vapeurs épaisses.

Le feu et la fumée s'y mêlaient dans d'égales proportions, mais, à cette époque, la terre était fort brillante ; c'était un astre dont l'éclat illuminait la nuit de quelques planètes ; c'était une sorte de petit soleil qui éclairait et chauffait une partie de notre système, et qui entretenait la vie dans quelques globes plus petits, comme la lune par exemple. Lorsque ce feu se fut éteint à sa surface, les vapeurs s'accumulèrent et se condensèrent de plus en plus, et la terre, qui avait perdu son propre scintillement et qui ne recevait plus que la lumière réverbérée du soleil, ne rayonna plus la nuit que comme une simple étoile ou comme la lune ; mais il fallut peut-être plusieurs millions d'années pour en arriver là. Les vapeurs se réduisirent enfin en eau, et toute la surface de la terre fut transformée en un vaste océan ; puis vint un froid énorme qui régna longtemps avec une ténacité incroyable ; il solidifia presque tout l'élément liquide répandu sur notre globe et couvrit celui-ci d'une épaisse et large couche de glace. Dans l'entre-temps, les matières d'en haut, que le feu primitif avait fondues, avaient commencé à se durcir, dès que la flamme avait été étouffée à la surface, et elles avaient formé une forte croûte qui devint peu à peu le sol qui nous porte et dont nous tirons notre subsistance.

De temps à autre l'action du feu intérieur, concentrée en quelques points, et d'une véhémence plus impétueuse dans un endroit que dans l'autre, s'était déchaînée avec fureur et avait déchiré la terre à quelques places, soulevant à une hauteur considérable la masse de matières qui lui faisait obstacle. Ces éruptions formidables avaient fait se dresser les montagnes, les rochers et les volcans ; dans d'autres lieux, le sol s'était effondré, faisant grandir encore la profondeur de l'abîme, lentement creusé par la main du temps et maintenant livré à la rage toute-puissante des flots envahissants.

La compensation s'était faite ainsi ; ainsi s'était établi partout l'équilibre le plus parfait.

Pendant que les entrailles de la terre étaient travaillées de la sorte par cet énorme enfantement, l'air s'attiédissait à sa surface, les glaces se fondaient, et, du sein de notre commune mère, surgissaient soudain la nature et la vie. Le sol commença à se couvrir de verdure ; les plantes et les arbres se mirent à croître à l'envi ; les animaux parurent ; longtemps après vint l'homme, le roi des animaux, qui fut comme le couronnement de cette œuvre sublime.

L'homme existe sans doute sur la terre depuis plusieurs centaines de mille ans.

Pour que l'homme puisse vivre sur notre globe, il lui faut la lumière et la chaleur du soleil ainsi que l'action du feu central ; si celui-ci venait à s'éteindre, le pouvoir du soleil ne suffirait pas à compenser la force perdue, et l'humanité serait fatalement condamnée à périr de faim et de froid. Nous avons également besoin d'eau et d'air, sans lesquels il n'y a que sécheresse, étouffement et mort. Le sol aussi nous est nécessaire ; si l'eau venait à manquer, la terre se réduirait en poudre à tel point qu'elle ne produirait même plus le moindre brin d'herbe ; ce serait le sable aride des déserts.

Il viendra un moment, dans des millions d'années, où le feu central se sera consumé complètement et où le soleil ne nous enverra plus assez de chaleur pour qu'il nous soit désormais possible de continuer à vivre sur notre planète. L'humanité périra ainsi que les animaux, le sol sera privé de végétation, et notre globe, refroidi et déchu de son ancienne splendeur, ne roulera plus dans l'espace qu'à l'égal d'un astre éteint et à l'instar de cette lune qui ne sert qu'à éclairer et à embellir le spectacle de quelques-unes de nos nuits et à régler le mouvement des marées.

> Astre si tôt déchu de ta splendeur première,
> Qui, privé d'air et d'eau, sans chaleur ni lumière
> Roules, pâle ossement au sein du ciel glacé,
> La vie en toi s'éteint, et les habitants meurent,
> Couchés sur des débris qui pour un jour demeurent
> Mais que le cours du temps abandonne au passé.

Toutes les planètes de notre système solaire subiront tour à tour le même sort et se refroidiront les unes après les autres, selon le degré de leur importance, les plus petites d'abord, les plus grandes ensuite. Le soleil lui-même finira par s'éteindre, et, toutes ses flammes étant étouffées, il semblera ne plus flotter dans les airs que comme une masse obscure et glacée ; ce sera le moment où ce qui lui sera resté de son feu se concentrera dans son intérieur et où sa surface se solidifiera ; le soleil aussi deviendra planète, et la vie s'y manifestera sous toutes ses formes ; et notre soleil se mettra à graviter autour d'un nouveau soleil, qui est dans la constellation d'Hercule, vers l'une des étoiles du cygne.

La lumière s'évanouira de notre système qui sera ainsi plongé dans la plus ténébreuse des nuits. Tous les systèmes solaires se glaceront les uns après les autres, selon leur ordre de grandeur ; chaque soleil se transformera en planète et tournera autour d'un soleil nouveau ; et ce jeu merveilleux et sublime se prolongera jusqu'au moment où la nature, en mettant en mouvement je ne sais quel ressort mystérieux et formidable, enfermé dans toutes les forces de la matière, fera se heurter et s'entrechoquer violemment tous ces mondes éteints qui, confondus d'abord dans un vaste chaos, se sépareront et se reformeront ensuite dans des proportions toutes différentes des anciennes ; le mouvement et le frottement prodigieux de tous ces corps allumeront un nouvel et grandiose incendie et produiront une combustion générale.

Comme la matière, l'espace et le temps sont infinis, la fusion des éléments s'opérera toujours d'une autre manière ; les combinaisons des molécules seront chaque fois toutes nouvelles, et l'univers et les mondes approcheront mais seront néanmoins différents de ce qu'ils furent jadis. Ces transformations et ces métamorphoses se répèteront un nombre infini de fois sans ramener jamais exactement la même disposition des choses.

La vie aussi se manifestera partout d'une façon semblable, mais sans reproduire des formes ni des êtres absolument pareils.

Ainsi il n'y aura pas de retour perpétuel, parce que les combinaisons de la matière et des éléments se feront toujours dans des proportions nouvelles.

La renaissance perpétuelle, proclamée par Nietzsche, est

impossible et n'est qu'un vain rêve, parce que les mêmes individus ne vivront pas une seconde fois, et que leur propre personnalité s'évanouit comme un fantôme.

Quant au surhomme du même philosophe, il n'a pas plus de consistance.

La raison et la vraisemblance sont d'une simplicité plus sublime.

La nature physique et intellectuelle de l'homme ressemble à une balance; pour synthétiser ses forces, on pourra bien, dans une certaine mesure, augmenter leur pouvoir réciproque; en développant parallèlement le corps et l'esprit, en plaçant des poids égaux et de plus en plus lourds dans les deux plateaux de la balance, représentant l'un les capacités physiques, l'autre les facultés mentales, on parviendra certainement à former un être très sain, très robuste et très puissant, mais il sera impossible de dépasser certaines bornes, à cause de l'extrême débilité de notre nature. La balance la plus puissante ne supporte non plus qu'un poids déterminé, au delà duquel elle n'obéit plus et demeure inerte et immobile.

L'homme, à son tour, n'a qu'une certaine quantité de force; quand le ressort est trop tendu, il se brise; pour faire la synthèse et établir l'équilibre, il faut modérer l'impétuosité de quelques élans particuliers et cultiver davantage des aptitudes et des instincts plus faibles; ainsi on atteindra au juste milieu; ou, si l'on veut développer plus particulièrement une faculté exceptionnelle, un penchant marqué ou une disposition spéciale, afin de leur faire produire tout ce qu'ils renferment en eux, ce ne sera jamais qu'aux dépens de tout le reste, c'est-à-dire qu'on aura formé un talent, peut-être rare et original, mais trop exclusif, et qu'une face de la nature humaine sera démesurément grandie, tandis que toutes ses autres parties risqueront de s'atrophier ou de devenir malades. Ainsi il faudra choisir et se décider à former un être éminent dans son genre, mais médiocre dans tous les autres, ou produire un homme d'une santé parfaite et robuste et d'une intelligence moyenne, mais également bien développée dans toutes ses parties, et d'une nature singulièrement forte et pondérée; on ne saurait aller plus loin. Nous devons donc nous résoudre à préférer ou l'extrême intensité d'un génie particulier, ou l'égale et complète médiocrité de toutes les capacités de l'individu.

La nature a fait paraître sur cette terre tout ce que son génie, son art et ses efforts pouvaient produire de plus excellent, et l'homme est le couronnement d'une œuvre qu'elle ne surpassera plus ici-bas; mais il y a d'autres planètes, et, dans cette question de la pluralité ou plutôt de l'infini des mondes habités, j'incline à croire qu'il y a un nombre immense d'astres qui servent de séjour à une grande quantité d'êtres vivants dont beaucoup sans doute nous sont supérieurs. Plus un monde est vaste et considérable, plus les espèces et les races sont remarquables par leurs facultés et éminentes par leur génie. Là aussi les combinaisons sont infiniment variées, inattendues et surprenantes; c'est un spectacle qui nous ravirait d'admiration et nous frapperait en même temps d'étonnement, de stupeur et d'épouvante, par son énormité monstrueuse et sa sublime grandeur; mais là aussi il y a des bornes que ne saurait franchir la disposition la plus savante des éléments naturels combinés et des simples molécules de la matière divisée à l'infini. Ce que nous observons dans la cosmogonie, nous le retrouvons également dans l'anthropologie.

Le chaos de l'enfance s'organise dans la jeunesse, et tout un monde s'y forme peu à peu; le soleil commence à luire et à chauffer; le feu intérieur s'est modéré; l'air souffle; la pluie tombe, et les eaux coulent; le bon grain est semé; les moissons poussent, et la récolte va se faire, permettant de traverser l'automne et l'hiver et d'attendre le retour du printemps et de la belle saison.

Plus la nature de l'homme est riche et généreuse, plus son génie éclate, plus le noble soleil qui est en lui illumine et brûle ce qui l'entoure, plus ses semblables l'évitent d'abord avec crainte et fuient cette chaleur torride qui menace de tout consumer; chacun veut échapper aux effets de cette lumière éblouissante dont il lance partout les traits puissants; et cela dure jusqu'au jour de la moisson; à ce moment l'humanité, affamée de nourriture, comprend soudain pourquoi l'astre radieux et inexorable tenait son divin flambeau allumé avec une constance si admirable; la récolte se fait, et la race humaine, émerveillée, bénit enfin le dieu qu'elle insulta d'abord. Telle est la destinée du génie; tel est le sort de chaque homme, car nous faisons tous malgré nous quelque chose d'utile à l'humanité.

Nous devons tous mourir, même les meilleurs d'entre nous, mais il y en a d'autres pour nous remplacer; personne n'est indispensable; les choses suivent leur cours; d'excellents cœurs et des génies éminents sont là, déjà tout prêts à recueillir le lourd héritage qui leur est destiné. Ainsi va le monde.

Voilà le cercle que nous décrivons, et l'univers et la nature avec nous.

Chaque être est un petit univers, et l'univers n'est qu'un être immense, formidable, infini et tout-puissant.

L'humanité gravit une haute et raide montagne aux nombreux plateaux superposés; tout en bas se presse et s'agite la foule, que divers obstacles empêchent de tenter l'ascension; plus ils montent, et plus les hardis pionniers voient leurs rangs s'éclaircir; ceux qui parviennent plus avant sont tout surpris d'être si clairsemés; enfin un grand homme atteint seul à la cime; il touche au fier sommet, errant au sein des solitudes; le paysage qui se déroule à ses pieds est d'une splendeur admirable et merveilleuse; la vue s'étend à l'infini, et ce spectacle grandiose et sublime transporte son âme d'enthousiasme, ravit d'extase son esprit, émeut profondément son noble cœur, attendrit tout son être et lui arrache des larmes de reconnaissance et de joie. Ce lieu charmant et superbe le séduit singulièrement et flatte en secret ses désirs les plus chers.

C'est là le doux climat qui sied à sa nature; c'est là ce beau pays qu'il aperçut en rêve et qu'il choisit pour sa patrie; c'est là qu'il se décide à fixer son séjour; c'est là que son génie enfin se sent à l'aise; c'est là qu'il devient fort pour mûrir ses desseins et qu'il va récolter les fruits de son labeur.

La haute intention de la grande nature, le but mystérieux de ses plus longs efforts, c'est de faire un ouvrage aussi puissant que beau, quelque chose qui soit bien digne d'elle-même; cet immortel travail, parfait autant qu'illustre, le plus rare fleuron de sa riche couronne, c'est l'homme, son enfant, son amour et son rêve. Ce dernier, à son tour, veut prêter témoignage et rendre un solennel hommage à la puissance de l'altière déesse en qui sa foi repose.

L'arbre des fiers sommets, la tête la plus haute est de toutes la plus exposée à l'orage; le génie étonnant et simple du grand homme doit, à force d'amour, se consumer lui-même; un beau jour le héros est frappé par la foudre, et, brûlant tout à coup comme une torche ardente, flambeau vivant, éclaire au loin l'humanité; ce soleil éclatant, tel un grand feu de joie, fait briller en traits d'or le nom de la nature; elle se justifie en son plus noble ouvrage.

Le Rhin sort du lac de Constance en un mince filet d'eau et se jette dans la mer du Nord par six bras énormes.

Tout est lente métamorphose; l'horrible chenille paraît s'ensevelir vivante et devient chrysalide; elle demeure immobile et se recueille durant de longs jours, jusqu'au moment où sa prison s'entr'ouvre pour livrer passage au brillant papillon. C'est ainsi que nous faisons tous, et chacun selon notre pouvoir, mais il y a chenille et chenille, et les papillons non plus ne se ressemblent point.

Lorsqu'on envisage les progrès que les sciences ont accomplis dans les derniers siècles, quelques découvertes et quelques inventions nous semblent surtout remarquables et attirent plus particulièrement notre attention, nous frappant d'admiration et d'étonnement.

L'une des plus importantes fut certainement celle de l'imprimerie dont l'influence a changé la face du monde; l'invention de la poudre à canon a également bouleversé le vieil ordre des choses, mais il faut peut-être accorder la préférence à l'imprimerie, car certains livres sont des coups de canon qui sont tirés sans cesse et qui portent plus loin que toute la mitraille de nos plus fameuses pièces d'artillerie.

Parmi les découvertes des temps présents, la plus extraordinaire sans doute, et qui produira les effets les plus considérables, est celle de l'aviation qui doit ouvrir à l'homme des horizons immenses et tout nouveaux.

Après elle, il y a l'invention des chemins de fer et celle des bateaux à vapeur, du télégraphe, du téléphone, de l'électricité, de la bicyclette et de l'automobile ; par tous ces moyens puissants l'homme ne cesse d'augmenter ses forces et d'économiser son temps.

L'aviation lui livre les airs dont il va devenir le roi véritable, et cette découverte me paraît être celle qui est destinée à exercer l'influence la plus considérable et la plus décisive sur les destinées de l'humanité.

Cette question avait occupé Léonard de Vinci, et, avant lui, elle avait intéressé déjà Dédale et son fils Icare.

Ainsi l'idée en est vieille comme le monde, et c'est sans doute en regardant voler l'oiseau que quelques hommes avisés ont senti naître dans leur esprit ce dessein audacieux et sublime.

Les plus grandes pensées sont les plus simples, mais ce sont les plus difficiles à exécuter. Voilà pourquoi nous n'avons pas encore complètement trouvé la solution d'un problème que le moindre volatile nous démontre victorieusement tous les jours.

Combien de hautes entreprises n'ont-elles pas tenté l'ambition et le génie humains ! Combien de projets et d'espoirs n'ont-ils pas germé déjà dans le cœur ardent de quelques grands hommes ! Plusieurs ont été réalisés par ceux qui les conçurent ; beaucoup d'autres ne le furent que par leurs successeurs, et les plus considérables peut-être ne le seront que par les meilleurs esprits des temps futurs.

Combien de héros et de demi-dieux ne voyons-nous pas lutter de tous leurs efforts pour contraindre la nature à se laisser arracher quelques-uns de ses secrets les plus importants.

Voici d'abord Héraclite, l'amant passionné du feu qu'il considère comme la source de toutes les choses ; puis vient Parménide, proclamant la prééminence du νοῦς ou esprit qui donne l'impulsion première à la matière et au chaos, et qui organise ainsi l'univers; ensuite paraît Démocrite, le grand zélateur de la mécanique qu'il regarde comme le principe d'après lequel se gouvernent la matière et les mondes; après lui s'avance Empédocle, le philosophe agonal et tragique, qui, proclamant la survivance du plus apte, ne voit partout qu'émulation et que lutte, et qui, désespérant d'animer l'humanité de la noble ardeur qui le transporte, se lance dans l'Etna pour y trouver une fin mémorable.

Plus tard nous voyons florir Pyrrhon, le sceptique endurci qui doute de tout ce que l'on a enseigné avant lui, le grand contempteur du monde, mais néanmoins si indulgent aux hommes et aux choses qui l'entourent. Ce fut là le devancier et le père nourricier de notre aimable et charmant Montaigne.

Chez les Romains, je ne vois guère que Lucrèce qui mérite d'occuper une place à part; cet illustre disciple d'Epicure nous a donné dans son beau poème « De la nature des choses », une explication admirable de l'univers et il a immortalisé ainsi le noble système de son grand maître.

Après lui l'esclave Epictète, le fier stoïcien, a rendu dans ses « Maximes » un immortel hommage au célèbre Zénon, et nous a laissé l'exemple d'une indépendance d'esprit et de caractère, d'autant plus rare qu'il était né dans une condition basse et obscure.

Dans les temps présents nous remarquons d'abord Descartes, le rénovateur de la science, le restaurateur de la logique et de la méthode et le père spirituel de la philosophie moderne; puis vient son disciple Spinoza, le fervent adorateur de la nature qu'il a déifiée dans son fameux panthéisme, transformant du même coup les débiles humains en des dieux vénérables. La philosophie de Spinoza est le chef-d'œuvre de l'optimisme, et elle a exercé une influence énorme sur beaucoup d'esprits bien faits de ces derniers temps.

Le grand Gœthe en est comme tout imprégné; son œuvre est foncièrement panthéiste et distille, par tous les pores, le plus robuste et le plus superbe des optimismes.

Beaucoup plus tard paraît Schopenhauer, admirateur convaincu de Platon et de Rousseau qui lui ont fait le plus grand mal; c'est le champion le plus résolu du plus lâche des pessimismes, mais il a démenti ses fausses théories par la manière dont il a vécu.

Les écrits de Schopenhauer sont pernicieux, et ils exercent une influence désastreuse sur l'humanité. Schopenhauer s'est servi du pessimisme pour modérer l'impétuosité de ses appétits fougueux et pléthoriques.

L'optimisme et le pessimisme ne sont que l'expression d'un rapport éphémère entre le monde et nous; ils sont comme l'échelle des degrés qui indiquent la température sur le thermomètre de nos passagères humeurs.

> Dans le malheur,
>   Endurance;
> Dans le bonheur,
>   Tempérance.

Une définition n'est qu'un calcul approximatif, fait d'un point de vue particulier. Ceci nous explique les erreurs de tant de grands hommes qui ont pris leurs fièvres pour des prophéties, leurs goûts changeants pour des vérités éternelles, et leur triste entêtement pour un principe universel; c'est ainsi qu'ils ont voulu ériger leurs folles visions en solides systèmes; ils n'y ont guère réussi, et il était impossible qu'une si vaine entreprise fût couronnée d'un succès durable.

Le dernier en date, le plus remarquable et le plus grand de tous les philosophes, c'est Nietzsche. Nietzsche caresse l'optimisme comme un homme qui ne veut pas mourir et auquel un beau désespoir apporte son suprême secours.

Nietzsche, c'est le Napoléon de la philosophie. Comme Napoléon, il attaque ses problèmes et ses adversaires par le centre et les coupe en deux.

Nietzsche est un grand poète dont le cœur a été meurtri par la vie et qui, pour échapper aux tourments qui le torturent, se réfugie dans un rêve démesuré.

Les deux plus grandes fiertés de Nietzsche, sa théorie du surhomme, ou esprit synthétique réunissant en lui toutes les sortes du génie humain possibles, et son principe du retour perpétuel, sont deux nobles utopies, deux erreurs généreuses, et les deux seuls points vraiment faibles d'une philosophie d'ailleurs admirable. Celle-ci, comme le colosse de Rhodes, s'appuie sur deux pieds d'argile.

Nietzsche tient ses regards constamment tournés vers la Grèce antique, avec la mélancolie d'un amant passionné et enthousiaste qui sait qu'il ne saisira jamais l'inaccessible objet de son immense désir. Grisé par le spectacle de cette jeune humanité dont l'enfance s'était écoulée parmi de beaux rêves, il s'imagine que ces songes exquis pourraient être plus magnifiques, s'ils étaient évoqués par une race plus saine et plus robuste encore, et dont toutes les forces seraient concentrées vers un but unique et sublime, dans une ardente soif de grandeur souveraine. Il oublie que les beaux rêves et que leurs douces extases sont le privilège exclusif de l'enfance, que ces images sont toujours délicates et fragiles, parce que les êtres gracieux et séduisants qui les forment sont de frêles et faibles créatures, que les visions de l'homme fait sont moins brillantes, et que désirer des songes charmants et virils à la fois, c'est vouloir une chose impossible.

Les rêves de l'âge mûr sont moins riants et moins délicieux que ceux de l'enfance, mais ils se rapprochent plus de la réalité.

Les choses ne se répètent pas littéralement, et surtout l'humanité ne produit jamais ensemble, dans le même degré de force et d'éclat, les qualités opposées et contraires de deux époques tout à fait distinctes; l'une ou l'autre de ces qualités sera plus faible, ou elles le seront même toutes à la fois.

Son principe du retour perpétuel n'est que de la métaphysique déguisée; c'est le rêve énorme et irréalisable d'un être qui a une conscience très claire de notre extrême débilité et des bornes étroites de notre nature, et qui aspire à se perpétuer parce que cette vie lui paraît trop courte pour lui permettre d'achever son œuvre.

Pour faire croître l'importance de l'homme, il diminue l'espace et le temps, et il resserre ainsi la matière dans un champ très limité; il amoindrit l'univers pour porter aux nues un être débile et misérable. Son dessein est noble, et l'exécution en est logique, mais comme, dans la mise en œuvre de ses idées, il part d'un principe qui n'est pas juste, il aboutit fatalement à une fausse conclusion. En effet, il nous propose l'immense et incontestable supériorité des anciens Grecs comme le canon de toute haute civilisation et l'impérissable modèle de toute valeur véritable, ou plutôt il prétend élever sur cette base un monument plus superbe encore.

Il constate d'autre part l'extrême petitesse et la médiocrité incroyable des temps actuels, sans proclamer assez haut toute leur vraie grandeur.

Pour asseoir plus solidement sa théorie du retour perpétuel, il est forcé d'ailleurs de rabaisser l'univers et la matière et de ravaler la nature ; en bouleversant les mondes et en renversant l'ordre logique des choses, en grandissant ce qui est petit pour rapetisser ce qui est grand, il fait œuvre de poète excentrique ; il semble qu'il lui manque encore cette pondération parfaite et cette douce gravité du sage accompli, autant que cette calme et belle sérénité du penseur, sûr de lui-même et qui a appris à se modérer jusque dans ses moindres écarts. Nietzsche commençait à peine à mûrir, et il est bien dommage qu'un mal funeste nous l'ait arraché si tôt et l'ait empêché de mettre la dernière main à son ouvrage.

Il n'a essayé que deux fois d'envelopper ses adversaires, en les tournant par les ailes, et son entreprise ne me semble pas avoir été couronnée de succès en cela ; d'abord, en inventant son surhomme ou génie synthétique ; il a fait là du théomorphisme, c'est-à-dire qu'il a voulu donner à l'homme la forme et la figure d'un dieu, et il a essayé d'y parvenir dans son Zarathoustra ; ensuite, en proclamant le retour perpétuel des choses ; ceci est une sorte d'immortalité masquée ; c'est donc tout simplement de la métaphysique.

Nietzsche est le génie philosophique le plus profond, le plus grand penseur synthétique et le plus beau poète, et le plus étonnant, de tous les peuples et de tous les temps.

Ces deux propositions excessives, ces deux principes exagérés ne font que des taches légères dans une œuvre magnifique. Il se laisse emporter un moment par la force d'une imagination puissante vers deux extrêmes démesurés, mais le corps principal de ses hautes conceptions est d'une vérité frappante et d'une splendeur merveilleuse.

Son œuvre est un torse magnifique ; c'est une statue superbe et d'un jet admirable, bien que le sujet principal en soit resté inachevé.

A la beauté de l'œuvre on juge de la grandeur de l'ouvrier.

Personne n'a remué plus d'idées ni de plus importantes que Nietzsche. Nietzsche, c'est un volcan en éruption. Nietzsche, tout comme Napoléon, c'est le Prométhée et le Philoctète des temps modernes.

Chez Nietzsche une vive imagination et une sensibilité excessive poussent souvent l'esprit vers les extrêmes.

On peut appliquer à Nietzsche cette belle pensée de Galiani : planer au-dessus et avoir des griffes, voilà le lot des grands génies.

S'il avait continué à vivre, de quels traits de génie n'eût-il pas orné et embelli encore ses écrits immortels ! il nous eût légué sans doute une œuvre de tous points accomplie.

Il nous a été enlevé trop tôt ; cette pensée m'arrache des larmes et me rend inconsolable.

C'est en pensant à ce grand esprit et à ce noble cœur, à cet homme admirable, que je considère comme le plus grand et le meilleur des maîtres, que je termine la première partie du présent livre et que je m'écrie : *Excelsior, semper excelsior !* Plus haut, toujours plus haut !

Pour finir, je renferme ici la conclusion des précédents chapitres dans le poème suivant :

La Barque sur l'Océan.

Pauvre mortel, ta liberté superbe
Est plus chétive qu'un brin d'herbe.
L'homme est comme la barque au fort des océans,
Toujours à la merci des ondes et des vents.

Voyez-vous ce canot qui glisse au sein des vagues?
Deux bons marins sont là, transis et ruisselants;
L'un meut les avirons avec des gestes vagues,
L'autre au roide timon tient fixés ses bras lents.
Ils s'efforcent tous deux d'atteindre dans leur course
Un point de l'horizon, perdu dans le lointain.
Confiants dans le ciel, leur suprême ressource,
Ils luttent sans faiblir depuis le grand matin.

De ces deux nautonniers le second est la tête,
   Le premier est le cœur;
L'un est cette raison qui doucement s'entête,
Et l'autre, l'appétit, monstre à l'instinct vainqueur.

  Mais la tempête se déchaîne;
  Comme un tigre brise sa chaîne,
  En rugissant elle bondit.
La mer est démontée et rit de leur vaillance,
Et la fureur des vents hâte leur défaillance,
  Et le péril d'heure en heure grandit.

  En vain leur courage s'efforce
De vaincre en ce combat; que peut leur seule force
Contre l'élan terrible et des flots et des airs?
Ils résistent encor; mais la mer les emporte,
Et le frêle esquif roule où le courant le porte,
Battu par l'ouragan et sillonné d'éclairs.
La nef mélancolique, errant à l'aventure,
Et livrée au courroux de l'immense nature,
Flotte longtemps au gré du féroce aquilon;
Elle glisse pourtant sur la face des ondes.
Les cieux qu'elle a quittés, au sein des eaux profondes
Se sont évanouis, et le voyage est long.

Où va-t-elle aborder? enfin voici la terre;
Elle y touche; elle trouve un abri salutaire
  Au fond d'une anse solitaire
Qui l'arrache soudain au dieu sourd qui lui nuit.
C'est dans ce port étroit qu'elle se réfugie;
  Nul feu n'y luit; ni phare, ni vigie;
Nul roi n'y voit dresser sa superbe effigie,
Et c'est là qu'elle passe une première nuit.

  Quels sont ces lieux? elle l'ignore;
Ah! ce n'est point l'endroit qu'en secret elle honore,

Où son génie espérait atterrir,
Et son âme saignante et lasse,
Où le sort a déjà posé sa main de glace,
Se sent triste à mourir.
Cependant, dès demain poursuivant son voyage,
Elle s'en va rêver de toucher au rivage,
Objet suprême de ses vœux.
L'aube à peine blanchit; la course recommence ;
La mer paraît tranquille, et, sûr de sa clémence,
Le marin confiant a crié : je le veux.

En marche donc, et brûlons l'étendue ;
En marche, et bon espoir ; la voix soit entendue :
Le ciel, d'heureux hasards, les éléments calmés,
Tout favorise enfin la grande traversée.
Je vois à l'horizon briller dans la rosée
La côte qui surgit à mes regards charmés.

Mais cette course aussi n'est qu'une simple étape ;
C'est une courte halte ; il faut que l'on rattrape
Le temps qu'on a perdu ; nous languissons encor ;
Et notre ardente soif qui n'est pas apaisée,
Des aspirations plus hautes, la pensée
Qu'il convient d'embrasser dans un lointain décor
Quelque objet qui mérite un surcroît de tendresse,
Un secret sentiment dont l'orgueil nous caresse,
Tout nous invite à fuir un si lâche repos.
Pleins de force et de foi, rêvant d'une autre rive,
Nous poursuivons toujours la gloire où nul n'arrive,
Comme un noble soldat qui meurt sous les drapeaux.

L'homme ne finit point son voyage, et la vie
Sans cesse excite en lui quelque nouvelle envie ;
L'œuvre, née à l'instant, d'une autre œuvre est suivie.
Il ne peut fixer l'ancre à son dernier séjour ;
A de plus fiers lauriers son cœur plus fier aspire ;
Rien ne le satisfait, pour autant qu'il respire ;
La mort seule le garde en son muet empire ;
Ainsi nous allons tous, vivant au jour le jour.

Débile humain, la liberté superbe,
Aussi chétive qu'un brin d'herbe,
Est pareille à la nef au sein des océans,
Toujours à la merci des ondes et des vents.

DEUXIÈME PARTIE

CONSIDÉRATIONS ESTHÉTIQUES

Incessu patuit dea.

O ciel pur et profond, abîme de lumière,
Je te vois et frémis d'une divine ardeur.
Me plonger dans ton sein, voilà ma profondeur;
Vivre en ta pureté fait ma candeur première.
    (Ainsi parla Zarathoustra.)
                                NIETZSCHE.

CHAPITRE XXIV

De la naissance de la musique ; de la langue universelle et des premiers discours des hommes.

HYMNE A L'AURORE

Sur la naissance de la Musique et de l'Amour.

Quand parfois j'erre au sein des calmes solitudes,
Dans l'épaisse forêt, indulgente aux études,
Ou par l'affreux désert où le monde est sans voix,
    Au haut des roches isolées ;
Sur les sommets neigeux des Alpes désolées,
Ou sur la vaste mer, qu'au beau soleil je vois

Rider son front d'azur, ou qui, dès qu'elle tonne,
Défie avec orgueil la tempête d'automne
      Et précipite sa fureur ;
Quand je reste muet devant ces grands spectacles,
Que je retiens mon souffle au milieu des obstacles
      Et que j'écoute avec horreur ;

Quelle est cette voix d'or qui tremble dans l'espace ?
Ce chant mystérieux d'un tendre oiseau qui passe
      A l'horizon lointain ?
Est-ce l'hymne amoureux de quelque noble femme
Qui confie au soleil le bonheur que son âme
      Respire au doux matin ?
C'est le cantique saint que murmure sa joie,
Tandis qu'au ciel moins noir le roi du jour rougeoie
      Et verse à flots son noble sang.
Un son suave et clair flotte encor sur la cime,
Lorsqu'un cri part du gouffre, où la mort nous décime,
      Sombre, rauque, retentissant.

La voix prodigieuse ébranle cent rivages,
Et remplit l'univers de ses concerts sauvages,
      Et monte audacieusement
Marier son orgueil, que l'oreille devine,
A cette humble chanson, ineffable et divine,
      Qui s'interrompt pour un moment.
C'est comme un grand duo, grave à la fois et tendre ;
Le voyageur surpris s'arrête et croit entendre
      Quelque titan déchu gémir.
Dans l'antre ténébreux le géant se lamente,
Tandis que des sommets la voix d'or de l'amante
      Glisse au cœur qu'elle fait frémir.

A cet appel répond la forêt qui murmure ;
Le vent s'enfle, et soudain frissonne la ramure
      Du chêne antique et du bouleau ;
On voit dans le grand parc s'animer les vieux arbres ;
L'air s'émeut, et déjà se réveillent les marbres
      Qui mirent leur beauté dans l'eau.
Le rossignol médite aux bosquets pleins de rêve,
Cependant qu'au désert un bruit sourd rompt la trêve
      Qu'impose au loin le sphinx muet.
Une vague rumeur vibre au cœur de la roche ;

A ce signal mugit le pic géant tout proche
    Où le cyclope remuait.

L'aigle crie, et l'insecte en bas bourdonne et rôde
Sur le roc qui s'échauffe, et le lac d'émeraude
Baise le sein d'argent du pâle nénuphar.
L'océan formidable, au front crépusculaire,
Fait éclater là-bas son immense colère,
    Sans mensonge et sans fard ;
Et, pendant que la mer bruit et rit ensemble,
Et des flots fait blanchir l'écume qu'elle assemble,
    Et montre un œil serein,
L'inconstant albatros, ivre d'espace, vole
Et jette son cri sec ; mon cœur, libre et frivole,
    Poursuit en paix son rêve souverain.

Mais la voix du titan redouble alors de force,
Et l'aveugle appétit des ténèbres s'efforce
    D'user le frein mis à sa passion
Par le ferme pouvoir d'une raison puissante.
Debout, le roi des nuits assiste à la descente
De la reine du jour, que sa compassion,
De degrés en degrés, mène jusqu'à la terre.
La déesse a chanté son hymne solitaire,
    Et le monstre s'est tu.
Tout à coup il s'arrête, et, confus, la regarde
Et suit d'un œil ardent cette splendeur, qui garde
    De toute offense sa vertu.

Il tremble, en contemplant cette beauté suprême,
Et, vaincu, tombe aux pieds de la vierge qu'il aime
    Comme un doux animal.
Aussitôt l'univers et tout ce qui respire
D'un sentiment nouveau subit le fier empire
    Et guérit de son mal.
Une bouillante ardeur le poussait à la guerre,
Mais la haine farouche, où tous vivaient naguère,
    Fait place aux plus tendres désirs.
Partout règnent d'accord et l'ordre et l'harmonie,
Et chacun, dans le rêve et la joie infinie,
    Se livre en paix au plus doux des plaisirs.

Voilà les impressions tumultueuses qui avaient dû assaillir, en face de la nature toute-puissante, ces Pélasges naïfs, premiers habitants de l'Hellade bénie, et qui, pour répondre à la grande voix qui s'adressait à eux, n'avaient encore aucun langage régulier et ne savaient exprimer fortement ce qu'ils ressentaient qu'en poussant de longs cris inarticulés et sauvages.

Que leur disait cette haute déesse, à la fois douce et terrible, formidable et charmante? Quelles vérités redoutables avait-elle à leur révéler? Quels tendres secrets confiait-elle à leurs oreilles ravies, dans les mystiques nuits où brillait la lune merveilleuse?

Deux êtres différents leur parlaient tour à tour; ils entendaient deux voix, la basse et puis la haute, l'une grave et sévère, l'autre indulgente et douce, la première pleine de déchirements et d'horreur, la seconde respirant un charme délicieux.

En se regardant et en s'interrogeant d'un peu plus près, ils reconnaissaient bientôt que ces deux hymnes si divers, ces deux chants souverains, régnant dans la nature, vibraient aussi dans leur poitrine et la remplissaient tour à tour de tristesse ou de bonheur. Les deux grandes voix divines, oh! qu'ils les comprenaient bien, et comme ils connaissaient parfaitement les deux déesses immortelles à qui elles appartenaient; l'une, la Douleur, aux longs habits de deuil, avec son front tragiquement penché, son visage éploré, ses lourds cheveux épars, la bouche amère et le cœur tout sanglant, ses belles mains crispées, l'œil vitreux, morne et fixe, sa pose hiératique, son corps comme figé, froid et sans vie dans la même attitude, et n'avançant qu'à peine à pas lents et sans bruit, comme le spectre de la mort.

Oui, c'était bien là cette vieille et fidèle amie qui les avait visités si souvent.

Et l'autre, la Joie! la reine des jours sereins, la déesse au tendre sourire, aux francs regards, toujours clairs et brillants, aux cheveux bien peignés, à la torsade artistement tordue, aux traits calmes et reposés, tenant sa tête droite et montrant un front lisse, et qui marchait d'un pas vif et rapide, et tendant à chacun sa généreuse main, dans sa robe bien large, aux tons frais, clairs et gais, qui flottait sur ses pas avec un bruit de fête, des fleurs dans son chignon, des fleurs dans son corsage. Oui, celle-là aussi ils l'avaient aperçue plus d'une fois qui se dirigeait vers eux en chantant d'une voix ravissante, et ses chères mains pleines d'offrandes précieuses ; oh ! oui, ils l'aimaient également, la déesse des doux propos qui ne leur avait jamais apporté que félicité et qu'allégresse !

Ils les adoraient et les vénéraient toutes les deux comme leurs divinités naturelles, leurs plus anciennes amies et leurs mères sacrées.

Tout pleurait dans leur cœur, tout chantait dans leur âme.

La nature était un immense orchestre dont la symphonie prodigieuse et sublime leur arrachait des larmes ou des cris de bonheur.

Et, eux-mêmes, n'étaient-ils pas aussi comme un véritable orchestre vivant qui sanglotait et chantait tour à tour ?

Autour d'eux et près d'eux tout n'était que musique ; tout n'était que musique à leur âme sincère.

Quand l'univers parlait, ils savaient le comprendre ; s'ils parlaient à leur tour, l'univers répondait ; les voix de la nature et leur haute harmonie étaient le vrai langage qu'ils entendaient le mieux ; leurs chansons et leurs cris étaient la langue unique et le mâle idiome qu'ils parlaient tous éloquemment. Quand les tourments gonflaient leur robuste poitrine, ils hurlaient de douleur et se frappaient le sein ; quand la joie emplissait leur cœur inassouvi, ils chantaient de bonheur, riant comme des dieux.

Tout n'était qu'harmonie sur la terre vibrante ; tout n'était qu'harmonie en leur âme sonore ; charmés par tous ces bruits qui flottaient dans l'espace, ils imitaient d'instinct la nature immortelle ; pour reproduire mieux ces sons et ces nuances qu'ils percevaient partout dans l'air mélodieux, du jonc des fins roseaux, un jour, ils essayèrent de tailler, de leurs doigts inhabiles et lourds, un chalumeau léger aux ouvertures rondes, que faisait soupirer un art mystérieux, et soufflant leur haleine au cœur du bois divin, tout à coup s'éleva dans les prés attentifs, émus, silencieux, un chant aérien, ineffable et suave, et ces hommes naïfs, amants de l'harmonie, frappés d'un saint respect, célébrèrent, reconnaissants, leur maître et leur ami, leur bienfaiteur, le grand dieu Pan.

> Ensuite, transportés d'un plus noble délire,
> On les vit inventer le doux luth et la lyre
> Dont les savants accords, ou graves ou joyeux,
> Charmaient leur solitude innocente et sacrée ;
> Et les sons merveilleux, sous la main qui les crée,
> Baignaient dans la beauté leur cœur insoucieux.

C'est l'époque où naissent les premiers hymnes qui charmèrent l'oreille des Grecs, et c'est alors que brillèrent d'un si vif éclat les Alcée, les Tyrtée et les Orphée dont les siècles suivants prononcent encore le nom avec admiration et avec respect.

La musique est donc la première langue des hommes, parce qu'elle est la grande voix qu'ils entendent partout dans la nature et dans l'univers.

La musique est l'essence même du monde, car elle est au fond des êtres et des choses ; la musique est la source de tout langage et elle est l'expression des premiers discours de la race humaine.

Tout est musique dans l'immense univers ; tout est musique au faible cœur de l'homme.

CHAPITRE XXV

De la naissance de la poésie du sein de la musique ; de l'épopée, du poème lyrique et de la tragédie.

Les premiers hommes ne bégayèrent que des sons confus et simples, et ne balbutièrent que des chants naïfs et grossiers ; mais, peu à peu, leurs grands inspirés, les esprits prophétiques, découvrirent le moyen d'imiter la nature, et ils inventèrent bientôt des instruments pleins d'éloquence, et formèrent des mots sonores et des images colorées, au rythme souple et harmonieux. On trouva et on créa ainsi, lentement, et par degrés successifs, une langue noble et forte, et d'une richesse d'expression admirable; la poésie était née. Chacun parlait en vers, et le plus naturellement du monde, et la moindre parole était mélodieuse. Ces êtres contemplatifs, qui se livraient à des travaux si calmes, et dont toutes les occupations se passaient tranquillement, n'avaient rien qui les pressât; il leur restait le temps nécessaire à se créer d'agréables loisirs, favorables aux longues et douces méditations. Ils regardaient sans cesse devant eux ou en eux-mêmes, et s'imprégnaient les yeux et le cœur de l'objet de leurs naïves admirations. C'étaient des visionnaires et ils avaient l'œil du peintre; l'un des leurs, qui était heureusement doué et plein de talent, s'avisa un beau soir d'improviser le récit de ce qui l'avait frappé le plus fortement durant la journée, et raconta simplement à ses compagnons, rassemblés et assis autour de lui au sortir de leur labeur, tout ce qu'il avait observé de remarquable pendant une longue suite d'heures, et il y ajouta naïvement tout ce qu'une vive fantaisie lui avait inspiré de plus beau. Il mêla dans ses inventions toutes les forces de la nature et les actions les plus merveilleuses des héros et des demi-dieux.

Ce fut la première épopée, et les auditeurs reconnaissants s'en montrèrent ravis et heureux.

On recommença et on continua longtemps ainsi, lorsqu'un jour apparut un génie sublime, — il s'appelait Homère, — qui inventa et recueillit des récits magnifiques et immortalisa le genre où il s'était si glorieusement essayé.

Un autre grand poète de cette époque, Hésiode, fut l'émule d'Homère et composa les *Travaux et les Jours*, ouvrage du genre didactique, dans lequel il chanta les occupations des champs et célébra les bergers et les laboureurs. Ce fut le poète démocratique et populaire, tandis qu'Homère, en illustrant les aventures fameuses des héros et des demi-dieux, avait été celui de la noblesse et de l'oligarchie.

C'est ici que se manifeste pour la première fois d'une façon éclatante ce noble principe de l'émulation ou de la joute pacifique, qui inspire les plus beaux génies et leur fait accomplir de si grandes choses. La Grèce décerna la palme à Homère.

C'est l'époque où le lait et le miel semblent si doux et où, aliments divins et délicieux, on les voit couler partout en nappes abondantes.

Dans la suite, l'éveil des passions, les jalousies, l'émulation, l'envie, l'amour, les haines, les guerres, toutes les félicités et toutes les misères personnelles des hommes firent de chaque être un individu distinct et comme un petit univers particulier et bien à part; chacun sentit davantage pour soi, d'une façon plus égoïste, et plus fortement que jadis ; on devint exclusif et pathétique, et la poésie se mit à exprimer toutes les pensées, tous les sentiments, toutes les sensations qui remplissaient l'âme d'un unique acteur, d'un seul héros, le poète lyrique. La vie intérieure, — celle du cœur, — prit dans la littérature une place plus importante au détriment de la contemplation méditative des choses, de la description de la nature, de la peinture de la vie extérieure, en un mot au désavantage de l'antique épopée.

Archiloque fut le grand créateur et l'interprète éloquent d'une manière toute nouvelle ; grâce à son art accompli, il y acquit une maîtrise et une célébrité extraordinaires et il n'a jamais été surpassé dans le genre où excella son beau génie.

A ce moment, on commence à cultiver la vigne et à prendre goût à la puissante liqueur que l'on tirait du raisin.

Plus tard, enfin, l'extension des rapports entre les peuples, l'échange plus actif des produits naturels du sol, les intérêts grandissants, les jalousies des cités rivales, l'apparition plus nombreuse des étrangers, et d'autres causes encore et d'ordres différents, commencèrent à compliquer les relations et la vie, et à leur donner un certain caractère d'agitation et de trouble. La pureté et l'excellence des mœurs déclinèrent rapidement ; ce qui parut intéresser le plus dans les vieilles épopées, ce furent les histoires tragiques et les épisodes sanglants où il était question de mauvaise foi, de tromperies, d'infidélité conjugale, de luxure, de concubinage, de fornication, d'inceste, de meurtre, de parricide et de crimes horribles et de toute espèce. La lutte des appétits et le conflit des passions deviennent violents et tumultueux ; on n'entend plus que lamentations et que sanglots, que cris de fureur et de désespoir ; on ne voit partout que larmes et que sang répandus.

C'est qu'un dieu puissant et cruel, venu des Indes, et né dans cette Asie somptueuse et féroce, qui mêlait le sang à la volupté et à l'amour, a paru sur le sol de la patrie ; c'est qu'il a fait son entrée triomphale en Europe et qu'il traîne à sa suite la folle Grèce tout entière. Tous veulent l'adorer, et chacun court le voir. C'est le noble Bacchus, protecteur de la vigne et le dieu du raisin, fils de Jupiter, roi des dieux, et de Sémélé, déesse de la terre. Il paraît, entouré d'un superbe cortège, nonchalamment couché dans un char magnifique, traîné par de grands tigres et de belles panthères ; son front, jeune et charmant, est gracieusement couronné d'un pampre vermeil, à l'œil clair et brillant, à la chair diaphane ; le gros Silène, son père nourricier, paraît à côté de lui, monté sur un âne, la face épanouie par un large sourire ; et tous deux vident lentement une coupe pleine de vin ; ils avancent, suivis par une troupe échevelée de femmes furieuses qu'on appelle Ménades ou Bacchantes ; celles-ci sont conduites par Vénus Astarté, la déesse redoutable des sanglantes amours.

L'incursion victorieuse de ce conquérant et de ce triomphateur, et la propagation rapide de la culture de la vigne en Grèce, la soif ardente du breuvage puissant fourni par le raisin, la grande naturalisation accordée à la Vénus asiatique, tout cela causa dans les mœurs de la Grèce une révolution soudaine et profonde. Les débauches du vin et de l'amour, les orgies brutales de la chair et des sens engendrèrent toute sorte de crimes et d'horreurs ; il est vrai qu'on se ressaisissait aux heures sobres qui furent toujours les plus nombreuses, et qu'on évita soigneusement de tomber dans la basse crapule ; on vénérait alors et on sanctifiait le symbole sacré de l'acte de la génération ; on en comprenait le sens allégorique, personnifié dans Bacchus, le dieu au double visage, dont la vie et la mort étaient les deux images frappantes. Le dieu, mis en pièces et déchiré par les

Ménades, renaît l'année suivante, plus robuste et plus beau.

Bacchus, c'est le raisin écrasé dans la cuve par le vigoureux vigneron, et qui repoussera plus jeune et plus splendide à l'automne prochain.

Mais malgré ces retours à leur naïf passé, en dépit du besoin d'une douce innocence, le grand mal avait fait son œuvre, et le poison funeste, apporté de l'Asie, s'était insinué dans les veines des Grecs. L'ivresse faisait naître la folle fantaisie et les libres propos, mille saillies piquantes, mille fortes plaisanteries, et les brocards spirituels, et les invectives grossières, toutes les réparties vives et imprévues, inspirées tout à coup par l'imagination la plus licencieuse et la plus effrénée.

De ces graves écarts jusqu'au parler tragique, de ce simple conflit des mots au noble dialogue en vers majestueux, il n'y avait désormais plus qu'un pas unique à faire ; cette distance, on la franchit, et l'abîme fut comblé.

C'est alors qu'apparurent Thespis et son char légendaire, chargé de vendangeurs, qui remplissaient les airs de leurs rires sonores ou de leurs tragiques fureurs.

C'est ainsi que naquit l'altière tragédie.

L'heure des plus grands génies, celle des poètes tragiques, vient enfin de sonner.

C'est à ce moment que paraît Eschyle, le premier et le plus cher nourrisson de Melpomène, l'amant passionné et l'interprète prodigieux des mythes redoutables qui hantaient la mémoire de tous les Grecs civilisés. C'est lui qui écrit les *Perses*, ce panégyrique éloquent des victoires inespérées de Platée et de Marathon et de la gloire immortelle de ses héroïques compatriotes ; c'est lui qui compose *Prométhée* et *l'Orestie*, ces purs chefs-d'œuvre d'une inspiration si haute et d'un enthousiasme si sincère, et où le noble amour du beau atteint à une sublimité étonnante. J'aime surtout son *Prométhée*, où le défi orgueilleux du titan farouche brave sans faiblir et avec une constance superbe la force aveugle de l'inexorable Destin. Quelle haute école d'héroïsme, et quelle admirable leçon de courage et de vertu. C'est bien là le poète divin à l'instinct tout-puissant, dont chaque tragédie est un miracle de génie, de force et de grandeur. Chez lui l'élément dionysien l'emporte sur l'apollinien.

Puis vient Sophocle, artiste plus accompli, d'une forme plus achevée, où l'ordre, la mesure, la politesse, l'élégance, l'harmonie, le goût sont les plus parfaits qui se puissent concevoir, et dont toutes les parties sont si bien proportionnées et équilibrées, qu'il est demeuré le modèle inimitable de tous les peuples et de tous les siècles, d'une pondération incroyable, et d'une beauté si merveilleuse que son œuvre extraordinaire excitera toujours la surprise et l'admiration.

Quels chefs-d'œuvre immortels que l'*Œdipe-Roi*, où la fatalité implacable du Destin, Μοῖρα, qui écrase l'homme, et auquel les dieux mêmes sont soumis, est peinte d'une manière si saisissante ; l'*Œdipe à Colone*, ce cantique suave de la piété filiale la plus touchante, si rempli d'une noble et douce résignation, et transfiguré par une vision si pure de ce calme au delà qui apparaît dans le lointain, comme le port suprême et ardemment souhaité, et une autre terre promise ; *Antigone*, l'hymne vainqueur de l'amour fraternel, et la suave élégie de l'amour humain et profane, d'une conviction si profonde et si ferme, avec ses péripéties émouvantes, ses revirements soudains, son dénouement fatal et impitoyable et sa catastrophe foudroyante ; *Électre*, ce que Sophocle a fait de plus vigoureux et de plus fort, l'apologie du parricide et de l'amour filial outragé, d'une impression terrible, et où le sentiment de l'horreur tragique touche à son comble et produit l'effet le plus terrifiant de tout le théâtre antique ; *Philoctète*, l'hymne du dévouement et du sacrifice, où la victime, qui s'immole au bien-être des autres, se précipite elle-même dans un abîme de misères. Sophocle est le grand poète qui mêle à la tragédie une philosophie modérée et une sagesse parfaite. Les éléments dionysien et apollinien sont en lui d'une force égale.

Enfin apparaît Euridipe, qui introduit au théâtre sa logique souveraine et sa dialectique imperturbable ; la réflexion triomphe ici de l'instinct, et la science opprime et étouffe presque complètement l'art. Ce n'en est pas moins un génie immense dont les

Bacchantes, l'*Alceste*, l'*Hippolyte* et la *Médée* sont de véritables chefs-d'œuvre. J'avoue que j'ai une préférence marquée pour *Médée*, qui est d'une puissance prodigieuse et certainement ce qu'Euripide a écrit de plus terrible et de plus tragique. *Médée* est l'apologie de l'infanticide et de l'atroce vengeance de l'épouse trompée et abandonnée. C'est la plus moderne des pièces du moderne Euripide, qui est partout le grand avocat de la raison éloquente. Chez lui l'élément apollinien l'emporte définitivement sur le dionysien; la décadence est complète, et l'art tragique grec est irrémédiablement condamné.

L'ère tragique est l'époque de la culture la plus intense de la vigne et d'un amour très marqué du breuvage enivrant qu'elle fournit. On apprit d'abord à se griser consciencieusement, mais plus tard on s'avisa de tremper d'eau un vin trop généreux.

On n'y en mit pour commencer qu'une faible quantité; c'est le moment où florit Eschyle. Ensuite le vin et l'eau furent mêlés dans une égale proportion; c'est la période où brille surtout le génie sophocléen; enfin l'eau domina, avec la froide raison et la grande sagesse, mises à la mode par Euripide, dans les temps qui suivirent. C'est l'heure où il est surtout honoré, et où son génie plus réfléchi se développe magnifiquement, et triomphe sans contestation de celui de ses grands devanciers et de ses rivaux les plus illustres.

Ces trois périodes fameuses où le vin se prend d'abord pur, où on le trempe ensuite, pour finir par ne boire que de l'eau rougie, correspondent assez exactement aux trois âges différents de la vie humaine, à la jeunesse, à la maturité et à la vieillesse.

Avec Euripide et les grands esprits, ses contemporains, le siècle de Périclès brille d'un éclat extraordinaire et nous inspire encore la vénération la plus sincère et la plus légitime.

L'époque tragique est la plus belle et la plus glorieuse de toute l'antiquité grecque; l'art et la vie y atteignent à la perfection la plus grande, et se proposent eux-mêmes comme un exemple immortel à l'humanité tout entière, qui contemple avec admiration et amour ces monuments impérissables du génie le plus étonnant et de la beauté la plus accomplie

CHAPITRE XXVI

Sur Homère.

Le nom d'Homère n'est sans doute qu'un nom collectif et générique ; c'est probablement celui du poète qui créa l'épopée, mais on ne saurait rien décider à cet égard. Homère peut être aussi bien le nom de celui qui réunit le premier les diverses rhapsodies dont l'épopée homérique est formée ; enfin, il se pourrait aussi que celui, qui rassembla pour la première fois les différents récits des vieilles légendes grecques, voulût payer un tribut de gratitude au poète, qui avait inventé le genre et légué son nom illustre à une sorte de poésie cultivée avec succès après lui. Pour concilier les deux opinions extrêmes, on peut adopter cette dernière hypothèse, proposée par Nietzsche, qui la défend avec éloquence.

Quoi qu'il en soit, le nom d'Homère n'est qu'un symbole plus ou moins clair dans cette histoire obscure et compliquée ; le fait que sept villes principales de la Grèce se disputèrent l'honneur de lui avoir donné naissance, prouve qu'il a dû y avoir plusieurs poètes célèbres qui s'occupèrent de composer et de réunir les divers chants de l'*Iliade* et de l'*Odyssée*.

C'est ce qui expliquerait quelques taches légères, quelques inégalités d'exécution et quelques contradictions de détail, en somme plus apparentes que réelles, qui se rencontrent çà et là dans ces deux poèmes épiques.

Homère fut en Grèce le créateur de la poésie ; il en est la source sacrée, et on le vénère avec raison comme le père de tous les poètes. Les rhapsodies homériques sont l'expression poétique des mythes qui flottaient dans l'air et qui étaient constamment dans la bouche des hommes de ces temps-là.

Ces anciens Grecs, si jeunes et si naïfs, prenaient un plaisir extrême à écouter ces récits merveilleux, lorsqu'à la tombée de la nuit ils se reposaient de leurs travaux du jour.

L'improvisateur, s'accompagnant des sons de sa lyre, tenait longtemps ses auditeurs sous le charme de sa parole éloquente et imagée; quand il avait cessé, ses camarades, émus et heureux, allaient se livrer à un sommeil visité par de beaux rêves; ils y puisaient l'envie et la force de poursuivre le lendemain leur labeur de la veille.

Nous observons le même phénomène en France, dans les chansons de gestes, à l'époque des trouvères et des troubadours, ces amants passionnés du gai savoir; on remarque quelque chose de semblable en Allemagne, dans l'éclosion des *Nibelungen* et dans l'apparition de ces chevaliers-poètes errants, tels que Wolfram von Eschenbach, Walter von der Vogelweide et quelques autres.

CHAPITRE XXVII

Sur Eschyle.

Ce qui me frappe le plus dans Eschyle, c'est le souffle puissant de son inspiration; il semble possédé d'une démence divine, qui le pousse comme malgré lui à révéler ce qui se passe de grand dans son âme.

Aussi rien ne paraît calculé dans ses tragédies, et elles nous entraînent avec une force irrésistible.

C'est pourquoi il est vraiment unique dans son genre et inimitable; il est comme un torrent qui emporte tout et, sous ce rapport, Sophocle lui-même, comparé à lui, semble faible, et la splendeur de son œuvre pâlit un peu en face de l'enthousiasme et de la sublimité d'Eschyle.

CHAPITRE XXVIII

Sur Sophocle.

Chez Sophocle la force de l'inspiration est maîtrisée et comme tenue en bride par une raison supérieure; c'est le grand et fidèle amant de la simplicité, de la clarté, de l'ordre, de la mesure, des proportions, de l'élégance, de la politesse, de l'harmonie, du tact le plus fin et du goût le plus pur, et un modèle achevé et de tous les temps; on ne saurait aller plus loin dans la perfection.

CHAPITRE XXIX

Sur Euripide.

Dans Euripide, l'équilibre est rompu, et l'élément apollinien prédomine franchement; la réflexion l'emporte sur l'instinct; la science, sur l'art; les personnages sont clairvoyants et parlent comme des oracles; la sagesse de Delphes, incarnée dans le chœur, n'y a plus rien à faire; l'importance du rôle de ce dernier se trouve singulièrement diminuée et se réduit à celui de simple comparse.

Euripide était un adepte convaincu et un ami sincère de Socrate, et l'influence de la méthode socratique se fait sentir extrêmement dans ses tragédies. La logique et la dialectique, dont elles sont remplies, triomphent complètement du reste, et les acteurs, qui raisonnent beaucoup et bien, sont tous avocats et comme autant de Socrates au petit pied, docteurs en morale, redresseurs de tort et guérisseurs de l'humanité.

La croyance religieuse a faibli pour faire place au doute et au scepticisme, et le culte commence à tenir moins de place au théâtre. La décadence se montre partout ; elle attaque l'instinct et le sentiment religieux, la tradition, l'art et tout ce qui avait fait la grandeur incomparable des siècles passés. A partir d'Euripide, la tragédie se meurt lentement ; elle n'est plus qu'une école particulière de rhétorique, un traité vivant de la science oratoire et de l'art de bien dire.

CHAPITRE XXX

Sur ce qui nous reste des auteurs grecs de l'antiquité.

Il faut se rappeler que l'incendie de la bibliothèque d'Alexandrie a détruit la plus grande partie des ouvrages que nous avait légués l'antiquité grecque.

Il y a une infinité d'auteurs dont il ne nous est parvenu que le nom ou quelques rares fragments, et, des écrits de ceux que nous connaissons, il ne nous a été conservé que le plus petit nombre. C'est ainsi que nous ne possédons plus que sept tragédies d'Eschyle et autant de Sophocle et d'Euripide sur cent qu'ils avaient composées chacun. Il est à craindre que leurs plus beaux ouvrages aient péri ; il ne subsiste plus rien de *Niobé* qui était, paraît-il, le chef-d'œuvre le plus parfait de Sophocle. Le nom d'Agathon et d'une de ses tragédies intitulée *la Fleur* ont été seuls sauvés de l'oubli.

Nous n'avons plus que des fragments de Ménandre.

C'est peu pour bien comprendre et juger de pareils génies.

On vante la fécondité de Shakespeare, et il faut reconnaître qu'elle est peu commune, bien qu'il n'ait écrit qu'un peu plus de trente pièces, mais la matière qui s'y trouve traitée eût suffi à chacun des trois grands tragiques grecs pour remplir une centaine de tragédies; c'est par là qu'on se rend un compte exact de l'horrible gaspillage de Shakespeare, dont la mauvaise économie n'a pas su tirer de tant de richesses tout le parti possible.

Malgré la mutilation du temple littéraire de la Grèce, ce qui en demeure commande le respect, et ces glorieux débris nous frappent encore d'étonnement et d'admiration, et se dressent devant nos regards comme le plus beau monument du génie humain.

CHAPITRE XXXI

De la tragédie grecque, et de ses rapports lointains avec la tragédie française.

La tragédie grecque était un acte du culte religieux, et sa représentation, une fête nationale; on la célébrait solennellement pendant les jeux olympiques, et la Grèce entière y assistait. L'émulation qu'elle excitait entre les meilleurs esprits y faisait paraître au grand jour leurs plus beaux ouvrages, et le peuple, accouru en foule, désignait et acclamait les vainqueurs, et leur décernait publiquement les palmes devant une assistance énorme.

Les représentations avaient lieu en plein air et à ciel ouvert dans ce beau pays où le climat est si doux.

La scène était vaste, et le théâtre, immense. Pour être bien vus et bien entendus, les acteurs étaient obligés de se grandir et d'enfler leur voix; ils se chaussaient du haut cothurne dans la tragédie, du brodequin plus bas dans la comédie; et, ainsi, tandis que leur taille croissait aux yeux de ceux qui les voyaient de près, ils n'étaient pour les spectateurs éloignés, la perspective aidant, que des hommes ordinaires; ils se couvraient la face d'un masque douloureux dans la tragédie, d'un masque riant dans la comédie; ce masque prêtait non seulement à leur voix la force nécessaire, mais donnait aussi aux lignes de leur figure une expression plus ferme et plus décidée; on atténuait par ce moyen le désavantage d'un éloignement assez grand pour rendre mous et flottants les traits naturels du visage.

C'est l'introduction du chœur dans la tragédie qui donne à celle-ci son caractère religieux; le chœur, c'est la conscience du personnage, c'est en vérité l'acteur lui-même qui considère son action et qui en juge comme d'un rêve qu'il aurait fait; c'est la personnification de l'esprit lucide et clairvoyant, qui analyse et qui critique les manifestations de l'instinct aveugle.

Le chœur, c'est la pensée, c'est la raison, c'est le rayonnement de l'action scénique, qui vient réfléchir son image dans le miroir de la conscience. Et c'est ici le point où le culte s'unit à la tragédie.

La religion se mêlait à toute l'existence des Grecs, et son influence s'exerçait partout; mais, loin de discréditer la vie comme le christianisme, elle l'exaltait, au contraire, et, au besoin, elle lui servait de correctif. Elle agissait comme un levier ou comme un balancier, et toujours comme un régulateur. De là l'importance des prédictions et des oracles, car toute la sagesse grecque semblait s'être réfugiée dans le temple de Delphes, dont les prêtres étaient des hommes d'un très grand savoir. L'ambiguïté célèbre de leurs réponses était bien faite pour engager l'homme à la modération et à la prudence, et le fameux γνῶθι σεαυτόν, connais-toi toi-même, semblait vouloir dire : examine tes forces pour en tirer le parti le meilleur et le plus raisonnable, et apprends à voir ce que tu peux faire.

Le chœur dans la tragédie grecque, c'est la sagesse de Delphes transportée sur la scène; c'est la grande conscience nationale qui transfigure l'existence et lui donne sa vraie signification; de là aussi quelque obscurité, voulue peut-être, dans les sentences prononcées par le chœur, comme on le remarque surtout dans les tragédies de Sophocle, qui met la sagesse de Delphes dans son plus beau jour en lui prêtant le langage et le ton habituels de ses oracles.

L'élément dionysien fait le fonds de l'action elle-même; tout le reste appartient à l'apollinien.

Il est à peine besoin de faire remarquer que ces représentations théâtrales, qui ne se donnaient qu'en petit nombre, à de longs intervalles et à des époques déterminées, étaient attendues avec impatience et curiosité, et que leur rareté était singulièrement bien faite et comme calculée pour produire l'effet le plus considérable et le plus saisissant. De là aussi l'intérêt toujours sincère et toujours égal que les Grecs ne cessèrent de témoigner pour ces fêtes admirables.

Nous n'avons rien de pareil à leur opposer, et la raison en est bien simple : nous ne sommes pas si grands artistes. Nous sommes moins retenus, moins réservés ; il nous faut des spectacles journaliers, parce que nous y cherchons moins un enseignement qu'un simple divertissement et un plaisir ; nous n'y apportons pas le même sérieux, et la religion n'a rien à y faire chez nous ; le culte en est exclu.

Ceci explique et justifie la disparition du chœur, qui n'est plus guère tolérable que dans un poème lyrique mis en musique, mais qui, même alors, perd la signification qu'il avait dans l'antiquité.

Notre climat nous défend les spectacles en plein air, du moins dans le Nord, où la nature ne nous est pas clémente. On essaie de les restaurer, aux arènes de Béziers, de Nîmes, d'Arles, de Bussang, et au théâtre antique d'Orange, et cette entreprise est louable et belle ; on ne peut qu'y applaudir, et il faut souhaiter qu'elle plaise généralement et qu'elle réussisse tout à fait. Ce serait là une véritable renaissance du grand art sur la scène, pourvu qu'on ne représente que des tragédies dans le goût antique, sinon la tentative manquerait le seul but qu'elle doive se proposer.

Ces raisons et d'autres semblables nous font comprendre pourquoi notre théâtre est si éloigné de la beauté et de la perfection de celui des Anciens, et pour quelle raison nous avons dû en retrancher une des parties les plus essentielles pour n'en conserver que l'appareil extérieur.

D'autre part, les Grecs étaient profondément croyants et tiraient de leurs mythes une matière très propre à être mise en tragédies, au lieu que nous sommes incrédules et sceptiques, et que nous nous privons ainsi d'un aliment qui convient très bien à la scène.

Nos ouvrages dramatiques ne sont pour la plupart que l'image de la plus vaine ostentation et que le triste décor de notre pauvre existence. Nous n'aimons que ce qui nous ressemble et nous sommes trop réalistes pour ressentir de l'enthousiasme et pour souffrir un spectacle vraiment héroïque, ou, si par hasard on nous présente quelque tableau moins affligeant, nous nous empressons d'en rire et de hausser dédaigneusement les épaules.

Nous ne chérissons sincèrement que le médiocre : *asinus asinum fricat*.

Tout ce que la tragédie classique a pu rétablir en France, ce sont les signes extérieurs d'une culture et d'un art que les Grecs avaient poussés si loin.

Mais il serait injuste de vouloir nous comparer avec eux pour nous rabaisser. L'esprit de notre civilisation et de notre race est différent, et notre théâtre du xviie siècle a produit des merveilles qui commandent toujours le respect et l'admiration.

Tout ce que nous avons pu emprunter aux Grecs, nous le leur avons pris sans hésitation ni scrupule, et la moisson a été abondante et belle.

Corneille et Racine ont transporté sur la scène française tout ce qu'il était possible d'y faire paraître avec honneur, et ils y ont ajouté ce qu'il fallait pour lui donner le caractère et la forme du véritable et du meilleur esprit français.

Nous ne pouvions leur en demander davantage, et il est glorieux pour eux d'avoir su l'accomplir comme ils l'ont fait.

Suivons-les, si nous pouvons, et nous aurons fait beaucoup en parvenant, même de très loin, à marcher sur leurs traces lumineuses.

CHAPITRE XXXII

Des effets de la tragédie; de la terreur et de la pitié; de l'héroïsme.

La tragédie est faite pour produire différents effets, selon la situation des personnages et le tempérament des spectateurs. Aristote, dans sa Poétique, ne voit d'autres effets que ceux de la terreur et de la pitié et semble ignorer tous les autres; il se tient à la surface et ne va pas au fond. Il est vrai que le public et la foule ne paraissent pas propres à en connaître d'une espèce différente. La terreur et la pitié sont les sentiments les plus ordinaires à la grande masse des hommes; ce sont ceux de la morale vulgaire et courante, et des natures faibles et communes; la terreur et la pitié sont des passions populaires; craindre pour soi et voir partout des dangers, et, lorsqu'on se croit en sûreté, avoir conscience de sa propre force, ressentir la pitié pour ceux qui sont en péril, et s'abandonner complètement à ces lâches impressions, voilà bien l'effet d'un courage ordinaire et d'un esprit médiocre, et le mouvement le plus naturel au troupeau de Panurge et à toute race moutonnière.

Il y a des moments où nous en faisons tous partie, il faut en convenir, mais il ne sied pas d'en être partout, ni toujours, sous peine de se commettre et de s'encanailler. Ayons des goûts plus mâles et plus relevés.

Aristote était contemporain d'Alexandre dont il fut précepteur; il a donc vécu lorsque la décadence de la Grèce était consommée; les tragédies d'Eschyle et de Sophocle étaient méprisées et délaissées, et l'on ne souffrait plus que celles d'Euripide, qui florissait seul alors à l'exclusion de ses grands devanciers. Le goût était perverti.

On a pu observer un phénomène identique depuis le xviiie siècle, où l'art de Corneille a commencé à tomber dans le discrédit.

Les Grecs du temps d'Aristote n'étaient plus faits pour goûter la forte nourriture que leur offraient Eschyle et Sophocle; Aristote lui-même n'y mordait plus que mal et n'était pas préparé à en sentir les effets puissants; il subissait l'influence de son entourage et partageait des idées et des sentiments dont il n'a été que le savant commentateur et l'interprète éloquent; il n'est plus dans la grande tradition. Il semble mépriser la vigueur et la force des leçons du passé, et ne pas voir que le théâtre de Sophocle, et surtout celui d'Eschyle, est l'école de l'héroïsme, des grands desseins et des actions éclatantes et mémorables.

Les sentiments de la terreur et de la pitié ne sont pas les plus essentiels ni les principaux; dès qu'on s'y livre souvent et trop complètement, ils nous énervent et nous rendent lâches; l'effet en est déprimant, parce que leur tendance est descendante; ils nous enlèvent de notre chaleur naturelle, au lieu que l'héroïsme est l'aliment dont nous avons le plus besoin et qui nous convient le mieux, parce qu'il excite notre énergie et fortifie notre courage; sa tendance est ascendante.

Toute passion exclusive se jette dans l'excès; pour bien faire il convient donc que nous soyons capables de ressentir ces trois passions différentes, et que le bon sens et la raison les tiennent en équilibre, pour qu'elles puissent vivre en harmonie les unes à côté des autres, car, si l'héroïsme est estimable, il sied aussi de le tempérer et d'avoir le cœur accessible à une crainte salutaire et à une noble pitié; ainsi il appartient à chacun de ces trois sentiments de réduire l'influence des deux autres et d'aider, par cette action réciproque, à maintenir dans notre âme cette belle modération, qui est le signe le plus évident d'une santé très parfaite.

CHAPITRE XXXIII

De la musique et des autres arts.

Nous avons vu que la musique est au fond de tout et qu'elle est l'essence même des choses ; mais de quelles parties diverses la musique est-elle formée ? Nous y distinguons, comme partout ailleurs, deux éléments différents qui se contrebalancent, le dionysien et l'apollinien, le cœur et la tête, l'instinct et la réflexion, l'art et la science, la mélodie qui renferme le rythme, et l'harmonie qui règle l'ensemble.

Ce qui nous frappe avant tout, ce que nous entendons tout d'abord, c'est un son qui chante seul ou un accord de plusieurs sons vibrant ensemble ; puis une suite de sons ou d'accords isolés ou de sons et d'accords mélangés alternativement ; ce développement forme le chant ou mélodie ; la succession de différents sons et de divers accords exige un certain temps, et ce temps lui-même se divise en plusieurs moments de durée inégale ; ceci produit des mouvements dont la rapidité varie sans cesse ; c'est ce qu'on appelle rythme ; une belle mélodie est toujours bien rythmée ; une mélodie noble et simple a un rythme simple et noble.

La mélodie est l'élément primaire et principal ; c'est le dionysien, c'est l'étoffe de la musique ; elle correspond à la matière dans l'univers ; le rythme est son mode de temps. Quel est son mode d'espace ? C'est l'harmonie ; celle-ci est la mise en œuvre de la mélodie ; c'est la science qui règle tout et qui tire le meilleur parti possible de la matière première ; c'est l'élément apollinien ou secondaire.

La perfection de la musique est dans le juste équilibre des deux éléments ; là, où l'apollinien domine, il n'y a qu'un vain bruit sans signification ni agrément, comme dans les derniers ouvrages de Wagner, où l'inspiration est souvent presque nulle, la pensée, obscure, le sentiment, confus, la mélodie, absente, et où le développement harmonique n'est qu'un bavardage fastidieux, fatigant et plat, et comme l'ennuyeux discours d'un orateur prolixe. Lorsque le dionysien l'emporte, la masse mélodique, dans son impétuosité désordonnée, ne semble pas être suffisamment maîtrisée par une raison supérieure ; il y a un excès de matière qui oppresse souvent l'auditeur, comme dans certaines compositions de Schubert.

Il y a là une végétation trop touffue, et l'on dirait d'un arbre sauvage, qui a poussé si vigoureusement que la main de l'homme n'a eu ni le temps ni la force de l'émonder soigneusement ; Schubert, lui aussi, ne sait pas toujours finir au bon moment ; ce n'est pas qu'il n'ait rien à dire, au contraire, mais il oublie qu'il convient de ne pas tout dire, même le meilleur, ni trop longuement.

La mélodie, c'est l'inspiration, l'instinct, l'art ; l'harmonie, c'est la réflexion, la raison, la science.

La mélodie est donc l'élément principal.

J'ai montré, au début de ces études esthétiques, comment la poésie est née de la musique ; nous pouvons conclure ici que l'inspiration poétique correspond à la mélodie musicale, et que tout le reste de la poésie se rapporte exactement à cette partie que nous avons appelée harmonie, et qui est comme le metteur en scène et le régulateur de tout ce qu'a produit l'impulsion première.

Chacun peut faire une observation intéressante, en considérant combien l'homme suit naturellement et d'instinct, et comme il imite la cadence de la musique qui frappe ses oreilles ; comment celle-ci semble entraîner irrésistiblement le corps humain dans un mouvement qui, dès qu'il est bien réglé, n'est autre chose que la danse elle-même.

La danse n'est donc qu'un mouvement rythmique du corps qui suit la cadence musicale. C'est un mouvement tout à fait naturel à l'homme, et voilà pourquoi les Grecs, qui étaient si près de la nature et de vrais artistes en même temps, ont accordé une si grande importance à la danse et à tous les mouvements naturels du corps humain; c'est de là que sont nés, et leur goût prépondérant pour la gymnastique, et leur amour marqué pour les exercices physiques, tels que la course, la lutte, le pugilat, le jeu du disque, et toute l'athlétique dont ils ont fait un art véritable, et qu'ils ont poussée jusqu'au dernier degré de perfection, en observant les mêmes principes qu'ils ont appliqués à la musique, à la poésie et à la danse. La danse jouait aussi un certain rôle dans la tragédie et au sein des fêtes religieuses, où l'on voyait défiler la procession des blanches théories, au milieu desquelles figuraient les jeunes filles des premières familles.

L'architecture et la sculpture se sont développées de la même façon, et d'après des règles semblables. Les pierres des habitations, des monuments, des palais, des temples, servaient au génie pour lui permettre d'exprimer les hautes pensées, les sentiments élevés, les grands desseins, les nobles espérances qui remplissaient son âme et gonflaient sa poitrine.

Le marbre fournissait aux sculpteurs un prétexte et une occasion admirables de manifester leur saint amour de la beauté, et de créer des statues magnifiques et des images immortelles.

La masse de pierre ou de marbre se dressait d'abord comme un bloc informe, que la main de l'artiste pétrissait aussitôt avec amour, et dont il faisait surgir d'incroyables prodiges.

La pierre et le marbre, qu'il animait de son souffle tout-puissant, devenaient soudain éloquents et parlaient une langue divine et sublime sous la pression délicate de ses doigts merveilleux.

Les peintres employaient de même le bois, les tissus, les étoffes, les murs des salles et des temples pour illustrer et glorifier souverainement les personnages les plus fameux, et les actions les plus mémorables de l'histoire grecque.

Nous avons vu ce que faisaient les poètes et les auteurs tragiques.

Partout et dans tous les arts l'émulation excitait un immense et noble enthousiasme; et le feu sacré déchaînait cette fière rivalité où, dans des joutes pacifiques, les meilleurs esprits, les plus grands artistes, les plus beaux génies se mesuraient entre eux, et s'évertuaient à bien faire et à se surpasser les uns les autres.

C'est la vraie cause, intime et profonde, qui a fait produire en Grèce tant de rares et d'incomparables chefs-d'œuvre.

Ainsi tout se tenait dans la vie des anciens Grecs; les arts découlaient les uns des autres; tout y était lié, tout s'y développait parallèlement et dans un ordre parfait, tout y florissait dans une harmonie merveilleuse, et c'est pourquoi ils nous ont laissé tant d'ouvrages prodigieux et inimitables, et d'une beauté si étonnante.

En résumé, l'art c'est la réalité sublimée.

Voici comment je m'explique ce phénomène; je prendrai un exemple tiré de la vie ordinaire pour le transporter ensuite au théâtre, dans la tragédie. Il nous arrive souvent, dans une occasion futile ou importante, quand nous sommes surpris à l'improviste, ce qui a lieu fréquemment, car la vie est une suite d'improvisations, de parler et d'agir d'une manière qui, plus tard, à la réflexion, ne nous satisfait pas complètement. En nous y arrêtant quelque peu, de sang-froid, nous finissons par voir clairement ce qu'il fallait faire, et nous nous disons : voilà comment j'aurais dû parler, voilà de quelle façon j'aurais dû agir.

Nous imaginons les discours et les actions les plus convenables, et nous nous prescrivons la conduite idéale que nous aurions dû tenir dans la circonstance; nous trouvons les raisons les plus fortes et les meilleurs arguments. Nous faisons sans le savoir du théâtre et de la tragédie.

La même règle, le même principe s'appliquent à tous les autres domaines de l'art.

Nous voyons des édifices, des statues, des tableaux dont la beauté surpasse les modèles qui nous sont offerts par la nature et l'humanité. Nous inventons des mélodies plus harmonieuses et plus douces que le chant des oiseaux et que la voix des anges; nous composons des vers, nous créons des rôles tragiques, et formons des systèmes de philosophie, plus étonnants et plus sublimes que tout ce qui a été fait jusqu'à nos jours.

Nous poétisons la réalité, pour autant qu'il est en nous ; nous faisons de l'art aussi bien que nous le pouvons.

Je le répète, l'art, c'est la réalité sublimée, je ne dis pas sublime. Ce n'est donc pas une imitation servile de la nature, et ceci condamne tout ce qui est naturalisme, réalisme, impressionnisme, gothisme, romantisme, modernisme, et qui n'est que la négation pure et simple de tout art vivant et véritable.

CHAPITRE XXXIV

Des signes de l'hellénique ou classique, et de ceux du gothique ou romantique.

Il y a deux genres différents dans l'art, le génie et l'esprit humains : l'un est le soleil et la clarté, l'autre, la nuit et l'ombre.

Les qualités ou signes distinctifs et caractéristiques de l'hellénique ou classique sont les suivants : la simplicité, la concision, la rapidité, la clarté, la légèreté, l'ordre, la mesure, la proportion, la discipline, la beauté, l'élégance, l'harmonie, le bon goût, le style.

Les défauts ou signes distinctifs et caractéristiques du gothique ou romantique sont les suivants : la complexité, la prolixité, la lenteur, l'obscurité, la lourdeur, le désordre, l'excès, la disproportion, l'indiscipline, la laideur, l'inélégance, la disharmonie, le mauvais goût et le manque de style. Le classicisme, c'est la lumière, le rayonnement et l'éclat ; c'est la joie, et c'est la sérénité. Le romantisme, c'est l'ombre, la nuit et la confusion ; c'est la tristesse, et c'est la mélancolie. D'un côté le soleil, la clarté, la beauté, la splendeur d'un ciel d'été dans le Sud ; de l'autre, les brouillards, l'obscurité, la laideur, l'horreur d'un ciel d'hiver dans le Nord.

Le modèle de la beauté rayonnante du classique, c'est le Parthénon.

Le canon de la laideur nuageuse du gothique, c'est la cathédrale de Cologne, ou celles de Reims, de Paris et de Vienne ; c'est aussi, dans un certain degré, Saint-Pierre de Rome.

Il y a de même deux catégories distinctes d'esprits et de génies, les classiques et les romantiques.

Les premiers sont autant au-dessus des seconds que le soleil est plus brillant que la lune.

On peut ranger parmi les premiers : Homère, Héraclite, Pindare, Eschyle, Sophocle, Aristophane, Thucydide, Lucrèce, Tacite, César, Pétrarque, Machiavel, Corneille, La Fontaine, Napoléon, Bach, Mozart, Beethoven, Nietzsche ; parmi les seconds : Platon, Euripide, Dante, le Tasse, Shakespeare, Milton, Byron, Schiller, Hugo, Wagner.

La marche des premiers est la marche en ligne droite, l'attaque perpendiculaire ; la marche des seconds est la marche oblique, l'attaque détournée.

Les premiers sont païens, et leur tendance est optimiste, ascendante, aristocratique et autocratique.

Les seconds sont chrétiens, et leur tendance est pessimiste, descendante, populaire et démocratique.

Les uns fortifient l'homme, les autres l'affaiblissent.

CHAPITRE XXXV

Des mythes, de la mythologie, des allégories et des symboles dans l'antiquité grecque.

Il est assez curieux d'observer que, dans la plupart des mythes grecs, il est question d'amour, tandis que, dans ceux du Nord, il s'agit surtout d'or et de richesses ; c'est que la douceur du climat et la grande fertilité naturelle du sol faisaient aux Grecs des loisirs, qu'ils pouvaient consacrer aisément à leurs affaires de cœur, alors que les intempéries et la rigueur des contrées septentrionales, et une terre ingrate, où les hommes du Nord vivaient principalement du produit de la chasse ou des bêtes de leurs troupeaux, avaient contribué à donner aux habitants un caractère plus rude, et leur faisaient considérer la conquête de l'or et des richesses comme l'affaire la plus importante.

Les vieilles légendes grecques, les mythes qui contenaient le récit des actions les plus fameuses des dieux, des demi-dieux et des héros de la mythologie et de la fable, étaient comme le vase sacré où les poètes tragiques venaient puiser la matière de leurs ouvrages.

Ces mythes sont extrêmement nombreux et d'une richesse inouïe, et la mythologie grecque est comme une immense galerie, remplie des images les plus brillantes et des tableaux les plus variés.

Chacun de ces mythes est allégorique et contient un symbole. Les exemples se présentent en foule à ma pensée ; je ne veux en choisir ici que deux au hasard, et les premiers venus, qui semblent, tout d'abord, absolument insignifiants, et je vais dire en peu de mots ce que j'en pense, pour montrer comment les moindres choses avaient chez les Grecs une signification très précise et très profonde.

Voici d'abord Jupiter, qui visite Danaé sous la forme d'une pluie de pièces d'or ; cela n'a l'air de rien, et pourtant l'allégorie est charmante, le symbole est éloquent.

On pourrait n'y voir, au premier moment, qu'un vulgaire séducteur qui triomphe aisément de la vénalité d'une femme plus intéressée qu'amoureuse.

J'y découvre tout cela, et tout autre chose.

Je crois reconnaître que Danaé personnifie la terre durcie par une sécheresse prolongée, qui compromet sa fertilité et menace de ruiner la moisson ; les pièces d'or sont la pluie bienfaisante qui tombe enfin et qui vient humecter le sol ; l'eau du ciel qui féconde les champs est bien réellement d'or, puisqu'elle fait la richesse d'une récolte abondante. Jupiter et Danaé, c'est l'union mystérieuse, c'est le mariage mystique du ciel et de la terre, du divin et de l'humain. Ce sujet a été traité souvent par les peintres; il a inspiré notamment Paul Véronèse et le Corrège, dans deux toiles justement célèbres; mais je trouve qu'ils n'ont aperçu et considéré qu'une face des choses, celle de la séduction d'une femme, d'une mortelle; l'autre face, la divine et l'immortelle, manque; je voudrais voir poindre et luire, à l'arrière-plan, dans le fond du tableau, quelque belle campagne, quelque doux paysage tout trempé par la pluie et illuminé par les rayons d'un soleil qui perce à travers les nuages; c'est ainsi que je conçois cette pluie d'or qui féconde les flancs de la terre.

Voici maintenant ce même Jupiter ravissant et emportant Europe, la superbe génisse qui va donner son nom à la partie du globe terrestre que nous habitons. Cette fine et délicate allégorie renferme un symbole très profond. Les Grecs ne semblaient-ils pas vouloir exprimer ainsi la supériorité de l'Europe, préférée et choisie par Jupiter, le maître des dieux, sur le reste du monde auquel il n'accordait aucune distinction? Les Grecs glorifiaient par là indirectement la Grèce, contrée d'Europe, à laquelle ils appartenaient, et qui leur paraissait en être la partie la plus belle et la plus excellente.

Les mythes sont l'expression la plus naïve du sens artistique des Grecs.

C'est de cette façon qu'ils personnifiaient et divinisaient la vie tout entière, et qu'ils mettaient de l'art dans tout ce qu'ils approchaient.

CHAPITRE XXXVI

De la réflexion, de la science, de la raison, de la morale, de la philosophie, de la sagesse ; sur Socrate ; de la décadence de l'art et de sa mort en Grèce ; court parallèle entre l'art et la philosophie.

Nous avons remarqué que l'instinct ou l'intuition et l'art sont parallèles, et que l'art se développe en raison de la pureté, de la naïveté et de la puissance de l'instinct.

L'art est la floraison spontanée des peuples et des hommes qui sont jeunes, naïfs, instinctifs, et qui voient tout en beau et vivent comme en rêve.

Être artiste, c'est être et rester jeune, penser et sentir avec force et naïveté, agir d'instinct et spontanément, en un mot obéir à un mouvement impulsif, qui s'appelle inspiration ou improvisation ; c'est tirer d'un être ou d'une chose ce qu'ils contiennent d'excellent et de beau.

Ici donc il n'y a rien de prémédité, de concerté, de calculé ; tout part d'un pouvoir mystérieux et irrésistible qui entraîne l'artiste et qui semble enfanter des merveilles ; c'est comme un esprit prophétique qui anime l'inspiré, et comme une folie soudaine qui le possède et qui lui fait accomplir, sans qu'il puisse s'en rendre compte, les choses les plus belles et les plus étonnantes.

Avec le temps et les relations extérieures, vinrent l'instruction et la réflexion, auxquelles s'ajoutèrent bientôt, par surcroît naturel, la raison, la science, la philosophie et la sagesse. Leur influence dissolvante affaiblit graduellement la vigueur de l'instinct, et empoisonna ainsi peu à peu la source sacrée où l'art puisait son inspiration merveilleuse. La croyance et la foi religieuses commencent à chanceler ; le doute et le scepticisme s'introduisent partout; on s'avise de tourner en ridicule les choses qu'on avait considérées jusque-là comme les plus saintes et les plus vénérables, et l'on se moque ouvertement des dieux, des demi-dieux et des héros. On se met à examiner les mythes avec une âme incrédule et d'un esprit foncièrement critique.

C'est à ce moment que paraît et florit Socrate dont les gros yeux pénétrants et inquisiteurs, et qui ressortaient à fleur de tête, erraient partout curieusement à la ronde, épiant, observant, interrogeant, critiquant tout sans pitié; c'est lui qui faisait aux hommes un crime de leur aveugle folie, de leurs passions impulsives, de leur irréflexion prétendue et de leur inconscience apparente, pour leur proposer sa froide raison, sa science pédantesque, sa philosophie nuageuse et sa vaine sagesse. Il raisonnait parfaitement bien; sa logique était forte, sa dialectique, imperturbable, mais, comme il partait d'un mauvais principe, ses conclusions étaient fatalement fausses; il déduisait tout d'une idée sans consistance, et qui flottait vaguement dans l'air comme un nuage creux; la base de son argumentation était une règle de morale uniforme et universelle; un bien imaginaire, la vertu, en formait le fonds; cette vertu était la dispensatrice de toute félicité humaine; pour Socrate, le but de la vie était le bonheur, aspiration mesquine et lâche, s'il en fût.

Il rangeait sur une ligne, comme les six faces diverses mais équivalentes d'une seule et même grandeur, la vérité, la bonté, l'utilité, la beauté, la vertu et le bonheur; il opposait ces créations chimériques et ces êtres fictifs aux hommes de chair et à la réalité véritable.

Il érigeait en principe absolu une apparence fugitive et un point de vue relatif.

On commença à se payer de mots, et le raisonnement le plus effréné se déchaîna si furieusement dans la Grèce entière qu'on déraisonna partout avec candeur et idolâtrie. Le terrible poison s'insinua dès lors dans toutes les veines de ce grand corps malade et affaibli, et y détruisit rapidement le principe naturel de la vie véritable.

Rien n'arrête plus la décadence, et la mort suit de près.

Nous assistons ici au conflit de deux éléments hostiles et de deux tendances contraires, à la lutte de la méthode synthétique et de la méthode analytique.

Nous voyons la synthèse ramasser, rassembler et concentrer toutes les forces particulières ou générales, et les diriger sûrement et avec vigueur vers un but bien déterminé et tout proche.

L'analyse, au contraire, attaque, divise et dissémine les facultés et les talents naturels des hommes et des peuples, et les emploie isolément et avec mollesse pour une fin douteuse et lointaine.

D'une part se montrent et triomphent l'instinct infaillible, l'art souverain et le grand style, impeccable, lapidaire et robuste; de l'autre on voit poindre et vaciller la raison tâtonnante, la faible science et le mauvais style, défectueux, prolixe et débile.

D'un côté apparaissent l'instinct aristocratique, les nobles penchants et les sentiments distingués; de l'autre, la raison démocratique, les basses aspirations et le bon sens populaire.

L'ironie socratique est un moyen oblique, une arme à la lame recourbée; on y trouve déjà tout le jésuitisme de l'astuce et de la faiblesse.

C'est la revanche du peuple sur la noblesse; c'est la réponse de la basse classe qui se venge de la supériorité méprisante des grands.

Le démon familier de Socrate n'est en réalité qu'un vulgaire abstracteur de quintessence.

Le fier et haut génie d'Aristophane, d'une sérénité si pure et si belle, et qui a su transfigurer d'une manière admirable la vie grecque tout entière, a vengé, dans les Nuées, la nature et l'art de l'injuste mépris que leur avaient témoigné Socrate, Platon et leurs adeptes.

En résumé, l'art, c'est la grappe de raisins frais et succulents, cueillis sur la treille et savourés sur place; la philosophie, c'est le raisin sec qui rend parfois d'utiles services, qui se mange à la fin d'un repas, et qui rehausse l'agrément des gâteaux et des pâtisseries qu'on sert sur nos tables; c'est l'ingrédient pratique, c'est l'ami serviable.

L'art, c'est l'instinct et c'est la poésie.

La philosophie, c'est la raison et c'est la science.

D'une part nous avons la ligne droite et ascendante ; de l'autre, la ligne courbe et descendante.

Ces différences font éclater à nos yeux l'énorme et incontestable supériorité de l'art sur la philosophie, de l'optimisme sur le pessimisme, du païen sur le chrétien, de l'antique sur le moderne.

CHAPITRE XXXVII

Du goût.

Le bon goût est la qualité principale et synthétique, qui résume et renferme toutes les autres ; c'est la vertu cardinale et par excellence.

Tout ce qu'il y a de meilleur dans l'esprit, de plus grand dans le génie, de plus haut dans l'art, se trouve contenu dans le bon goût. Le bon goût, c'est le fruit le plus rare et le plus précieux de toute culture véritable, et comme la quintessence de l'art.

Une once de goût vaut mieux qu'une livre de logique et qu'un quintal d'imagination.

Le bon goût est la fleur du beau ; c'est la vraie marque d'un chef-d'œuvre.

Le bon goût distingue ce qu'il y a de plus achevé et de plus parfait dans les ouvrages du génie et dans toutes les productions de l'esprit humain.

Ce siècle manque de goût, et les rares artistes, qui en ont un peu, courent le cacher loin des salons, des cabarets et des officines.

CHAPITRE XXXVIII

De la poésie et de la prose.

La prose convient mieux aux ouvrages de la raison et de la science; les vers, à ceux de l'art et de l'imagination.

La bonne prose doit avoir le mouvement, le rhythme, le nombre de la plus belle poésie; la bonne poésie, la simplicité, la clarté, la force de la plus belle prose.

Dans cette union mystique de la prose et des vers, la poésie est l'élément dionysien, la prose, l'apollinien; la poésie est le cœur; la prose, la tête; la première est la passion; la seconde, la raison; l'une, la femme, l'autre, l'homme; la poésie et la prose sont comme les deux pôles positif et négatif dans la pile électrique.

Les vers sont une récréation douce, agréable et charmante; les sujets de la prose sont plus sévères et plus graves, mais ces distinctions ne sont pas absolues.

Il y a de la prose poétique qui égale les plus beaux poèmes, comme le Zarathoustra de Nietzsche. Il y a des vers d'un prosaïsme lamentable et navrant, ainsi qu'on le voit par les productions de tant de mauvais poètes contemporains.

La prose et les vers se mêlent constamment à des degrés divers.

Les vers que nous faisons doivent être un exercice qui nous sert à nous préparer à écrire en prose; nous jetons, dans nos vers du début et dans les suivants, une partie de nos premières idées, de nos premiers sentiments et de nos premières impressions; tout cela se modifie avec le temps, et l'on s'aperçoit qu'il n'y a là rien de définitif.

Il faut user des vers pour apprendre à se bien servir de la

prose. Enfin, vers notre cinquantième année, nous pouvons essayer de confier à la prose le fruit de nos longues méditations.

Les travaux poétiques sont pour nous un patient apprentissage, qui nous forme lentement et qui nous permet enfin d'exprimer en prose ce que nous voulions dire, et que nous avions jusqu'ici renfermé jalousement dans notre cœur.

Un auteur ne produit qu'une seule œuvre vraiment digne de ce nom. Tout ce qui l'a précédée n'était qu'études préparatoires ; tout ce qui la suit n'est que commentaires ; dès qu'il a écrit son livre principal, il est temps qu'il se repose et se taise, car il n'a plus rien d'important à nous dire, ni qui mérite encore de captiver notre attention.

Il y a autant de styles convenables que de genres d'écrits différents, mais il n'y a qu'un seul style qui convienne parfaitement à un genre d'ouvrages déterminé.

CHAPITRE XXXIX

Des vers modernes, et plus spécialement des vers français.

Tout vers se compose de deux parties : le corps du vers et son enveloppe, la pensée et son ornement, le fonds et la rime ; l'une ne doit pas être sacrifiée à l'autre.

Le fonds ou sens du vers est sans doute le plus important, mais la rime a aussi sa valeur qu'il ne faut point mépriser.

La pensée du vers, qui est faite de bon sens et de raison, est le principal, et la rime en est le dernier agrément.

La rime est femme, et, comme presque toutes les femmes, elle cherche à empiéter sur le domaine d'autrui ; elle aspire à étendre son empire et à dominer d'une façon absolue. Ceci a son grand inconvénient et son énormité, et cela produit un certain désordre qui rompt le bel équilibre et qui gâte l'harmonie parfaite d'un bon vers.

La rime n'est qu'une parure ; elle doit être naturelle et sans prétention, ou elle risque de nous déplaire et de nous repousser. Un vêtement trop luxueux trahit toujours un mérite médiocre, mais la vraie beauté est aussi simple qu'aimable, et ainsi ne manque jamais d'être parfaitement éloquente.

Une rime trop riche et recherchée dérange la symétrie d'un beau vers, car elle n'est là que pour attirer l'attention, et son faux éclat ne brille le plus souvent qu'au détriment de la pensée, de la raison et du bon sens.

Un homme de goût méprise ces vains ornements et ne fait que rire d'une rime dont la pompe est trop fastueuse ; elle ressemble à ces femmes dont la toilette voyante et tapageuse et l'allure bruyante attirent tous les regards, et qui sont la risée des gens sensés.

Comme celle de la femme, la séduction d'une rime parfaitement charmante consiste tout entière dans l'observation du précepte qui commande la simplicité et le naturel.

La rime doit satisfaire l'œil aussi bien que l'oreille ; deux mots ne riment pas ensemble, quand l'œil proteste énergiquement contre la lâche indulgence de l'oreille.

CHAPITRE XL

Du mètre dans la poésie des Anciens, et de la rime dans celle des Modernes ; d'une visite de Casanova chez Voltaire.

La querelle des Anciens et des Modernes n'est qu'une vaine et sotte dispute de mots et qui ne décide de rien ; l'antiquité et les temps présents ont chacun leur propre mérite, qui est différent, et qu'on ne saurait faire entrer dans un parallèle rigoureux sans violenter la raison et le bon goût; c'est une comparaison forcée et toute gratuite, et dont il vaut mieux s'abstenir complètement que de vouloir en tirer un argument en faveur de la supériorité d'une époque sur l'autre.

La poésie des Anciens, de même que leur prose, diffère de la nôtre; ils ont le mètre, et nous avons la rime. Leurs vers ont tous un rythme très décidé et leur caractère particulier, qui sont déterminés par la succession de syllabes véritablement longues ou brèves, c'est-à-dire, qu'en vertu de quelques règles fixes, les syllabes sont partout longues ou brèves dans la suite des mêmes mots, en vers ou en prose, tandis que, chez les Modernes, on se contente de compter un certain nombre de syllabes toujours égal pour les vers de la même longueur, ce qui donne un rythme arbitraire, et qui est lâche et flottant; chez nous la même syllabe est longue ou brève à volonté, tantôt l'un, tantôt l'autre, selon le besoin, et aucune loi constante ne détermine la valeur des syllabes.

Nos vers ne seraient donc qu'une prose médiocrement rythmée, si nous n'avions recours à deux moyens ou expédients, à la césure dans les vers français, à la rime dans toute la poésie des modernes.

La césure a cet avantage qu'elle marque un arrêt, où la voix peut se reposer pour rompre et varier ainsi la cadence du vers, pourvu toutefois que ce repos paraisse convenable. Elle crée en outre une difficulté technique qu'il faut surmonter, et qui peut embarrasser les mauvais poètes et les détourner indirectement d'un genre d'occupation qui leur convient mal, tandis qu'elle n'est qu'un jeu facile pour les vrais poètes, et qu'une occasion de plus pour eux de faire éclater la supériorité de leur talent.

Quant à la rime, elle est en réalité la caractéristique véritable et l'ornement principal de la poésie moderne. C'est un nouvel obstacle à vaincre, car la rime doit être aisée et naturelle, et ne faire qu'un tout harmonieux avec le reste du vers.

C'est le triomphe aisé des plus rudes obstacles
Qui seul nous apprend l'art d'accomplir des miracles.

La rime est la musique du vers ; c'en est la mélodie et l'harmonie tout ensemble, dans un écho mystérieux et charmant, comme le son de deux cloches d'argent, et avec une sorte de prédestination nécessaire et fatale, qui semble nous faire croire que les beaux vers sont l'effet d'une inspiration divine, parce qu'il n'y a qu'une seule rime parfaitement convenable et qu'un mot pour terminer dignement un beau vers.

Il nous semble merveilleux que les rimes de deux ou de plusieurs vers s'accordent si complètement entre elles et forment un tout si harmonieux avec le reste, et que la pensée soit à la fois si claire, le sentiment, si ferme, le sens, si plein, et la forme si achevée et si belle. Ce spectacle excite notre surprise et notre admiration, et nous croyons assister à un miracle.

La prose des Anciens est rythmée aussi bien que leur poésie, avec cette différence que le mètre poétique n'est pas employé dans la première, et qu'il est indispensable et de rigueur dans la seconde, dont il fait la condition principale.

La poésie et la prose antiques sont tout naturellement musicales et mélodieuses.

Les vers n'ont chez les Modernes pas plus de mètre ni de rythme que la prose ; tout se décide par le nombre des syllabes, sauf que ce nombre est déterminé exactement pour les vers, et qu'il est libre et indifférent dans la prose.

Le seul signe distinctif et l'unique caractère de la poésie moderne se trouvent tout entiers contenus dans la rime.

Il est assez étonnant que beaucoup de poètes modernes, surtout en Allemagne, aient cru pouvoir se passer de la rime et imiter le mètre des Anciens, et qu'ils se soient contentés d'un rythme forcément inconsistant, apparent et fictif, puisque chez les Modernes nulle syllabe n'a sa propre valeur par elle-même, c'est-à-dire qu'aucune n'est essentiellement ni longue ni brève, sauf de rares exceptions, et quand l'accent tonique rend la syllabe forcément longue, comme dans l'italien, la seule langue qui ait conservé quelque trace du rythme.

Les vers modernes sans rimes ne sont que de la prose plus ou moins poétique et bien rythmée, et les fameux hexamètres de Gœthe et de Schiller ne sont pas non plus autre chose.

Ceci prouve la supériorité incontestable de la poésie française sur l'allemande, et comment la rigueur inflexible de certaines règles de sa prosodie lui assure l'avantage sur les autres, et la fait exceller extrêmement au-dessus de ses rivales.

Nous ne saurions estimer trop hautement nos grands et vrais classiques du xviie siècle.

Casanova, dans le récit de ses cent aventures, nous raconte sa visite à Voltaire, chez lequel se trouvait précisément un savant professeur de l'Université de Vienne en Autriche. La conversation roula en partie sur la question que je viens de traiter.

Voltaire avait très bien remarqué la différence du caractère de la poésie chez les Anciens et chez les Modernes, et que l'hexamètre allemand n'a ni le mètre ni le rythme antiques; mais il n'en avait pas bien saisi les raisons et les causes, ce qui fit que notre savant allemand parut triompher de Voltaire, en blâmant la prétendue raideur et l'uniformité apparente de l'alexandrin français; mais ceci n'est que l'erreur d'un ignorant des vraies règles de l'art et du beau; Voltaire était mal préparé à lui répondre convenablement et à le confondre comme il le méritait.

La poésie des Anciens semble forgée par des cyclopes et comme sortie d'un moule d'airain; le rythme, le nombre, la cadence, l'harmonie, tout y est mélodieux, mais la corde qui vibre là est toujours une corde de fer ou d'airain.

La poésie moderne est comme le chant d'Ariel dont la voix flotte mollement dans les airs, et qui charme par sa douceur les êtres et les choses; le rythme et la rime y ont je ne sais quoi d'aérien et de suave; la poésie moderne est pétrie dans un moule de cristal, et la corde qu'elle fait vibrer est toujours d'argent ou d'or.

La poésie ancienne est plus mâle et plus roide, plus vigoureuse et plus forte: la poésie moderne a plus de douceur et plus de grâce, plus de mollesse et plus de charme. La première est plus virile, la seconde, plus féminine; l'une, plus tyrannique, l'autre, plus séduisante. Là-bas, c'est la lyre d'airain, ici la harpe d'argent.

CHAPITRE XLI

Des deux sortes d'action dans la tragédie; sur Shakespeare; de la tragédie et du drame; du théâtre moderne; sur Lessing.

Il convient de distinguer deux sortes d'action dans la tragédie; l'une est tout extérieure et n'est qu'accessoire; elle est formée d'une suite d'événements qui y font irruption du dehors, comme des brûlots éclatent au milieu d'une flotte; l'autre, qui est l'essentielle, est tout intérieure, c'est-à-dire qu'elle se passe dans l'âme des acteurs; nous assistons à la lutte de plusieurs passions dans le cœur d'un même héros, ou ou conflit des caractères, des sentiments et des appétits des divers personnages entre eux.

Nous n'avons besoin des événements extérieurs qu'autant qu'il est nécessaire pour ébranler les passions ou les mettre en mouvement, et déchaîner ces luttes ardentes des appétits contraires, qui sont comme l'âme même et l'essence de la tragédie. Tout le reste est inutile et superflu, et doit compter pour rien. Tout ce qu'on nous donne de trop par cette voie n'est qu'un triste bavardage et que la vaine illustration d'un simple fait divers.

Shakespeare est prodigue de son génie; il donne à pleines mains ce qu'il a et dépense sans compter; il jette pêle-mêle dans son creuset les lingots de cuivre aussi bien que les barres d'or; il fait fondre une statue colossale, mais d'un alliage étrange et douteux, et,

> Sauvage de génie, autour d'un feu dansant,
> Qui nous noie à plaisir dans des fleuves de sang,

il crée une œuvre disproportionnée et démesurée, d'un jet énorme et monstrueux; le beau et l'horrible, le grand et le mesquin, le sublime et le bas, le noble et le vulgaire, le tragique et le comique, le haut et le grotesque, tout s'y coudoie et s'y mêle sans choix, sans ordre et sans goût, dans un affreux laisser aller, chaotique et sans harmonie.

Il manque de simplicité, de clarté, de concision et de précision ; tout y est trop long, diffus, mal ordonné ; un vain bavardage s'y allie à l'éloquence la plus forte ; il a plus de génie que de talent, plus de cœur que de tête ; en lui, l'élément dionysien opprime et étouffe l'apollinien ; la pondération et la modération lui font défaut ; ce n'est pas un classique, mais un gothique du genre le plus tranché, un romantique du caractère le plus décidé et le plus pur.

Les Modernes n'ont pas su lui emprunter ce qu'il a d'excellent et d'inimitable, et ont exagéré maladroitement ses plus grands défauts.

Ses drames n'ont ni unité d'action véritable, ni économie générale, ni rapidité dans la marche ; on comprend très bien pourquoi ses faibles successeurs ont imité surtout ce qui était le plus facile à copier, son action multiple, ses graves excès et sa prolixité fatigante.

Il accorde trop d'importance à son action extérieure, dont l'exagération est si énorme qu'elle fait éclater le cadre ; il accumule les événements du dehors, qui envahissent la scène et viennent y étouffer le sujet principal ; il en tire un parti trop large et des avantages accessoires et partiels, qui nuisent singulièrement à la belle ordonnance et à la parfaite symétrie de l'ensemble ; l'action intérieure, qui est l'essentielle, paraît souvent sacrifiée à des détails superflus, et languit extrêmement par endroits.

Les figures sont brossées à fresque, les caractères, dessinés d'un crayon trop riche et trop facile, non pas que les traits qu'il leur imprime manquent d'énergie ou de force, mais leur grand nombre et leur diversité ne forment, en mainte occasion, que des images flottantes et indécises, tandis qu'un petit nombre de coups de pinceau plus appuyés donnerait à ses personnages une fermeté, une décision et un relief qui sont préférables à tout le reste, quel qu'en soit d'ailleurs le mérite relatif.

Les personnages de Shakespeare sont presque tous des sceptiques qui doutent d'eux-mêmes et de leurs entreprises ; ils reflètent pour la plupart le propre caractère de leur créateur, qui était un lecteur passionné et un adepte convaincu de notre charmant Montaigne, l'aimable maître ondoyant et divers.

Shakespeare a puisé dans son auteur favori le goût d'une philosophie très douce et très indulgente, qui est excellente dans la vie pratique et qui peut même orner très convenablement la poésie épique ou lyrique, mais qui convient assez mal au théâtre, parce qu'elle donne aux personnages ce caractère flottant, cette indécision et ce doute qui font traîner l'action, et qui nuisent à la beauté et à l'intérêt.

L'hésitation ne doit durer que le temps nécessaire à faire un choix, et l'action doit suivre alors avec rapidité, ou bien l'on risque d'affaiblir la puissance de l'intérêt, et d'allonger le sujet sans raison.

Cette funeste confusion embrouille trop les choses ; elle étonne et étourdit le spectateur, et le rend incrédule et perplexe. Cette infinité de détails superflus éblouit trop nos yeux et fatigue la vue ; on nous montre tant de choses, tant de tableaux, et de si différents, s'offrent sans cesse à nos regards, comme dans un immense kaléidoscope, que notre attention, toujours distraite de son véritable objet, devient incapable de se concentrer et de se fixer fortement quelque part.

L'intérêt se divise, les impressions s'éparpillent, et l'action principale, constamment retardée, risque souvent de nous échapper ou nous laisse enfin tout à fait indifférents et froids.

Ce genre d'ouvrages, tout analytique, ne vaut que par l'abondance et l'ingéniosité des détails ; c'est une manière de roman, mais une bonne pièce de théâtre doit être synthétique, et ne souffre pas cette grande multitude d'incidents qui gênent sa marche, et étouffent son développement normal et logique.

Dans Shakespeare l'inspiration est admirable et singulièrement forte, mais l'expression est trop souvent lâche et faible, ce qui donne à ses œuvres un caractère indécis et flottant. Chez lui, les mouvements du cœur sont impétueux, mais ils sont mal réglés par une raison dont la culture est imparfaite, et qui manque encore de droiture et de fermeté.

Il était né dans un siècle barbare; l'éducation qu'il avait reçue était rudimentaire et avait été négligée dans ses parties essentielles ; c'est ce qui explique le dévoiement de ce grand et beau génie ; l'élément dionysien l'emportait chez lui sur l'apollinien.

Il est grand poète, mais assez mauvais dramaturge. C'est l'un des trois ou quatre plus grands poètes qui aient existé. Ce titre suffit à sa gloire, et nous fait oublier ses nombreuses imperfections.

Shakespeare ressemble à un heureux chasseur qui revient chargé de butin, et qui sert à ses convives la chair crue et pantelante des bêtes qu'il a tuées. Ce qui lui manque le plus, c'est l'art d'accommoder comme il le faudrait les aliments qu'il nous présente.

Le théâtre moderne n'est pas du théâtre ; c'est du roman, mais du mauvais roman.

Cette masse d'événements vulgaires et d'aventures insipides et triviales, cette infinité de plats détails, dont on charge la scène moderne, n'a guère de quoi charmer des esprits délicats ; ce que nous voulons au théâtre, c'est la peinture des mœurs et le développement des caractères, c'est le conflit des passions, la lutte des personnages entre eux et avec eux-mêmes, c'est la fermeté et la constance du héros bravant les forces de l'univers, et défiant la fatalité du Destin ; voilà ce qui seul nous intéresse fortement ; le reste nous importe peu ; nous exigeons qu'on atteigne ce but par des moyens honorables, et non par toute espèce de moyens.

Cette accumulation impudente de faits extérieurs est un moyen facile et quelque peu méprisable d'éveiller sans cesse, par de nouveaux artifices, la curiosité d'un spectateur blasé ou sans culture.

Tous ces faux accessoires détournent l'esprit de l'essentiel qui est de nous émouvoir, de nous instruire et d'exciter notre courage ; c'est une triste ressource qui n'est pas digne d'un bon auteur, et qui se respecte lui-même.

Si une multitude d'événements est nécessaire dans l'épopée et dans le roman, on ne saurait la souffrir dans une tragédie ni dans une vraie pièce de théâtre, qui tire toute sa grandeur et toute sa beauté d'une forte action intérieure.

La poésie lyrique d'aujourd'hui n'est aussi qu'un verbiage prolixe et plat.

La tragédie, ou toute autre bonne pièce de théâtre, ne doit pas être la représentation d'une réalité, qui devient fausse par exagération et à force d'excès et de vulgarité, mais la peinture de quelques traits saillants du caractère et de quelques grands mouvements des passions, tels que ceux qui nous ont frappés dans les héros les plus fameux de l'histoire. Par le spectacle qu'on nous offre de leur vertu et de leur constance, on nous les propose comme des exemples à suivre, et comme de hauts modèles sur lesquels il est bon que nous tenions nos regards attachés, pour essayer de les imiter autant qu'il est en nous.

La tragédie est une école d'héroïsme, et comme, à part les épisodes comiques, la trame de la vie, passée entre les chaînes du métier que forment les événements de l'existence, est tissée surtout de fils dont la couleur est héroïque et tragique, nous voyons pourquoi, le cours du monde étant essentiellement dramatique, la tragédie est pour nous comme une vie en raccourci, et un abrégé de la philosophie et de la sagesse universelles.

La vie, c'est de l'art tragique ; la tragédie, c'est de l'art vivant. Voilà pourquoi la tragédie a une si grande importance ; c'est une image de notre destinée. La tragédie nous met en apprentissage, elle nous pousse à l'héroïsme et nous invite à supporter toutes les épreuves, et à souffrir toutes les douleurs que nous réserve l'existence ; elle nous fait voir que la vie est bonne et qu'elle mérite d'être aimée, malgré ses maux et ses misères.

Quelles grandes leçons ne nous donne-t-elle pas, et comme on sent bien qu'elle est la haute école de la vie.

Les mauvaises tragédies, et toutes les mauvaises pièces de théâtre, nous donnent le goût des vains divertissements et une dissipation méprisable, ou bien, si nous vivions déjà au sein du désœuvrement et des faux plaisirs, nous rechercherons tout naturellement les basses distractions, et nous serons attirés par des spectacles sans noblesse et sans grandeur. Nous n'avons que faire de la peinture des trivialités de l'existence ; nous ne les connaissons que trop, et elles ne nous apprennent rien de nouveau ni d'intéressant, au lieu que le spectacle d'une belle âme et d'une grande action nous émeut toujours, et, en excitant en nous une noble émulation, entraîne irrésistiblement tous les cœurs, et emporte tous les suffrages. C'est l'enseignement dont nous avons le plus besoin, et voilà pourquoi le théâtre de Corneille en particulier contient une si haute et si admirable leçon. Ç'a été la grande et l'irréparable erreur de Lessing d'avoir préféré Shakespeare aux classiques français, et par contre-coup aux Grecs. C'est de là qu'est venu tout le mal qui sévit dans la littérature moderne.

Shakespeare est un barbare dont le génie est immense, mais c'est un barbare, et c'est ainsi que les Grecs auraient senti ; ils auraient accablé les drames de Shakespeare de leur mépris et de leurs huées ; le goût sûr de Voltaire ne s'y est pas trompé.

C'est parce que Shakespeare n'est pas assez grand artiste que nous devons lui faire la guerre. Les mauvais drames d'aujourd'hui, et les tristes pièces de théâtre qu'on représente sur nos scènes modernes, sont une pâture qui plaît à merveille aux esprits grossiers ou superficiels, mais la tragédie classique, et les meilleurs ouvrages de quelques rares auteurs contemporains, contiennent seuls l'aliment qui convient aux natures exigeantes et délicates.

La tragédie est notre univers et la synthèse de notre existence ; l'univers est une tragédie et c'est la grande synthèse tragique : ceci nous montre à quel point tout est lié et comme tout se tient dans le monde et dans la nature, et que la tragédie est l'essence même de l'univers ; et c'est pourquoi je me suis arrêté volontiers à l'étude des plus grands poëtes tragiques, et la raison pour laquelle je me propose d'examiner plus particulièrement Corneille, qui me paraît être le plus remarquable de tous, outre, qu'étant français, il est si fort des nôtres.

La tragédie est la grande école des héros et des princes ; c'est ce que Napoléon a si bien compris, lui, le dieu et le grand héros tragique, et c'est pour cette raison qu'il a honoré Corneille d'un témoignage suprême et d'un laurier immortel, et pourquoi il lui a conféré la plus haute distinction dont il disposât ; Corneille mort, il en a fait comme un prince posthume, par sa grâce souveraine d'empereur tout-puissant.

Un instinct tragique fait le fonds de l'univers. Le grand style, c'est le style lapidaire, la phrase frappée en médaille ; le grand style, c'est le style tragique. Lessing a fait le plus grand mal aux Allemands en les détournant des Grecs et des Français, pour les jeter dans les bras de Shakespeare ; c'est un bien mauvais tour qu'il leur a joué, et il leur a nui pour longtemps. Du coup qu'il leur a porté, pour les pousser sur une fausse route, ils ont gardé une vilaine marque, qui les défigure encore et dont ils se déferont difficilement ; le virus shakespearien les infecte tous et gâte les meilleurs d'entre eux, et même Gœthe et Schiller.

Un chien qui pisse contre un beau monument ou sur la statue d'un grand homme, peut nous exciter à rire, mais ce qu'il fait là n'en est pas moins l'acte d'un chien.

Si j'avais trouvé dans le monde quelque aliment qui eût été de nature à contenter mes désirs, ou quelque attrait digne de captiver mon attention, cette rencontre aurait pu, en quelque manière, me détourner du véritable objet de ma vie ; le monde n'y aurait pas perdu grand'chose, mais le dommage eût été immense pour moi : j'aurais lâché la proie pour l'ombre.

Mes cinq grandes adorations sont Sophocle, Corneille, Napoléon, Beethoven et Nietzsche.

Envisager une entreprise difficile où l'on finit par réussir, c'est comme si l'on regardait une haute montagne dont on fera un jour l'ascension ; on se met en route, désespérant d'arriver, et tout à coup la cime se dresse devant nos yeux étonnés et ravis.

De même qu'un grand capitaine et qu'un conquérant, le poète et le penseur remportent des victoires et distribuent des empires.

Comme la marche n'est qu'une chute toujours retardée, de même l'ordre et l'harmonie qui règnent dans l'univers ne sont qu'une guerre constamment reculée.

CHAPITRE XLII

Parallèle entre Corneille et Racine.

On a beaucoup disputé pour savoir lequel est le plus grand des tragiques français, de Corneille ou de Racine, et chacun d'eux a trouvé des partisans enthousiastes et des défenseurs convaincus, sans qu'il ait été possible de trancher la question d'une manière définitive, ni de décider pour l'un plutôt que pour l'autre. Le débat est donc toujours ouvert, parce que l'essentiel n'a pas été dit.

Le dix-septième siècle penchait fortement pour Corneille, et le grand Condé, Saint-Évremond et Madame de Sévigné ont été unanimes à lui décerner la palme.

Un revirement a lieu avec Voltaire et le dix-huitième siècle, et Racine recueille la majorité des suffrages. Depuis lors sa réputation n'a fait que grandir, et les lettrés modernes semblent d'accord pour lui donner la préférence.

Ainsi donc, il convient de remarquer qu'à l'époque la plus glorieuse de l'histoire de France, au moment où les lettres françaises brillaient d'un éclat incomparable, lorsque, dans tous les genres et dans tous les domaines, une foule de génies et de grands hommes illustraient leur pays et attiraient sur lui les regards de l'Europe tout entière, tous les gens avisés, tous les hommes de valeur, tous ceux qui s'entendaient à juger et dont l'opinion était de quelque poids, tous ensemble ils témoignèrent pour Corneille une prédilection marquée.

Ce dix-septième siècle fut en outre le siècle de l'héroïsme et des grandes traditions, celui de la renaissance des lettres et des mâles vertus de l'antiquité.

La décadence commence au dix-huitième siècle et elle n'a fait que se précipiter davantage de nos jours.

N'est-il pas curieux de constater que la célébrité de Corneille a décliné, tandis que celle de Racine n'a fait que croître ?

Le dernier admirateur convaincu de Corneille, et qui fut tout ensemble le plus grand génie des temps modernes et de tous les temps, Napoléon, l'a fait remonter pour un instant à la place qu'il avait si dignement occupée naguère. Ce signe des temps est caractéristique ; c'est un symptôme dont l'interprétation mérite d'intéresser les meilleurs esprits.

Quelques critiques contemporains font observer que Louis XIV et sa cour ont réservé toutes leurs sympathies à Racine, et ils ajoutent que cette marque d'estime, accordée publiquement à son poète favori par un prince d'un si grand goût, doit décider de la question. Ils ne voient pas que Racine, poli et galant comme son maître, était justement l'homme qu'il fallait à Louis XIV, et que la cour de celui-ci, formée sur son modèle, ne pouvait qu'applaudir à son choix. Ceci ne prouve donc pas grand'chose.

Le souverain et son auteur préféré avaient une grande affinité de caractère et de mœurs ; les loisirs, le goût du luxe, l'amour, la mollesse, une brillante élégance tenaient une assez grande place dans leur vie ; il n'est donc pas étonnant qu'ils se soient plu, puisqu'ils se ressemblaient si fort. Racine est brillant, élégant et sensuel comme son roi ; ses personnages leur ressemblent à tous les deux. Il a le goût le plus pur, l'esprit le plus raffiné, la langue la plus châtiée et la plus polie de son siècle, et l'on rencontre dans ses ouvrages tout ce que la mesure, l'ordre, le rythme, le nombre, l'harmonie, pouvaient y introduire de plus admirable et de plus parfait. Ses tragédies sont des modèles d'éloquence noble et soutenue, et son style est d'une simplicité, d'une clarté, d'une précision, d'une pureté et d'une élégance toujours égales et toujours étonnantes. Il ne s'élève pas si haut, mais il ne tombe jamais si bas que Corneille, et il se tient plus constamment dans une région moyenne.

Ce qu'on peut reprocher à sa manière d'écrire, c'est une certaine uniformité qui dégénère parfois en monotonie, et qui éclate et se fait sentir dans quelques endroits languissants et faibles. Ces petits défauts reflètent en quelque sorte ceux de sa propre nature, aussi bien que ceux qu'on observe dans le caractère de ses héros. Ainsi donc, à part quelques taches légères qui n'ont guère d'importance, on peut dire que son œuvre est partout digne d'exciter l'admiration et l'enthousiasme.

Racine était né en 1639; Corneille était de 1606; il y avait donc entre eux un écart de trente-trois ans; ceci est énorme; c'est toute une existence, si l'on considère que l'homme vit en moyenne soixante-dix années, dont les vingt-cinq premières sont toutes de préparation, et les dix ou quinze dernières, toutes de recueillement et de souvenir, si bien qu'il ne lui reste, pour ainsi dire, qu'une trentaine d'années pour accomplir son œuvre.

J'insiste sur ce point, qui explique bien des choses et dissipe bien des malentendus. Corneille a vécu sous trois rois, sous Henri IV, Louis XIII et Louis XIV. Il est né au moment où la grandeur et la gloire d'Henri IV se trouvaient à leur apogée; il a aperçu les derniers rayons de cet astre brillant; on lui a parlé de la Ligue, on lui a fait le récit des luttes héroïques qui ont un moment déchiré la France.

Au cours de l'éducation qu'il a reçue, il a entendu vanter l'esprit guerrier et les mâles vertus de cette époque tumultueuse. Puis sont venus Louis XIII et Richelieu; Richelieu, le disciple et le continuateur du Béarnais, et, comme celui-ci, aussi bon soldat que profond politique. Corneille a assisté plus tard aux luttes de la Fronde.

Voilà les enseignements qu'il a reçus; voilà les modèles qu'il avait devant les yeux et qui l'ont inspiré dans ses ouvrages. Son haut esprit, son âme enthousiaste, son cœur ardent et généreux s'emparent avidement d'une nourriture qui leur convient à merveille. Cette virile semence germe rapidement dans un terrain si propre à la recevoir, et produit bientôt des tiges robustes.

On a reproché à Corneille, et avec quelque apparence de raison, son style parfois inégal, précieux, emphatique et déclamatoire, et son langage vicieux par endroits; l'on veut tirer de cette constatation, quand on le compare avec Racine, la preuve que ce dernier avait plus de génie que son devancier.

C'est le contraire qui est vrai, si l'on a raison d'entendre par génie un instinct et une impulsion dont nous ne sommes pas les maîtres, un instinct qui nous opprime et nous gouverne despotiquement, une impulsion irrésistible qui nous pousse aveuglément vers un point que nous ne pouvions apercevoir d'avance, au lieu que le talent, qui caractérise surtout le grand artiste qu'était Racine, consiste tout entier dans un sens droit, un jugement réfléchi, une saine raison, et il est le frein qui modère, et la règle qui dirige les élans les plus impétueux de notre imagination.

Pour ce qui est de la façon d'écrire de Corneille, il convient de remarquer que la langue française n'était pas encore formée lorsqu'il parut, et que c'est lui qui a commencé à la fixer; il est d'ailleurs créateur dans tous les genres, et sa connaissance de l'art de la guerre, la sûreté de son sens politique, et l'éloquence et la force de ses discours oratoires n'ont pas seulement frappé d'admiration les plus grands hommes de son temps, comme Condé et tant d'autres, mais ils sont encore aujourd'hui pour nous un sujet toujours nouveau d'étonnement, et une source inépuisable des leçons les plus salutaires.

Les défauts de son style s'expliquent par le mauvais goût qui régnait à cette époque, gâtée par l'enflure espagnole et les concetti ou jeux d'esprit italiens. Les mauvais modèles, qu'il a imités dans sa jeunesse, lui ont donné des défauts dont il ne s'est jamais corrigé complètement, sauf dans ses ouvrages les plus achevés et ses chefs-d'œuvre les plus parfaits.

Devenu vieux, il est retombé dans ses anciennes erreurs. C'est pourquoi l'on rencontre dans ses tragédies des termes précieux, dignes de l'hôtel de Rambouillet, des jeux de mots insupportables, des parties plus brillantes que solides, de l'emphase et de l'enflure, et un langage parfois trop pompeux et déclamatoire.

Ce qu'il a plus que nul autre, c'est le souffle, l'élan et la force, la hardiesse des pensées, des sentiments et des expressions, et je ne sais quelle grandeur souveraine qui nous transporte d'enthousiasme, je ne sais quelle sublime inspiration dont les effets divins ou terribles nous font frissonner de joie ou d'horreur.

Corneille a plus de génie, Racine, plus de talent; Corneille est plus tragique, Racine est davantage un poète lyrique et élégiaque; le premier est le peintre des caractères, de la vertu, de l'héroïsme, de la grandeur; le second, celui des mœurs, des passions, de l'amour, de la faiblesse; l'un s'adresse de préférence aux hommes et aux esprits virils; l'autre, aux femmes et aux âmes sensibles.

Les passions et l'amour sont la grande affaire des héros de Racine; ceux de Corneille brillent surtout par la force de leur caractère et leur héroïque vertu.

Chez Racine, tout est matière à l'amour; tout lui est subordonné; l'amour est la seule chose importante, et le reste n'est que l'accessoire.

Chez lui, la valeur, le courage, la grandeur et la gloire ne sont que des prétextes; ils ne servent qu'à augmenter la force d'une passion despotique, et qu'à faire croître la violence de tous ses mouvements.

Chez Corneille, tout au contraire, la vertu, l'héroïsme, la grandeur, la renommée sont la chose essentielle; l'amour ne joue qu'un rôle secondaire, et tout son pouvoir ne tend qu'à exciter davantage la valeur de ses héros; il les invite à bien faire, et leur inspire cette noble émulation qui fait accomplir les plus grandes choses.

Dans ses ouvrages, l'amour est la source naturelle de l'héroïsme, et l'on y rencontre toutes les sortes d'amour; l'un des plus fréquents est l'amour de la patrie.

Le théâtre de Corneille est une école d'héroïsme, celui de Racine, une école de galanterie.

Chez le premier, la puissance, la noblesse et l'élévation du souffle sont admirables, et sa force tragique, *vis tragica*, est immense et agit avec un enthousiasme sublime et tout divin, *furor divinus*.

Chez le second, le naturel et la sincérité des sentiments sont extraordinaires, et sa force poétique, *vis poetica*, est irrésistible et se fait sentir avec une éloquence persuasive et toute divine, *suaviloquentia divina*.

Chez l'un, c'est l'élément dionysien qui prédomine, chez l'autre, c'est l'apollinien.

Louis XIV était trop éloigné et trop différent de Corneille pour l'apprécier à sa juste valeur et selon son mérite; étant plus près de Racine, avec lequel il sympathisait si fort, il n'est pas étonnant qu'il ait ressenti pour lui une prédilection marquée.

Le genre d'esprit de Voltaire était aussi plus voisin de celui de Racine; c'est ce qui explique pourquoi il lui a accordé la préférence sur Corneille.

Voltaire aimait le beau langage et il savait raisonner avec logique et justesse, mais il lui manquait la profondeur, le feu sacré et le souffle de l'inspiration. Ses tragédies sont régulières mais froides; on peut à peine en excepter *Mahomet* que Gœthe a pris la peine de traduire, mais où son auteur peint Mahomet comme un ambitieux vulgaire au lieu du grand homme et du génie qu'il était. L'art tragique de Voltaire est euripidéen, mais on n'y trouve pas les grandes qualités d'Euripide, c'est-à-dire qu'il n'a de ce poète célèbre que sa logique implacable et sa forte dialectique, ce qui est trop peu pour faire une bonne tragédie.

On a fait un crime impardonnable à Corneille du jugement qu'il avait porté sur les deux premières pièces de Racine; mais, outre que ces essais sont bien faibles, quand on les compare avec ce qu'il produisit par la suite, il faut bien reconnaître que Racine fut toute sa vie poète plus parfait et artiste plus accompli que grand tragique. Corneille l'appelait le doucereux, et il est certain que tous ses ouvrages ont cet air doucereux, qui contraste si étrangement avec l'âpreté et la rudesse cornéliennes.

Corneille était vieillissant, lorsque débuta Racine, et celui-ci, en entrant dans la carrière, que son rival ne remplissait plus qu'à peine et assez mal, trouva bon de se venger de ses anciens mépris, en parodiant quelques-uns de ses vers et en attaquant ses derniers ouvrages, qui étaient les moins remarquables et les plus faibles. Ceci est un assez vilain trait de son caractère, et qui témoigne de son impuissante envie et du sentiment qu'il avait de son infériorité dans le genre le plus élevé, ainsi qu'il l'a franchement reconnu plus tard dans l'éloge qu'il fit de Corneille à l'Académie française.

Racine a pour lui les suffrages de Fénelon, de Voltaire, de Vauvenargues et de quelques autres; Corneille compte parmi ses adorateurs les plus grands esprits et les génies de l'ordre le plus rare, comme Condé et Napoléon; de même Saint-Evremond et Madame de Sévigné, dont le goût était si sûr, ont été d'accord pour lui décerner la palme.

Corneille tient plus d'Eschyle et de Sophocle que d'Euripide, et je ne vois nulle part chez les Grecs, dans le genre où il excella, qui est l'héroïque, et que je place au-dessus de tous les autres, d'ouvrage qui puisse être comparé à ses meilleures pièces, si ce n'est peut-être le *Prométhée enchaîné* d'Eschyle, qui est animé de ce même héroïsme sublime que je trouve si admirable dans Corneille, et le *Philoctète* et l'*Électre* de Sophocle, œuvres aussi fortes et aussi terribles que les plus célèbres du grand tragique français, dans cette manière qui lui était spéciale et où il fit merveille.

Racine s'inspire de Sophocle et principalement d'Euripide, dont il a imité deux tragédies, *Phèdre* et *Iphigénie en Aulide*, et dont il aime à suivre l'ordonnance logique et savante. Il y a dans Racine une grâce, une souplesse et une élégance qui sont inimitables; il y a dans Corneille une plénitude, une force et une vigueur que rien ne saurait égaler, et qui sont toutes romaines. Racine imite davantage les Grecs de la décadence: Corneille suit plutôt les grandes traditions de la bonne époque hellénique, et s'inspire de la vertu romaine des meilleurs siècles. Je ne trouve pas qu'il ait donné trop de faste et de pompe aux discours qu'il prête à ses Romains.

Il est juste d'examiner sous ce rapport ce qu'il a produit de plus parfait, c'est-à-dire *Horace* et *Cinna*; je n'y découvre que simplicité, dignité, force, noblesse, fierté, élévation, majesté, grandeur, sublimité, toutes qualités propres à la nation qu'il avait entrepris de nous faire connaître.

Corneille est le grand peintre de l'héroïsme, Racine, le doux chantre de l'amour.

Eschyle est plus dionysien qu'apollinien ; dans Sophocle il y a un équilibre presque parfait entre les deux éléments, avec une prédominance de l'apollinien ; chez Euripide, c'est l'élément apollinien qui l'emporte complètement.

Cette échelle peut nous servir à mieux classer et à juger plus équitablement nos tragiques français.

Chez les tragiques grecs de la bonne époque, l'amour ne remplit qu'un rôle tout effacé et accessoire : ce n'est pas encore une passion et c'est à peine un sentiment. A partir d'Euripide, l'importance de l'amour grandit avec celle de la réflexion, du raisonnement, de la logique et de la dialectique. Contemporain de Socrate et de Platon, il subit leur influence et introduit dans ses pièces leurs idées et leurs théories, leur méthode et leur argumentation. Comme Platon, il accorde une place très considérable à l'amour.

C'est l'époque de la décadence grecque, et celle du triomphe de la réflexion sur l'instinct, et de la science sur l'art.

Ces premiers décadents grecs sont les premiers Modernes.

Considérés de ce point de vue, Corneille est païen, Racine, chrétien. L'un est optimiste, l'autre, pessimiste. La tendance du premier est ascendante, celle du second, descendante ; la ligne cornélienne monte, la racinienne décline ; l'influence de Corneille est tonique et vivifiante, celle de Racine, déprimante et mortifiante.

L'idéal cornélien, en subordonnant la femme à l'homme, les place dans leur rapport naturel ; l'idéal racinien rompt l'équilibre, et, en fortifiant l'influence et le pouvoir de la femme, rabaisse le mérite et la grandeur de l'homme ; chez Racine les hommes même ont quelque chose de mou et d'efféminé ; les femmes les rabaissent à leur niveau ; son théâtre ne vit que par ses héroïnes ; chez Corneille, au contraire, les femmes même ont le caractère viril, et la valeur des hommes les élève jusqu'à eux.

Héroïnes ou héros, tous rivalisent à l'envi, tous sont animés d'une noble émulation, et luttent à qui l'emportera à force de vertu et d'héroïsme.

Le génie de Corneille, comme celui de Michel-Ange et de Beethoven, est masculin ; le génie de Racine est féminin, comme celui de Raphaël et de Mozart.

La langue de Racine est pure et élégante, mais souvent molle et efféminée ; celle de Corneille, parfois embarrassée et vicieuse, est presque toujours énergique et forte. Dans le style de Racine, tout est parfaitement calculé et ordonné ; la phrase, logiquement construite, se développe lentement et sûrement, formée par une raison prudente ; l'expression est simple, claire, limpide et transparente ; rien n'est laissé à l'abandon, tout est savamment conduit et avec sagesse ; tout est d'un rythme harmonieux. Dans le style de Corneille, tout semble improvisé et comme l'effet d'une inspiration soudaine ; la phrase, animée d'un souffle impétueux, se précipite sans retard, formée par un instinct naïf ; tout y paraît abandonné au hasard ; et l'on dirait que rien ne s'y produit que par la force d'un pouvoir secret et d'un art occulte ; tout y est d'une puissance merveilleuse.

Le langage de Racine est d'une politesse exquise et raffinée, d'un charme suave, plein de réserve et de mesure, de pudeur et de grâce, de goût, de retenue et de douceur. Le langage de Corneille est d'une naïveté drue et primesautière, d'une saveur amère, plein de verdeur et de sève, de hardiesse et de force, d'imprévu, d'audace et de grandeur. Le premier s'inspire d'Euripide, de Platon et de l'antiquité grecque des derniers siècles ; le second doit plus à Eschyle, à Sophocle, à Plutarque, aux Romains, à Amyot et à Montaigne. L'idéal de l'un est le canon de la beauté féminine ; l'idéal de l'autre, le canon de la beauté virile. En résumé, ils sont tous deux admirables, et leur œuvre forme comme la grande synthèse de l'esprit et du génie français. Leurs qualités sont opposées, et leurs génies s'excluent mutuellement. La faiblesse de la nature humaine ne souffre pas la réunion de deux mérites si éminents et si divers dans un seul homme, et la perfection absolue ne se rencontre nulle part.

S'il est permis, néanmoins, de les comparer et de leur assigner à chacun leur vrai rang, on pourrait dire que Corneille fut grand par l'héroïsme et par la force, Racine par la douceur et par l'amour.

En reconnaissant que le canon de la beauté masculine est sans doute quelque peu supérieur à celui de la beauté féminine, et que l'idéal de Corneille nous élève et nous transporte, et nous excite toujours à mieux faire, tandis que celui de Racine nous déprime et souffre en nous une faiblesse qui nous dégrade et nous ravale toujours, j'incline à accorder la préférence à Corneille, mais, en même temps, je proclame hautement la beauté et l'excellence du génie de Racine.

Les héros de Corneille chérissent l'existence et affirment sa beauté, même lorsqu'elle exige d'eux le sacrifice de leur vie, et ils courent à la mort en bénissant le destin qui les immole.

Ceux de Racine haïssent généralement l'existence et ils en nient la bonté, même lorsqu'ils n'ont aucune raison sérieuse pour s'en plaindre ; ils tombent dans le désespoir, et, quand ils meurent, ils finissent presque toujours par maudire la vie.

On rencontre aussi dans Corneille un plus grand nombre de ces vérités éternelles, de ces pensées universelles, de ces maximes et de ces sentences générales qui forment comme le trésor commun de l'humanité, et qui trouvent leur application dans les circonstances les plus importantes de la vie. C'est là un trait sophocléen, et c'est une des plus grandes et incontestables supériorités de Corneille sur Racine.

Dans le jugement qu'il portera sur nos deux grands tragiques, chacun décidera selon sa nature et son tempérament.

Quant à moi, je nourris, je l'avoue, une prédilection marquée pour Corneille, et je n'hésite pas à lui décerner la palme suprême.

Les plus favorisés et les plus heureux d'entre nous sont ceux dont la riche et généreuse complexion leur permet de comprendre, de goûter, d'admirer et d'aimer également les deux plus grands génies tragiques de la France, et deux des plus beaux de l'humanité.

Racine ne s'élève jamais si haut et ne tombe jamais si bas que

Corneille, mais les meilleurs endroits de ce dernier sont d'une sublimité incomparable.

Corneille peint à fresque, Racine, à l'huile; le style de Corneille a des aspérités et de la rudesse, mais des ombres, du relief et de la splendeur; celui de Racine est sans cesse uni et pareil, mais il risque, à la longue, de devenir fatigant et monotone, parce qu'il reste toujours trop parfaitement égal et brillant.

Je vais essayer maintenant d'examiner les pièces les meilleures et les plus célèbres de ces deux auteurs, en laissant de côté tout ce qu'ils ont produit avant ou après de plus faible et de moins remarquable. Je me propose en même temps de comparer ces différentes pièces entre elles, et d'opposer chaque fois un ouvrage de Corneille à un de Racine.

J'en ai choisi quatorze, soit sept pour chacun d'eux; ce sont les suivants : pour Corneille, *le Cid, Horace, Cinna, Polyeucte, la Mort de Pompée, Rodogune* et *le Menteur;* pour Racine, *Andromaque, Britannicus, Phèdre, Iphigénie en Aulide, Mithridate, Athalie* et *les Plaideurs.*

Commençons par *le Cid* et *Andromaque* et remarquons tout de suite que *le Cid* parut en 1636, trois ans avant la naissance de Racine. Corneille avait trente ans; *Andromaque*, fut jouée en 1667, Racine ayant accompli sa vingt-huitième année. Corneille avait débuté à vingt-trois ans par *Mélite;* Racine, à vingt-cinq, par *la Thébaïde.*

Corneille fut donc un peu plus précoce, mais nous voyons que le talent de Racine se développa plus rapidement par la suite.

Si je compare d'abord *le Cid* avec *Andromaque*, ce n'est pas seulement parce que ce sont les premières tragédies vraiment remarquables de leurs auteurs, mais surtout parce qu'elles ont quelque point de ressemblance, et qu'elles traitent toutes deux de l'amour, avec la différence qui est dans le génie des poètes, mais avec quelque analogie lointaine dans le sujet des pièces et dans le caractère des héros.

Premièrement, quant au sujet, je vois des deux côtés le devoir en conflit avec l'amour.

Rodrigue aime Chimène, qui le paie de retour ; pour venger l'honneur de son père outragé, il tue le père de Chimène ; celle-ci fait violence à son cœur, et, n'écoutant que son devoir, demande justice au pied du trône et réclame la tête du meurtrier.

Le roi, qui ne peut se résoudre à frapper le vainqueur des Maures, ni à priver l'Espagne de son plus fort rempart, a décidé de conserver la vie au coupable, qui, dans l'intervalle, a reparu après avoir triomphé de nouveau des ennemis de sa patrie.

Chimène revient à la charge ; le roi, qui a appris son amour, veut l'éprouver et lui fait croire que Rodrigue a succombé dans la bataille.

Chimène se trouble et se trahit, mais elle explique sa défaillance par le dépit qu'elle ressent à voir la victime échapper au châtiment qu'elle lui destinait, c'est-à-dire à l'échafaud, tandis qu'il serait mort au lit d'honneur.

Elle demande au roi qu'il lui permette de faire appel à la vaillance des jeunes cavaliers de la cour ; don Sanche, amoureux de Chimène, accepte avec joie de la servir et défie Rodrigue.

Le roi autorise à regret un combat qu'il réprouve, et exige de Chimène qu'elle acceptera le vainqueur pour époux. Rodrigue désarme don Sanche et lui laisse la vie par estime pour Chimène, mais il le prie en même temps de porter au roi l'épée que lui a prise le vainqueur. Chimène, en voyant don Sanche porteur du trophée, s'imagine que Rodrigue a péri et s'abandonne à sa douleur ; le roi qui survient la surprend dans cet état, et, désormais bien sûr d'un amour qu'elle ne cherche plus à cacher, lui donne Rodrigue pour époux, et lui accorde un an pour pleurer son père et se préparer à une union qu'au fond du cœur elle accepte avec joie, malgré le malheur qui l'a frappée et dont celui qu'elle aime a été la cause.

Pyrrhus aime Andromaque, sa captive, et veut l'épouser ; celle-ci, veuve d'Hector, qui a péri de la main d'Achille, père de Pyrrhus, prétend rester fidèle à la mémoire de son époux et se défend d'accepter la main du vainqueur. Toutefois, pour assurer la vie du jeune Astyanax, son fils, dont les jours sont menacés par Pyrrhus, elle n'ose repousser ouvertement celui-ci ; elle le décide à patienter jusqu'à ce qu'elle ait réussi à vaincre ses propres répugnances. Il se laisse convaincre à moitié, et consent à attendre jusqu'au moment où elle se décidera à unir son sort au sien. Mais il se lasse à la fin, et, dans ce moment, jurant de frapper Astyanax, il se rapproche d'Hermione, jeune Grecque dont il est aimé, et dont le fougueux amour le poursuit sans relâche.

Celle-ci se reprend à espérer. Andromaque, qui est consciente du danger qui plane sur son fils et sur elle, et qui, d'ailleurs, n'est pas tout à fait insensible au mérite de son persécuteur, accepte enfin la main que lui offre Pyrrhus. Tandis qu'on prépare tout pour la noce, Hermione arme le bras d'Oreste, jeune Grec qui l'aime aveuglément, et le décide à immoler Pyrrhus au pied des autels ; lorsque celui-ci est tombé et qu'Oreste vient réclamer le prix de son amour, Hermione, folle de rage et de désespoir, le repousse avec horreur.

Cette rapide analyse des tragédies que nous venons d'examiner, nous fait voir, dans toute leur excellence, les qualités principales des deux poètes.

Dans *le Cid,* Chimène fait céder son amour à son devoir, et n'accepte d'épouser son amant, que contrainte par la volonté du roi. Rodrigue et elle font assaut de vertu et sont émules de grandeur ; lorsque leur rigoureux honneur a été satisfait, rien ne les empêche plus de s'appartenir, et Chimène consent enfin à couronner son vainqueur.

On a relevé des défauts et des taches dans cette pièce ; je n'y en vois que peu ou point, et ce qu'il pourrait y en avoir ne suffirait pas, à mon gré, à ternir l'éclat de tant de beautés qui s'y rencontrent ; on a reproché à l'auteur les rôles du roi et de l'infante ; celui du roi me paraît nécessaire et plein de la dignité majestueuse qui convient à un pareil personnage ; quant à l'infante, elle fait partie du groupe d'arrière-plan, qui n'est que l'ombre toujours indispensable au tableau, et qui donne ainsi plus de relief au sujet principal. S'il avait laissé les deux protagonistes continuellement en présence, Corneille aurait risqué de fatiguer les spectateurs ; cette diversion leur permet de reprendre haleine et de respirer.

L'intérêt du sujet n'en souffre point, et il n'en reprend que mieux son cours, après un léger ralentissement. On a cru remarquer aussi que la scène reste souvent vide par la sortie de tous les acteurs qui la remplissaient, et l'on a trouvé étonnant que ceux qui entrent n'aperçoivent pas ceux qui sortent. Il ne me semble pas que ce soit là un défaut, et, si c'en est un, il n'est pas bien grave. Il ne faut pas oublier que la plupart des scènes critiquées se passent dans une galerie qui a deux issues, une à droite et une à gauche, et peut-être même une troisième au milieu, dans le fond du théâtre ; quoi de plus naturel que ces différents groupes s'entretenant chacun de ce qui les intéresse, et occupant tour à tour le devant de la scène. N'est-ce pas ainsi qu'il en va dans la vie des grands, et n'est-ce pas là ce qui se passe aux heures d'audience ou de réunion, dans les palais des rois et dans leurs vastes galeries ? Il ne faut pas pour cela que le théâtre reste vide ; les uns peuvent sortir d'un côté, pendant que les autres entrent de l'autre, et le théâtre peut être rempli sans que les divers groupes d'acteurs se rencontrent et se gênent dans leurs entretiens respectifs. Je ne puis admettre toutes ces vaines critiques ; bien au contraire, je vois, dans la variété et la grandeur d'un si beau tableau, comme la preuve et l'effet de l'art le plus profond et le plus savant.

Dans *Andromaque,* l'héroïne principale, veuve d'un époux qu'elle chérissait, n'a pas de peine à demeurer fidèle à sa mémoire, et à remplir tout simplement son devoir ; dans le culte qu'elle lui voue, elle n'a pas à subir l'assaut d'une passion hostile au souvenir qui la remplit, et nul sentiment contraire ne la détourne de la conduite que lui impose son touchant veuvage ; l'amour même qu'elle a pour son fils, pour ce gage précieux d'une si douce union, lui dicte une attitude qui lui est commandée d'ailleurs par sa dignité et sa fierté naturelles. Seules les menaces de Pyrrhus, qui la font trembler pour la vie de son fils, la forcent à s'écarter un peu de ses principes, et elle ne cède tout à fait que lorsque le tigre a rugi. On peut lui reprocher quelques scènes de coquetterie avec l'oppresseur qu'elle redoute, mais la sûreté de son enfant arrache seule des concessions à sa faiblesse de femme. La jalousie d'une rivale furieuse et cruelle la délivre tout à coup de son tyran, et la rigueur de son devoir est sauvegardée malgré elle, et en dépit de sa défaite morale.

Ainsi donc, tandis que nous voyons, dans Corneille, l'amour se maîtriser lui-même, et le devoir triompher dans toute sa beauté, dans Racine, les passions sont toutes effrénées et s'agitent avec frénésie, et le devoir ne l'emporte que par hasard.

Il me paraît inutile d'en dire plus pour faire ressortir le contraste des mérites et la différence des génies. Ces deux pièces sont peut-être les plus pathétiques du théâtre français. Malgré l'excellence d'*Andromaque*, il me semble que l'avantage reste au *Cid*.

Le style de Corneille, c'est le grand style; celui de Racine, le style élégant. On pourrait dire de Racine, ce qu'on a dit de Platon, que le miel coule de ses lèvres.

Horace et *Phèdre* ne font que renforcer les qualités principales qui se rencontrent dans *le Cid* et dans *Andromaque*, avec cette différence que, dans *Horace*, l'importance de l'amour est singulièrement réduite, et que, dans *Phèdre*, elle atteint ses limites extrêmes. C'est à dessein que j'oppose ces tragédies l'une à l'autre pour qu'on se rende mieux compte de l'écart immense qui sépare leurs auteurs.

Horace est la tragédie cornélienne par excellence; *Phèdre* est la plus racinienne de toutes celles de Racine. L'une est le comble de l'héroïsme, l'autre le comble de l'amour. *Horace* est un chef-d'œuvre de force et de véritable grandeur, *Phèdre*, un chef-d'œuvre de passion éloquente, de style grandiose et d'irrésistible emportement.

Par l'éclat pareil de leurs beautés respectives, elles ont toutes deux un mérite égal, et c'est surtout ici que Racine se montre le digne rival de Corneille.

Les deux sujets d'ailleurs sont d'une haute excellence, et trop connus pour que je m'arrête à les analyser.

Dans *Horace*, l'amour ose à peine lever son front devant

l'héroïsme, et, lorsqu'il perd sa modestie, il se voit écraser par un devoir inexorable.

Dans *Phèdre*, le devoir lutte péniblement et ne fait qu'exaspérer l'amour auquel il fournit de nouvelles armes, et, lorsqu'il succombe tout à fait, l'amour coupable devient une folle frénésie.

Phèdre est de tout point le vrai chef-d'œuvre de Racine ; il se peut qu'il y ait encore plus d'éloquence dans *Britannicus*, mais le sujet et le héros principal en sont bien noirs et peu sympathiques ; il y a sans doute une pureté plus grande, et une émotion plus pénétrante et plus forte dans *Iphigénie en Aulide*, mais le sujet en est moins simple, et la fin moins naturelle et moins satisfaisante. *Andromaque* est très beau, mais moins parfait sous tous les rapports.

Pour ce qui est d'*Horace*, ce n'est ni la mieux écrite ni la plus sûrement conduite des tragédies de Corneille, mais c'est bien la plus énergique et la plus forte, et l'éclat incomparable de ses grandes qualités rachète amplement quelques légers défauts.

C'est en elle que l'on rencontre ces vieux Romains dont les âmes roides et vigoureuses nous font voir l'antiquité dans son plus beau jour.

Cinna est le véritable chef-d'œuvre de Corneille ; c'est sa pièce la mieux écrite et celle où il a mis la plus belle ordonnance ; tout y est parfait et digne du génie cornélien, et c'est ici qu'on aperçoit surtout la grande supériorité de Corneille sur son rival.

Phèdre même paraît pâle et faible en face de *Cinna*, et, quand on compare cette dernière tragédie avec *Britannicus*, qui a une certaine analogie avec elle et qui, par un rapprochement concerté, semble élever des prétentions égales, la supériorité écrasante et prodigieuse de Corneille éclate à tous les yeux.

Dans *Cinna*, l'amour seconde toutes les entreprises de l'héroïsme, toutes les actions de la politique, toutes les résolutions de la vertu.

Auguste a assassiné le père d'Émilie ; celle-ci, qui aime Cinna et qui en est aimée, arme le bras de son amant contre l'Empereur. Cinna, ennemi naturel d'Auguste et élevé dans le parti contraire, n'est que trop disposé déjà par lui-même à attaquer le souverain, et son amour pour Émilie ne fait que l'enflammer davantage et le décide à conspirer contre le despote. Malgré l'ordre le mieux concerté, Cinna est découvert par la trahison d'un de ses complices, et la conspiration échoue misérablement. Auguste s'abandonne d'abord à son courroux, mais la clémence finit par l'emporter; il pardonne à Cinna et le reçoit en grâce; il en fait son ami, le nomme premier consul et lui donne Émilie pour femme. Quel noble et admirable sujet, et quelle action mémorable! C'est cette sublime tragédie qui faisait les délices du grand Condé et qui lui arrachait des larmes si sincères et si délicieuses; c'est elle, avec *Horace*, qui excitait l'admiration de Napoléon et le transportait d'enthousiasme. Il faut avouer que le génie tragique ne s'est nulle part élevé si haut, et je ne vois dans toute l'antiquité aucune tragédie qui soit comparable à *Cinna*.

Pour essayer de prouver la supériorité de Racine sur Corneille, le mielleux et doucereux Fénelon et quelques autres encore après lui se sont avisés de rapprocher la fameuse scène entre Agrippine et Néron, dans le *Britannicus* de Racine, de celle entre Auguste et Cinna, dans la tragédie de Corneille. On s'est émerveillé de la simplicité du discours racinien et on a critiqué la pompe fastueuse et la majesté des paroles d'Auguste; l'on n'a pas vu que les deux auteurs ont également raison, et que le langage de l'un est aussi bien en situation que celui de l'autre. On n'a pas remarqué que les mots : « Approchez-vous Néron, et prenez votre place », qu'Agrippine adresse à son fils, ne sont si simples que parce qu'ils doivent l'être, et qu'un ton plus relevé conviendrait mal ici; c'est une mère qui parle à son enfant dans un entretien tout familier et tout intime; il est vrai que c'est la mère de l'empereur qui parle, et qu'il s'agit de pouvoir et de marques d'honneur, mais cette mère est presque une suppliante qui implore un tyran, et elle sent bien que son autorité et son crédit sont près de lui échapper complètement.

Lorsqu'Auguste, dans une audience qui est une affaire d'État, apostrophant Cinna, lui dit : « Prends un siège, Cinna, prends, et sur toute chose observe exactement la loi que je t'impose », c'est un empereur tout-puissant et le maître du monde qui parle à son prisonnier, à l'homme qui a conspiré contre sa vie et qui se trouve en son pouvoir. Le ton est noble, mais il est simple et naturel ; cette langue aussi est unie, mais la pompe majestueuse qu'on y remarque, et qu'on s'est plu à y blâmer, n'a en réalité, rien d'outré, ni d'excessif, et semble tout à fait à sa place.

Je trouve que Corneille n'a pas enflé la voix de son personnage, qu'il n'y a là nulle fâcheuse emphase, et que nos deux auteurs ont fait, chacun dans une occasion différente, précisément ce qu'ils pouvaient faire de mieux et de plus convenable.

Cette courte observation suffira à signaler l'aveugle parti pris qui a dicté le plus grand nombre des critiques injustes qu'on a faites à l'adresse de Corneille.

Il est trop au-dessus de ses détracteurs pour que ceux-ci se trouvent en état de lui rendre toute la justice qu'il mérite.

Le titre de *Britannicus*, que Racine a mis à sa pièce, n'est pas bien choisi ; sa tragédie devrait porter le nom de Néron qui en est le personnage principal, et celui qui conduit toute l'action. Le sujet, tout intéressant qu'il soit, ne me paraît pas très heureux.

Néron est un monstre, encore naissant, il est vrai, mais son caractère est si odieux que nous lui refusons d'emblée cette sympathie que doit nous inspirer tout vrai héros de tragédie ; son entourage, sauf Burrhus qu'il n'écoute pas, est atroce, et le sujet est bien noir. On ne comprend pas bien comment Racine, désirant composer un bon ouvrage, et voulant se mesurer avec Corneille, ait pu se décider à traiter cette matière. Il se peut que la lecture de Tacite et de Suétone ait influé sur un choix qui aurait pu être meilleur. Il est vrai que les figures de Britannicus et de Junie sont bien touchantes, mais, comme le caractère de ces deux personnages est faible et languissant, la compensation semble assez légère, et c'est trop peu pour nous faire oublier l'horreur du reste.

La pièce est très éloquente et très habilement conduite, mais toute la politique qui s'y trouve tourne autour d'une intrigue galante, et les questions d'État qui s'y agitent un peu ne le sont que pour autant qu'elles se rapportent à une petite fille sur laquelle Néron a jeté les yeux.

Néron, sage et docile jusque-là, se démasque et se découvre tout à coup; il écarte du pouvoir Agrippine, sa mère, qui lui avait ouvert le chemin au trône, destiné à Britannicus, fils de Claude, le défunt empereur. Non content d'avoir pris à Britannicus l'empire qui lui revenait, Néron médite encore de lui enlever Junie qu'il aime et qu'il est à la veille d'épouser. Agrippine, voyant chanceler sa puissance, prend l'amour coupable de Néron pour prétexte de son mécontentement et s'en sert pour attaquer son fils en face. En lui rappelant ce qu'elle a fait pour lui, et en ranimant dans son esprit le souvenir des vertus qui l'avaient distingué jusque-là, elle espère battre sa passion en brèche et le ramener à elle par la honte de ses crimes naissants. Les efforts que fait Agrippine pour se ressaisir du pouvoir et pour rétablir son ancien crédit, échouent complètement devant l'endurcissement et l'obstination de Néron, qui persiste dans ses forfaits. Celui-ci jure de renverser tous les obstacles, et, avant de toucher à Agrippine, il s'apprête à frapper Britannicus, qui avait eu l'audace de le braver, et qui l'empêche encore de s'emparer de Junie dont il a décidé de faire sa maîtresse. Pour ne pas manquer son ennemi, il feint de se réconcilier avec lui, et c'est pendant la fête célébrée en mémoire de leur réconciliation, que Britannicus, meurt après avoir vidé la coupe empoisonnée, que Néron lui-même lui avait tendue. Après ce coup, Agrippine sent qu'elle est perdue, et Junie court se réfugier parmi les Vestales. Ainsi Néron ne pourra satisfaire ses appétits de luxure, et ne retirera de son crime d'autre fruit que la consolidation d'un pouvoir redouté et exécré par tous les Romains.

On voit aisément combien la pièce de Racine est faible en comparaison de celle de Corneille. D'un côté, la férocité la plus odieuse; de l'autre, la clémence la plus admirable; là, un jeune prince, encore mal assis sur son trône, nous apprend qu'un pouvoir mal établi nous rend aisément cruels; ici un empereur vieillissant et sûr de son autorité nous fait voir que la clémence nous est facile, quand notre puissance est bien consolidée.

Ces deux tragédies sont les plus éloquentes de notre théâtre, et *Cinna* est la mieux écrite des pièces de Corneille. Elles sont toutes deux remplies de grande politique et de beaux discours oratoires. Ce sont les plus intéressantes de la scène française, *Cinna* par la majesté et la grandeur souveraine du sujet, *Britannicus*, parce que le caractère de Néron est un modèle de duplicité, de ruse et de férocité, et que la lâcheté, l'hypocrisie, les vices et le crime y éclatent dans toute leur horreur.

Dans cette joute fameuse des deux grands tragiques français, tout l'avantage demeure à Corneille, mais il est juste de reconnaître qu'il était dans son véritable élément.

Polyeucte et *Iphigénie en Aulide* sont les tragédies les plus touchantes de leurs auteurs.

Polyeucte, né païen, mais baptisé depuis peu, est devenu chrétien enthousiaste, encouragé d'ailleurs par l'exemple de son ami Néarque, qui vient de subir le martyre pour sa foi; et a résolu de tout quitter, même Pauline, sa femme qu'il aime et dont il est aimé, pour suivre son compagnon dans la mort, et pour plaire ainsi au Dieu qu'il vénère.

Les plus pressantes supplications de Pauline ne parviennent pas à le détourner de son dessein, et il pousse même si loin le détachement des choses humaines, qu'il exhorte sa femme à accepter la main de Sévère qui l'aime, et dans lequel elle trouvera ainsi le protecteur naturel qui va lui manquer par la propre mort de son mari. Pauline refuse, et, quand Polyeucte a été immolé, elle se sent tout à coup touchée par la grâce et devient chrétienne. Son propre père, Félix, qui avait persécuté Polyeucte, suit l'exemple de sa fille, et il n'est pas jusqu'à Sévère, l'ami et le favori de l'empereur Décius, qui, ébranlé par le spectacle des vertus des Chrétiens, ne finisse par regarder ceux-ci d'un œil plus indulgent et plus doux. Le devoir triomphe ici dans toute sa splendeur.

Dans *Iphigénie* nous voyons les Grecs, armés contre Troie, arrêtés en Aulide dont ils ne peuvent quitter les bords, parce que les vents s'obstinent à ne point souffler. La déesse de l'endroit, consultée, a répondu par un oracle, et la voix de Calchas, son grand prêtre, a prononcé son arrêt ; le vent ne favorisera les Grecs que si une jeune fille du sang d'Hélène, Iphigénie, est immolée d'abord sur l'autel de la divinité ; il faut donc que le chef des Grecs sacrifie à Diane sa propre fille. Agamemnon, pour épargner son sang, fait porter un message à la reine Clytemnestre, sa femme, qui se trouve à Mycène, avec leur fille, et lui ordonne d'y rester parce qu'Achille, qui devait épouser Iphigénie, a décidé de retarder la noce. Ce faux prétexte, dans lequel Achille n'est pour rien, n'est qu'une ruse du roi qui veut sauver son enfant, et qui jure de ne l'immoler que si la victime vient d'elle-même s'offrir au coup dont elle est menacée.

Le courrier manque la reine, et celle-ci arrive avec sa fille. Agamemnon, désormais lié par son serment, fait apprêter le sacrifice ; Achille, averti de tout, court arracher Iphigénie au fer qui se tend vers elle, et, sans balancer, s'oppose de tout son pouvoir à la volonté d'Agamemnon ; il y est secondé par Clytemnestre ; elle déclare au roi qu'il devra lui arracher de force sa fille. Celle-ci, résignée à obéir à l'ordre de son père, ne combat celui-ci que faiblement, et ne lui oppose que la douleur de sa mère et de son amant.

Mais l'attaque d'Achille manque son but ; c'est en vain qu'il brave Agamemnon, et toutes ses menaces ne font qu'irriter davantage le roi ; celui-ci, craignant qu'on ne prenne sa pitié pour un effet de sa peur, se décide à porter le coup qu'il retardait encore ; mais, au dernier moment, l'amour paternel l'emporte ; Agamemnon lui-même favorise la fuite de sa fille. Toutefois, pour ne pas paraître céder à Achille ni trembler devant lui, il décide de lui refuser Iphigénie. Cependant Euriphile, captive et esclave d'Achille qu'elle aime, a tout entendu et apprend à Calchas que sa victime va lui échapper ; les Grecs s'opposent à son départ. Le grand-prêtre ordonne les apprêts du sacrifice ; Achille, qui n'a pu fléchir Iphigénie et qui la trouve résignée au sort qui l'attend, vole à son secours avec ses Thessaliens ; il renverse et brise l'autel de Diane. Sur ces entrefaites, Calchas a déchiffré l'énigme renfermée dans l'oracle, et il se trouve qu'Ériphile est également du sang d'Hélène et s'appelle aussi en réalité Iphigénie, et que c'est elle qu'a désignée la colère des dieux ; elle se frappe de sa propre main ; les vents soufflent soudain ; l'oracle s'accomplit, et les dieux et les hommes ont lieu d'être tous satisfaits, mais le spectateur sensé ne l'est pas complètement.

J'avoue que cette froide fin ne me contente guère, et c'est la seule tache qui dépare cette pièce, d'ailleurs admirable, la plus touchante et la plus tragique de toutes celles de Racine, grâce à la force et à la noblesse sublime de ses émouvantes péripéties et de ses revirements soudains.

On ne peut guère admettre que l'oracle n'ait pas désigné la fille d'Agamemnon, et que celui-ci n'ait pas dû sacrifier Iphigénie, sinon le meurtre de ce chef fameux, assassiné par sa femme Clytemnestre, aidée de son amant Égisthe, ne se comprendrait pas, ou serait du moins mal expliqué et impardonnable, tandis qu'il est plus facile de s'imaginer le dégoût et la haine de l'épouse pour l'homme qui s'est souillé du sang de sa propre fille. L'absence d'Agamemnon pendant dix ans et l'amour d'Égisthe ont fait le reste, mais l'immolation seule d'Iphigénie peut être un motif assez puissant pour faire comprendre et excuser en quelque manière l'action de Clytemnestre. Or, il est avéré que le meurtre a été consommé. Homère, la source de toute poésie, nous le dit expressément au début de *l'Odyssée*, et nous ne pouvons douter de cet événement qui est l'un des points de départ de cette célèbre épopée.

Si Agamemnon a péri, c'est que sa fille Iphigénie, et non une autre victime, a été frappée. La légende qui fait aborder Iphigénie en Tauride, et qui veut que Diane elle-même l'ait dérobée au couteau du sacrificateur, en substituant une biche à sa place, me paraît aussi fausse que cette invention d'une Ériphile, dont Pausanias est seul à nous parler. Si Homère, au neuvième livre de *l'Iliade*, nous reparle d'Iphigénie qu'il fait offrir en mariage à Achille, par ce même Agamemnon, ce n'est là qu'une fantaisie et qu'un jeu de poète, inventant pour le besoin de sa cause, et oubliant inconsciemment ou à dessein un détail qu'il juge sans importance pour son récit ; il avoue lui-même quelque part que les poètes mentent beaucoup, et, comme le remarque Horace, il arrive parfois que *dormitat bonus Homerus*.

Il convient d'ailleurs de ne pas oublier que ce qui nous a été conservé sous le nom d'Homère est sans doute l'œuvre de plusieurs poètes qui, généralement d'accord, ont pu se contredire en quelque point qu'ils jugeaient n'être qu'accessoire.

Si Clytemnestre s'est rendue coupable d'un meurtre aussi odieux, nous devons bien admettre qu'elle y a été poussée par une raison grave, et qui est de nature à faire excuser son crime. On me dira que la mort d'Iphigénie n'était pour elle qu'un prétexte, et qu'elle avait d'autres motifs plus puissants pour détester son époux ; je ne le nie pas ; mais la cause première de son éloignement et de sa haine, c'est le sacrifice de sa fille ; tout ce qui a suivi est venu s'y ajouter par surcroît et a l'air de n'être plus qu'un effet naturel de ce qui s'est passé autrefois, et Clytemnestre est bien aise de pouvoir colorer ainsi son crime, et de paraître n'avoir frappé son époux que pour venger sa fille.

Il fallait donc une autre fin à cette tragédie ; la seule convenable est la mort d'Iphigénie. Racine eût pu faire admettre aisément que les Thessaliens d'Achille, ayant été tenus en respect, et Achille lui-même enfermé et gardé à vue dans sa tente, Agamemnon, suivi du grand-prêtre, se soit avancé pour se saisir de la victime, qu'au bruit de son arrivée, Iphigénie, pour en finir, se soit portée d'elle-même à sa rencontre, et qu'alors Clytemnestre, un moment interdite, se soit décidée à suivre sa fille pour l'arracher au supplice, en jurant d'y réussir, ou si non de frapper le bourreau ou de périr elle-même.

La logique, autant que l'intérêt de la pièce, commandait donc à Racine de consommer la mort d'Iphigénie, et la raison qu'il invoque pour ne l'avoir point fait me semble bien puérile, quand il dit qu'il n'a pu se résoudre à souiller la scène du meurtre horrible d'une personne aussi vertueuse et aussi aimable qu'Iphigénie. A ce compte il n'y aurait souvent plus de tragédie, parce qu'on hésiterait à faire mourir des innocents, ou il faudrait même y renoncer tout à fait pour ménager des scrupules si délicats.

Dans une autre circonstance semblable, Racine s'est pourtant décidé à faire périr le non moins vertueux et aimable Britannicus.

Racine, il est vrai, a imité Euripide, et il s'en prévaut pour se justifier, mais c'est tant pis pour lui, si Euripide a suivi une mauvaise leçon. De notre temps, Gœthe, qui avait une prédilection marquée pour Euripide, l'a imité de même dans son *Iphigénie en Tauride* et n'a pas mieux fait à mon avis que Racine. On m'objectera qu'ils ne se sont attachés qu'à un épisode de la légende, et n'ont écrit qu'une tragédie et non pas une trilogie comme Eschyle, Sophocle et Euripide. Cette raison n'est pas bonne, et j'avoue qu'elle ne me touche pas ; ils devaient adopter la meilleure version et considérer le sujet entier dans sa suite logique. C'est pourquoi j'admire davantage Eschyle et Sophocle, et je leur accorde la préférence, parce qu'ils ont choisi, selon moi, la vraie leçon. Euripide est du reste le moins antique des tragiques grecs, et c'est pourquoi il plaît tant aux Modernes qui s'en inspirent volontiers. Euripide est un décadent. Il lui était interdit de marcher sur les traces de ses devanciers, qui avaient épuisé les plus beaux sujets et les meilleures matières ; pour en tirer encore quelque chose, il a dû chercher des interprétations nouvelles ; toute légende lui était bonne, et il s'entendait à en faire sortir quelque chose de brillant ; il réussissait toujours à trouver des effets originaux, grâce à sa forte logique et à sa dialectique imperturbable. Il est plus près de nous et plus facile à imiter.

Racine ici s'est montré de nouveau le digne rival de Corneille, et, si la simplicité du sujet était plus grande, si elle était poussée aussi loin que dans *Phèdre*, je n'hésiterais pas, à cause de la pureté et de l'élévation extraordinaires du sujet, à lui accorder la préférence sur cette tragédie qui demeure ainsi le véritable chef-d'œuvre de son auteur.

C'est dans *Iphigénie* que Racine semble le plus heureusement animé du beau souffle de l'antiquité grecque, et c'est la plus réellement grecque de toutes ses tragédies. Iphigénie est comme toute illuminée par les rayons les plus purs de cet astre éclatant qui s'appelle le génie grec. C'est le plus beau titre de gloire de Racine. Dans *la Mort de Pompée* et dans *Mithridate*, je vois de la politique, avec cette différence qu'aucun amour ne la gêne dans *la Mort de Pompée*, et que tout ce qu'il y en a n'est qu'une galanterie sans importance, et comme peut s'en permettre par jeu un chef d'empire tout-puissant, tandis qu'un amour sénile gâte tout dans *Mithridate*, surtout quand on considère qu'il divise un père et ses deux fils, et qu'il les arme les uns contre les autres. Dans *la Mort de Pompée*, la politique consiste en une attaque qui réussit ; dans *Mithridate* elle se montre en une défense qui échoue.

Voilà ce qui les distingue, et je trouve que ce n'est pas à l'avantage de Racine, quoique sa pièce soit parfaitement bien écrite.

Rodogune et *Athalie* sont les tragédies les plus terribles du répertoire français, mais le terrible dans *Rodogune* a plus de force et plus de grandeur que celui qui se rencontre dans *Athalie* ; d'un côté, c'est Cléopâtre, une mère dont le pouvoir royal touche à sa fin, qui s'arme contre ses deux fils et qui essaie de les perdre. Ceux-ci aiment la même femme, et Cléopâtre profite de leurs dissensions pour consommer leur ruine et en faire le fondement le plus solide de son triomphe, mais elle échoue malgré sa ruse ; alors sa fureur se tourne contre elle-même, et elle périt en laissant le trône à son fils Antiochus et à Rodogune.

Ce sont toutes ces luttes intestines qui rendent cette pièce si intéressante, et je trouve que c'est l'un des plus beaux sujets cornéliens, et qu'il contient la meilleure intrigue, la plus forte et la plus terrible qu'ait inventée le grand Corneille. C'est de toutes ses tragédies celle pour laquelle il avait le plus d'estime après *Cinna*. Cette lutte domestique est de tous les spectacles celui qui nous ébranle et nous bouleverse le plus, tant il est vrai qu'il n'y a rien de plus tragique, ni de plus horrible que la haine de ceux qui devraient naturellement s'aimer.

D'autre part, c'est Athalie, reine de Judée, aïeule de Joas, et qui veut se saisir de celui-ci et le faire périr pour assurer son propre règne ; elle a vu dans un songe Joas lui succéder et la remplacer sur le trône ; elle l'attaque donc, mais, au moment où elle croit triompher, c'est elle qui succombe, et Joas devient roi de Judée ; Athalie est une pièce sans amour, ce qui ne s'était jamais vu dans Racine, et peut-être ce secours lui a-t-il manqué ici.

Dans *Rodogune*, l'amour fortifie l'intérêt et seconde au contraire toutes les entreprises de l'orgueil et de l'ambition. Je préfère *Rodogune*, et j'avoue qu'*Athalie* est de tous les chefs-d'œuvre de Racine celui que j'aime le moins, malgré sa grande beauté.

Pour finir je remarquerai que *le Menteur* est une comédie de caractère, et qu'elle se rapproche beaucoup de la haute comédie à cause du personnage de Géronte, le père du Menteur.

Les Plaideurs sont une comédie de mœurs, et une comédie légère qui se rapproche extrêmement de la pure bouffonnerie.

Ces deux comédies sont pleines d'esprit, mais d'une sorte différente, et font grand honneur aux deux poètes dont le mérite me semble égal dans deux genres différents.

J'arrête ici mon examen et je n'y ajouterai rien, puisque je ne l'ai entrepris que pour étayer l'opinion que j'avais exprimée au début de ce parallèle.

Les tragiques grecs traitaient tous les mêmes matières sans se disputer pour un titre, et ils se faisaient un honneur de rivaliser entre eux et de montrer ce qu'ils savaient tirer de nouveau d'un vieux sujet, tandis que les Modernes voudraient accaparer une matière pour eux seuls, et tiennent plus à s'assurer la possession exclusive d'un titre qu'ils ont choisi, que de tirer du sujet un ouvrage qui soit meilleur que ceux de leurs rivaux.

On ne se mesure plus par le mérite, mais on se contente de se battre pour des mots.

CHAPITRE XLIII

Des deux genres de l'âme et du génie.

L'âme a non seulement son sexe, mais elle les possède aussi tous les deux, avec le caractère de l'un beaucoup plus décidé que celui de l'autre.

Il y a à cela des exceptions, car tout est nuances; le juste milieu varie constamment, et l'état de l'âme est toujours en rapport avec l'équilibre général.

Il y a des êtres dont les facultés exceptionnelles sont comme une anomalie, mais qui sont l'effet de leur naturel, et leur âme est saine, quand elle n'est pas en contradiction avec elle-même; lorsque la pondération leur manque, leur état est maladif, mais cette maladie elle-même n'est que l'expression d'un juste milieu accidentel et momentané; le juste milieu se déplace, parce qu'il est perpétuellement mobile; la maladie peut s'aggraver, mais la santé peut renaître; le bien portant peut tomber malade, le malade recouvrer la santé.

Nous ressemblons à des danseurs de corde; la nature nous a donné la raison pour assurer notre équilibre, et, parce que nous dansons bien, gardons-nous cependant de jeter notre balancier, de peur de faire une chute.

Les passions sont comme un torrent qui renverse tout sur son passage et menace de tout dévaster; élevons une digue pour nous opposer à ses ravages; cette barrière dont nous avons besoin, c'est la raison qui nous la fournit.

Comme tout ce qui est dans l'univers, le génie aussi a son sexe. Tout génie est masculin ou féminin, mâle ou femelle. Le premier a la virilité, la puissance, la volonté, la force, la grossièreté, l'instinct, la droiture, la rudesse, la dureté, la simplicité, la rapidité, la voracité, la naïveté, la verdeur, le courage, la vaillance, la foi, l'amour, l'orgueil, la vertu, l'héroïsme, la sublimité, la grandeur ; le second a la gracilité, l'impuissance, l'indécision, la faiblesse, la délicatesse, la réflexion, la ruse, la politesse, la sensibilité, la complexité, la lenteur, le mensonge, la circonspection, la pudeur, la lâcheté, la mollesse, l'incrédulité, la passion, la vanité, le vice, l'idyllisme, le charme, la grâce.

L'un s'appelle : Eschyle, Sophocle, Michel-Ange, Rubens, Corneille, Napoléon, Beethoven ; l'autre : Euripide, Platon, Canova, Raphaël, Racine, Frédéric II, Mozart.

Il y a aussi des mélanges, et c'est là une question de nuances très fines et très délicates ; il y a des génies plus ou moins hybrides, mais leur complexité est moins grande dans le genre classique, et l'union des qualités opposées est en eux plus harmonieuse ; la complication augmente dans le gothique et le romantique ; ici les contrastes sont violents et se heurtent parfois fortement.

Les génies de cet ordre se divisent également en deux classes : les masculins et les féminins, selon les qualités et les défauts qui prédominent dans leur nature.

Les premiers sont : Dante, Shakespeare Gœthe, Hugo, Wagner, Nietzsche ; les seconds, le Tasse, Byron, Schiller, Lamartine, Chopin, Schopenhauer, Leopardi, Musset, Heine.

Les génies les plus simples, et qui ont le plus d'unité, sont aussi les plus classiques ; les autres, complexes et dualistes, sont tous plus ou moins romantiques.

Parmi les premiers je ne vois guère qu'Eschyle, Sophocle, Corneille, Napoléon et Beethoven.

Parmi les seconds, je place tout en tête : Euripide, Platon, Michel-Ange, Canova, Racine, Frédéric II.

Les génies simples sont les héroïques, les compliqués sont les idylliques.

Il y a un mélange de l'héroïque et de l'idyllique qui produit des effets inattendus et saisissants, et l'union de ces deux éléments a donné naissance aux œuvres les plus remarquables des derniers temps. L'impression qu'elles nous causent ressemble assez à celle qu'éveilla en moi certain paysage qui se déroula à mes regards au cours d'un de mes voyages.

C'était dans une vaste plaine, formée par une immense vallée ; le sol n'y était ni plat, ni monotone, mais extraordinairement mouvementé ; les élévations du terrain y alternaient avec des affaissements et des creux, dont la variété et le charme étaient d'une richesse infinie et composaient un tableau ravissant. Les collines étaient flanquées de petits bois en miniature, qui étaient plutôt des bosquets, et qu'animait le chant de quelques oiseaux attardés ; les prés et les pâturages étaient maigres, mais d'un joli vert, et traversés par un petit ruisseau clair et frais, au murmure délicieux, et dont les eaux, légèrement froissées par les cailloux saillants et bien polis de leur lit rocailleux, faisaient blanchir d'écume leurs bords harmonieux.

Les prés étaient couverts d'un immense troupeau composé de plus de cent bêtes à cornes, qui tondaient l'herbe courte et drue ; vaches, bœufs, veaux et taureaux y paissaient à l'aise et en liberté, surveillés de loin par leurs pasteurs nonchalants.

Tout autour de cette belle vallée, arrondie comme un grand cirque, se profilait à l'horizon, sur un ciel merveilleux, une longue chaîne de montagnes et de rochers d'un aspect majestueux et superbe ; le soleil magnifique touchait à son déclin, mais ses rayons éclatants illuminaient encore le paysage tout entier ; cependant la lente et douce mélancolie du soir commençait à envahir toutes les choses ; le tintement des clochettes du troupeau jetait sa note triste et charmante dans ce sublime adieu des splendeurs d'un beau jour. Il y avait là une vision si lointaine et si proche, si intime et si inaccessible à la fois, que je me sentis soudain tout attendri ; l'émotion me serra la gorge et m'arracha quelques larmes, qui sont parmi les plus douces que j'aie jamais versées. Je contemplais enfin cette union mystique de l'humble et du grandiose dans la nature ; en admirant ces rocs sublimes, je sentis mon esprit s'animer d'un souffle héroïque, tandis que la vue de cette plaine si tranquille faisait naître dans mon cœur la paix la plus profonde ; je compris alors ce charme délicieux de la force toute-puissante, alliée au plus grand calme et à la sérénité souveraine.

Il faut être avec ses pensées comme un homme qui se trouve seul dans une immense forêt, peuplée d'une foule innombrable d'oiseaux au ramage délicieux. Les pensées qu'on fixe par écrit pour que d'autres les lisent, ressemblent aux oiseaux qu'on met en cage pour les montrer aux visiteurs et les faire admirer par ses amis. Les meilleures pensées, les oiseaux les plus beaux et les plus doux sont ceux du chant desquels on est seul à jouir, et qu'on voit s'envoler après les avoir écoutés quelque temps. Personne ne les verra et ne les entendra que nous.

L'homme a deux signatures : l'une matérielle, qu'il met au-dessous de ses écrits, et qui est toute extérieure et formelle, et à laquelle il est tenu de faire honneur dans la vie pratique de tous les jours ; l'autre, spirituelle, qui est toute intérieure et mystérieuse, et qui émane de lui comme un parfum de bonne compagnie, et qui donne à toutes ses paroles et à toutes ses actions un caractère élevé de distinction et de noblesse.

Quelque originale que soit la première, la seconde est toujours la plus rare et la plus personnelle.

Les mots ne sont jamais l'expression exacte des choses qu'ils représentent, parce que nos notions sont confuses, indécises et flottantes, et l'on aura beau en savoir plus, la science restera toujours incomplète. Les mots nouveaux qu'on pourra inventer, pour approcher davantage de la vérité, ne seront non plus que des signes approximatifs, aussi éloignés de la réalité que les anciens. Il faut bien se résoudre à nous contenter d'un à peu près, et se dire que la vraie nature des choses continuera à nous échapper, parce qu'elle est inaccessible à la faiblesse de nos sens.

Il y a des écrivains qui viennent trop tard et qui semblent appartenir à un autre temps ; ils sont comme les hirondelles et les oiseaux de passage attardés ; bien qu'on les voie voler encore, on ne croit plus à l'été ni aux beaux jours ; d'autres devancent leur siècle et font penser à ces aurores boréales, qui éclairent les longues nuits d'hiver dans le Nord et annoncent de loin le soleil et la belle saison.

Certains critiques ressemblent à ces insectes qui bourdonnent, pendant que les oiseaux chantent, et dont les hirondelles ne font qu'une bouchée entre deux gazouillements.

CHAPITRE XLIV

Des Classiques et des Modernes.

Rien ne fait mieux voir l'énorme distance qui sépare l'art classique ou hellénique du romantique ou gothique, que la comparaison de l'architecture et de la sculpture grecques avec celles de nos contrées du Nord.

Voici le Parthénon de Phidias ; voyez comme tout y est simple et calme, clair et puissant ; quelle admirable économie des moyens ; quelle concentration inouïe de la force tranquille et majestueuse, quel triomphe étonnant de l'incomparable beauté de la ligne droite. Quelle noble grandeur, quelle sublimité merveilleuse, quelle haute et sereine éloquence ! Où rencontre-t-on une vérité plus sincère et plus lumineuse, une naïveté plus touchante, un charme plus discret et plus pénétrant ? Nulle recherche de l'effet, nulle richesse inutile, aucun luxe dans les détails, point de science prétentieuse, pas le moindre désir de plaire par de vains ornements ; ni artifice, ni fausseté, ni mensonge ; rien d'outré ni d'excessif, mais la plus grande ingénuité, la mesure la plus parfaite, les plus belles proportions, l'ordre le plus admirable, l'harmonie la plus suave et la plus sublime, et le goût le plus pur et le plus surprenant.

Considérez ces colonnes gracieuses au fût frêle et charmant, autour desquelles l'air semble circuler avec amour ; regardez ce calme fronton, qui repose avec une assurance si tranquille et si noble sur les fermes piliers qui le supportent ; admirez cette belle frise ornée partout de figures mâles ou gracieuses, majestueuses ou charmantes, et représentant les héros d'Homère et les dieux de l'Olympe.

Quel superbe spectacle dans sa simplicité! Quelle lumière éclatante, quelle éblouissante beauté, quelle joie sereine, quel parfait bonheur, quel doux enchantement! Partout le grand soleil et sa clarté sublime.

Quittons ces lieux bénis pour aller vers le Nord, et arrêtons-nous à Cologne. Levez les yeux sur cette cathédrale, dont la masse énorme et imposante se dresse dans le ciel avec un geste d'orgueilleux défi. On dirait d'un bloc de pierre gigantesque, taillé par des titans; l'ensemble en est lourd, et la forme grossière et disgracieuse; l'édifice semble gémir sous le poids de ses nombreux ornements; le granit se découpe en un flot de dentelle; c'est comme l'œuvre d'un magicien; on croirait voir une chauve-souris monstrueuse rêvant dans le crépuscule d'une journée d'hiver. Que tout cela est convulsif et tourmenté. Mais pénétrons à l'intérieur; les larges colonnes semblent près de plier sous le pesant fardeau qu'elles supportent à peine, et qui menace de les écraser; on n'aperçoit qu'arcs-boutants et que clés de voûte, rien que lignes courbes ou brisées, et, brochant sur le tout, un dôme immense et lourd comme un couvercle monstrueux. Quelles épaisses ténèbres, quelle obscurité profonde et quelle accablante tristesse sous ces voûtes inhospitalières, où tout pue la mélancolie et la mort. Par les étroits vitraux de couleur, une pâle et faible clarté s'infiltre et pénètre à peine dans les nefs mystérieuses, et ne parvient pas à dissiper l'épaisse nuit qui nous enveloppe de toutes parts. Quel ennui, quelle impression de désespoir! Quel mortel frisson nous secoue tout entiers! Quelle glace et quel étouffement! De l'air, de l'air et de la lumière! O dieux! sortons d'ici. Aussitôt dit que fait, et nous voilà dehors; mais, à peine nous fuyons le colosse ennemi, nous voyons le ciel s'éclairer soudain; nous levons les yeux vers les tours de la cathédrale; les derniers rayons du soleil couchant illuminent le monument tout entier, et font étinceler chacune de ses pierres et de ses ardoises de couleur, comme autant d'écailles merveilleuses; à ce spectacle, je m'imagine voir quelque monstre fabuleux, quelque formidable léviathan, surgi tout à coup du sein de l'océan ténébreux. L'effet en est surprenant, mais ce n'est qu'artifice ; oui, l'on ne cherche ici qu'à produire de l'effet, et l'on tâche d'y parvenir par toute sorte de moyens malhonnêtes, par la masse gigantesque et démesurée, et par le surcroît excessif et la lourde surcharge de mille faux ornements.

Chacun jugera aisément de la valeur et de la bonté de deux styles si divers, et sentira par lui-même où est la supériorité véritable.

Un contraste semblable caractérise tous les autres arts de ces deux civilisations si différentes, et le même abîme sépare partout celles-ci.

Examinons un peu la sculpture et quelques-uns des principaux chefs-d'œuvre qu'elle a produits dans l'antiquité grecque.

Arrêtons-nous un moment devant ces deux statues de Phidias : l'une est l'image de Jupiter, l'autre, celle de Minerve, sa fille.

Ce qui nous frappe d'abord, en contemplant leurs traits, c'est la plus grande simplicité et l'absence de toute recherche ; tout y est sincère et sans prétention, mais quelle vérité, quelle grandeur et quelle beauté incomparables. Jupiter est représenté assis, et sa pose est naturelle, majestueuse et calme ; son long et grave vêtement, aux plis larges et sévères, le drape tout entier et semble l'envelopper, comme un léger nuage qui flotte doucement jusqu'à terre, laissant seulement à découvert les pieds chaussés de sandales à courroies d'or ; dans sa main droite, légèrement appuyée sur un bras de son trône, il tient avec aisance sa foudre qui dort encore sur son sein ; sa main gauche est posée avec amour sur le cou de son aigle familier, qui repose paisiblement à côté de lui. Le front du dieu, lisse et uni, est puissant comme la voûte même du ciel ; ses épais et fiers sourcils surmontent des yeux tranquilles, sérieux et superbes, aux regards lumineux et énergiques. Une ample et fine chevelure noire, naturellement ondulée en boucles charmantes, retombe avec grâce sur ses belles épaules, comme le feuillage épais d'un grand chêne dont l'ombre recouvre son propre tronc ; le visage est grave et doux ; les méplats en sont fermes et pleins ;

le nez aquilin, à la noble courbure, respire la fierté et l'orgueil ; la bouche spirituelle, aux fines commissures, a des contours exquis ; les lèvres sont grasses et sensuelles, mais avec une distinction parfaite ; le menton est fort et volontaire ; on le devine, bien qu'il soit caché par une barbe noire, soyeuse et abondante, qui couvre également les joues ; on le voit au léger renflement qui fait se relever un peu les poils vers leur milieu ; la lèvre supérieure est ornée d'une belle moustache bien fournie ; l'oreille est joliment formée et avec une grande régularité, décelant une nature bien équilibrée et sûre d'elle-même.

Ce tableau superbe respire le calme, la majesté et la force ; il est mâle et charmant, et c'est bien là l'expression naturelle et vivante de l'idée que nous nous formons du souverain maître des dieux et des hommes.

L'artiste n'a point songé à nous offrir l'image d'un être exceptionnel et extraordinaire ; il nous présente le dieu sous la figure d'un simple mortel, mais ce visage est le plus beau et le plus noble qui se puisse concevoir. En voit-on de semblables ?

Il est permis d'en douter, mais le divin sculpteur a rassemblé dans un seul personnage tous les traits les plus magnifiques et les plus admirables, qu'il a rencontrés dans le cours de sa vie et qui l'ont frappé le plus vivement.

Les Anciens généralisaient leurs conceptions en idéalisant leurs modèles, mais ils suivaient toujours de près la nature et la vérité, et se contentaient de leur venir en aide et de les embellir, pour autant que faire se pouvait.

Phidias nous a taillé un dieu qui est un délicieux mortel.

Les Modernes s'y prennent autrement et à rebours, et font volontiers le contraire ; ils veulent déifier de faibles hommes et les représentent sous toute espèce de formes extravagantes, et dans des poses recherchées et étudiées, et des costumes prétentieux et ridicules. Ils aiment à particulariser en outrant le caractère de leurs personnages, et ne sont presque jamais ni naturels ni vrais, parce qu'ils ne savent pas être simples et sincères.

Levons maintenant les yeux sur une Minerve qui pourrait être du même auteur.

La déesse, fille de Jupiter, est représentée debout ; son air est fier et résolu, mais calme et doux ; son attitude exprime l'énergie, la force, la puissance et la sûreté ; son buste vigoureux et souple, aux belles formes arrondies et pleines, est bien pris dans une cuirasse de bronze poli qui brille d'un éclat doré, et dont les reflets étincelants s'aperçoivent de loin comme les rayons de quelque soleil ; sa tête superbe et charmante est coiffée d'un casque du même métal, qui fait ressortir davantage le trait ferme et énergique de ses beaux sourcils noirs, et qui entoure son front d'éclairs éblouissants ; ses yeux glauques et clairs, comme les flots changeants de l'Océan illuminé par le soleil, ont l'expression énigmatique de ceux des sphinx, avec un regard qui est à la fois franc et doux, joyeux et pénétrant, énergique et serein : les joues, d'un galbe exquis, ont la transparence diaphane et le fin duvet des pêches bien mûres ; la bouche est délicieuse, d'un dessin ferme et gracieux, et elle ressemble à l'arc tendu de l'amour ; l'oreille est petite et bien ourlée, et fait songer à quelque fin coquillage des mers ou à une conque marine en miniature ; le nez, solidement planté, est hardi et mutin ; le menton, robuste et court, mais arrondi et délicat, trahit la volonté, la patience, le courage et la constance, en même temps qu'une humeur conciliante et pacifique. La main droite de la déesse est armée de la forte lance qui repose à ses pieds chaussés de brodequins d'or ; la gauche a saisi le large bouclier aux sons retentissants, qui luit comme un miroir, et qu'elle tient solidement appuyé contre elle, à la hauteur du sein ; au bas de la cuirasse, la tunique militaire ou cotte d'arme, bordée de galons de pourpre et d'or, flotte nonchalamment avec des plis égaux, et retombe jusqu'à la naissance des genoux qu'elle flatte d'une joyeuse caresse. Ce tableau, gracieux et puissant, est bien l'image de la douceur et de la vaillance, et il évoque l'idée du plus mâle courage, uni à la débonnaireté la plus charmante ; on dirait un bel éphèbe qui s'essaie pour la première fois à manier des armes, mais qui est sûr de son adresse et de sa force. L'ensemble respire la grâce et la virilité.

Voilà comment je m'imagine que Phidias aurait pu s'y

prendre, à peu près, pour faire le pendant de sa fameuse statue du Parthénon : sa Minerve est la déesse de l'intelligence et de la raison armées; celle-ci est la déesse de la guerre intelligente et raisonnable.

Et les Modernes, qu'ont-ils à opposer à ces merveilles? A peine quelques rares chefs-d'œuvre; tout le reste est faible et pâle, comparé avec les ouvrages qui nous restent de l'antiquité. J'en excepte tout ce qui nous vient de la main de ces beaux génies qui s'appellent le Bramante, Michel-Ange, Donatello, Benvenuto Cellini et quelques autres moins illustres. On trouve chez les meilleurs d'entre eux le souci d'atteindre à la vérité et d'imiter les Anciens dans leurs parties les plus admirables.

Ce qui nous choque le plus dans l'architecture et la sculpture modernes, c'est la lutte ouverte des lignes contre l'ordre et la symétrie ; dans la peinture, celle des tons contre l'exactitude et la correction du dessin, et la vérité du coloris ; dans la musique, c'est la révolte des sons contre la franchise et la précision du rythme, et la beauté de la mélodie et du chant ; dans la poésie, le roman et les pièces de théâtre, la guerre des mots contre le bon sens, la raison et le bon goût.

Ainsi l'art moderne est partout corrompu et tombe en pleine décadence ; les œuvres, qui ne sont pas molles et efféminées, sont brutales et grossières ; il n'y a pas de milieu ; le bel équilibre des Anciens est complètement rompu ; le secret de leur santé et de leur art, et la splendeur de leurs incomparables productions sont perdus pour toujours.

Les œuvres de l'antiquité et celles des temps présents ressemblent à cette foule de champignons qui poussent subitement en une nuit d'été, après une pluie d'orage ; mais il y en a de deux sortes; les plus précoces, les plus nombreux et les plus brillants sont aussi les mauvais et les vénéneux ; les champignons comestibles croissent plus tard ; ils sont plus rares et d'une robe moins voyante, mais ils sont bons, substantiels et nourrissants.

Il est aisé de voir de quel côté il y a plus de bons que de mauvais champignons, chez nous ou parmi les Anciens.

Je n'ajoute pas un mot de plus.

CHAPITRE XLV

Du classique ; un dernier mot sur l'antiquité grecque et romaine.

J'ai parlé assez longuement de l'antiquité grecque et dit assez haut ce que j'en pense, pour n'avoir plus à y revenir. Toutefois, avant de quitter définitivement une matière si importante, je désire nommer encore quatre hommes, qui, en dehors de ceux que j'ai cités déjà, me semblent résumer le mieux les qualités les plus éminentes et les plus remarquables du génie grec ; je veux parler de Thucydide, d'Aristophane, de Plutarque et de Pindare.

Dans son histoire de la guerre du Péloponèse, Thucydide nous fait voir quels maux ont causés les factions politiques ; il nous montre les funestes dissensions qui ont déchiré la Grèce, et nous fait toucher du doigt aux causes secrètes de sa ruine définitive. Il voit les choses comme elles sont et nous les donne pour telles ; c'est l'historien sévère et consciencieux, et le témoin le plus attentif et le plus impartial des folies et des erreurs de ses compatriotes ; son livre est une suite de tragédies vivantes, où nous voyons saigner et agoniser la nation du monde la plus illustre par son esprit et par son art. Il n'y a donc pas de lecture plus attachante ni plus instructive, et elle éclaire d'un jour lumineux la vie civile et politique des cités grecques. Le spectacle qui nous est présenté n'est pas toujours réjouissant, mais l'auteur nous offre de grandes leçons, et, par ses sobres récits, il fait plus pour notre éducation et notre avancement que tous les plus gros livres des moralistes.

Thucydide est l'historien le plus profond de la Grèce, et l'un des instituteurs les plus admirables de l'humanité. C'est le calme spectateur, le sagace interprète, et le juge impartial de la société et des mœurs tragiques d'une partie très importante de son siècle. Voilà ce qui lui donne une valeur si considérable, et ce qui en fait l'un des guides les plus sûrs de tous les temps.

Tout au contraire de lui, Aristophane s'empresse de rire de ce qu'il voit et tourne tout en plaisanterie ; il se moque des hommes et des choses, qu'il déshabille impitoyablement, montrant du doigt à la foule les folies, les erreurs et les ridicules des hommes les plus réputés de son temps. Tout est comédie pour lui, et ses satires les plus fines et les plus mordantes sont un commentaire merveilleux, et la haute et sereine transfiguration de la vie publique et privée de ses contemporains les plus célèbres. Il y a là comme un écho du vieux rire homérique.

Aristophane fait la contre-partie de Thucydide et rétablit l'équilibre, en nous offrant une compensation légitime et agréable. Ses immortelles comédies nous remettent dans notre assiette.

Plutarque se tient entre les deux ; il s'abstient de pleurer et de rire, et il ne prend résolument parti dans aucun sens ; il se contente de regarder et de voir, et nous fait contempler avec lui d'attachants spectacles, tour à tour beaux ou vilains, et admirer des actions et des héros, tantôt sublimes, tantôt atroces ; mais il y a de la force et de l'élévation dans tout ce qu'il nous montre ; ses Vies comparées des hommes illustres sont une haute école d'héroïsme et de vertu. Ce qu'il nous présente mérite toujours de fixer notre attention, car il nous propose des exemples admirables. C'est en ce sens un des plus grands bienfaiteurs de l'humanité ; en nous faisant voir ce que peuvent l'amour du beau et cette sainte ardeur d'une noble émulation, il nous excite constamment à bien faire, et nous offre les plus rares modèles, et qui sont impérissables.

Plutarque a été le maître et l'inspirateur de Montaigne, de Shakespeare, et de Corneille ; ce n'est pas pour lui un mince titre de gloire d'avoir nourri des âmes d'une pareille trempe.

Plutarque semble concilier les contradictions qui nous frappent dans l'histoire du peuple grec, et nous réconcilie pleinement avec celui-ci.

Pindare est l'amant le plus passionné et le plus enthousiaste du génie grec; ses odes sont des dithyrambes; c'est lui qui nous fait pénétrer le plus profondément dans la connaissance intime de cette âme hellénique qui, sans lui, serait une énigme à peine déchiffrable. Il nous découvre ce qu'il y avait de plus excellent dans la nature, de plus éminent dans l'esprit, et de meilleur dans le système d'éducation de ses concitoyens.

C'est ici que nous trouvons la plus belle description et la glorification la plus complète de ces joutes mémorables, et de cette sublime émulation qui mettaient la Grèce tout entière aux prises avec elle-même dans des luttes généreuses et pacifiques.

Pindare défie les vainqueurs aux jeux olympiques, et entretient ainsi cette flamme sacrée qui brûlait dans tous les cœurs, qui a fait la splendeur de cette grande époque, mais qui, hélas! fut trop vite étouffée.

Pindare est le plus beau et le plus noble décor de ce vaste théâtre qui s'appelle la Grèce, et où les hommes les plus remarquables ne dédaignaient pas de se montrer.

C'est dans Pindare que nous voyons le mieux quels grands artistes étaient les Grecs.

Quittons la Grèce et jetons un instant les yeux sur l'antiquité romaine. Ici aussi je relève quatre noms d'auteurs qui me paraissent représenter le mieux la nature et le caractère des Romains; ce sont Tacite, Pétrone, Marc-Aurèle et Cicéron.

Je mets tout à fait à part, et à la plus belle place, le divin Horace, ce grand maître ès art de vivre, qui s'élève autant au-dessus des autres que le soleil l'emporte sur les planètes de notre système.

Tacite a fait pour Rome ce que Thucydide avait fait pour la Grèce; il l'a à la fois illustrée et mise à nu.

Il jette un long et profond regard sur un grand nombre d'événements, et nous permet de juger de l'ensemble.

Suétone ne nous peint qu'une suite non interrompue des plus

viles turpitudes, tandis que Salluste se complaît surtout dans le récit d'une conspiration mémorable.

Tacite est plus vrai et plus impartial, parce qu'il choisit une matière plus vaste et plus variée, et que son coup d'œil est plus pénétrant.

Ici aussi, comme dans Thucydide, nous voyons la face tragique de l'âme d'une nation.

Il n'y a pas de lecture plus attachante ni plus salutaire que celle de ce grand peintre, qui, en dix lignes, nous fait mieux connaître les Romains en particulier, et les hommes en général, que les plus longs récits de tous les autres narrateurs ensemble. Considéré de ce point de vue, Tacite est un écrivain de tous les temps.

Pétrone fait le contraste le plus frappant avec Tacite ; il étale complaisamment à nos yeux les vices les plus chers aux Romains de la décadence, mais il nous fait goûter en même temps les grâces de leur esprit, le charme de leur bonne humeur, et tout l'agrément de leur joyeuse compagnie. Il traite les sujets les plus scabreux avec une discrétion et un tact admirables, et comme en se jouant ; il glisse rapidement sur tout, et semble voler comme un oiseau, ou brûler l'espace comme un habile patineur, qui effleure à peine la nappe de glace où son pied agile ne se pose qu'un instant pour fuir toujours plus loin ; sa touche est si légère et si fine qu'il rassure les plus délicats et gagne les plus difficiles ; c'est un enfant terrible et charmant, qui se tire de tout avec esprit et avec grâce, et toujours à son honneur.

Les extrêmes se touchent, et, tandis que Tacite nous présente une face des choses, Pétrone nous offre l'autre. Son œuvre est donc aussi instructive que celle de son grave compatriote.

J'ai choisi Marc-Aurèle pour faire voir quelle heureuse influence Plutarque et Épictète ont exercée sur ce noble empereur.

Son existence et ses pensées nous donnent le modèle de la force de caractère la plus étonnante, unie à la plus grande modération, ce qui est d'autant plus admirable qu'il était en possession du pouvoir souverain. Sa vie est comme un récit de Plutarque mis en action. Marc-Aurèle a exécuté ce que l'auteur grec nous propose de faire. Quel exemple pour les hommes en général et les princes en particulier! Il n'y a pas de plus haute figure dans toute l'histoire romaine, si l'on en excepte Cincinnatus. Il nous importe donc de méditer ses Pensées qui font partie du trésor littéraire de l'humanité.

Cicéron est une riche draperie, jetée avec art sur ce grand corps qu'elle orne savamment, et qui est l'antiquité romaine. Ceci nous montre qu'en somme la littérature des Romains n'est qu'une faible et pâle imitation de celle des Grecs, et qu'elle n'a servi généralement qu'à décorer la scène immense où avaient monté les conquérants du monde.

Je m'arrête ici et je laisse le lecteur juge de décider quelle est la civilisation qui l'a emporté sur l'autre, de la romaine ou de la grecque.

CHAPITRE XLVI

De la Renaissance italienne et de la peinture en Italie et ailleurs.

Après un long sommeil d'environ mille ans, les arts se réveillèrent tout à coup en Italie, vers la fin du moyen âge. Des hommes d'esprit et de génie, admirateurs fervents de l'antiquité, se mirent à la copier, et à produire des œuvres, dans lesquelles ils essayèrent de nous rendre tout ce qu'ils étaient parvenus à lui emprunter. Cette restauration ne se fit que lentement et par degrés, et ce n'est qu'après plusieurs siècles de tâtonnements et d'efforts que se fit la Renaissance véritable.

En ce qui concerne les lettres, quatre hommes me semblent caractériser le mieux le beau mouvement qui se dessina alors; ce sont le Dante, l'Arioste, Pétrarque et Machiavel.

Le Tasse a été le brillant illustrateur des Croisades, mais sa *Jérusalem délivrée* est plus un roman d'amour et d'aventures qu'une épopée héroïque et guerrière ; ce poème est gâté par le christianisme et la galanterie.

Dante représente toute une époque qui embrasse une longue suite de siècles; il glorifie dans son célèbre poème les croyances essentielles et la légende principale du christianisme, et tout spécialement de la religion catholique; il peint dans un vaste triptyque la grande et redoutable idée qui hantait le plus toute la chrétienté; c'est lui qui nous fait connaître le mieux l'âme du moyen âge chrétien, surtout en Italie, où la croyance fut toujours plus aveugle et la foi plus ardente que partout ailleurs.

Considéré de ce point de vue, il est curieux à lire ; son œuvre fait penser à quelque mammouth des vieux âges; c'est un disparu, et, pour ainsi dire, un revenant que nous sommes bien près d'avoir complètement oublié.

Dante peint de nuit, aux lueurs d'un immense feu de forge ; il n'aperçoit et ne nous fait voir que des images gigantesques aux ombres démesurées. Son enfer est un épouvantail pour les esprits timorés, mais ce n'est en effet qu'un vain haillon dont se rient les moineaux francs que nous sommes. Dante, c'est l'âme tragique et la conscience du moyen âge.

L'Arioste est le contre-pied du Dante : il est tout plein d'héroïsme et de grands desseins, d'aventures et de galanterie, et tous ses héros aiment résolument la vie; c'est l'âme militante de l'Italie nouvelle. L'Arioste nous découvre une seconde face de l'âme italienne, ce goût du grand et de l'héroïque, avec un je ne sais quoi de brillant qui lui donne une allure pleine de hardiesse et de crânerie.

Pétrarque nous montre la troisième face des choses, et nous fait connaître cet amour qui germe dans le cœur de tout Italien, et qui embellit la meilleure partie de son existence. Pétrarque a introduit en Italie le sigisbéisme, cette plante rare et délicate, importée de France et de ses cours d'amour, d'où elle pénétra même en Allemagne pour y prendre racine dans un sol ingrat.

Les sonnets de Pétrarque sont comme la transfiguration du génie italien.

Celui qui nous apprend le mieux ce qu'était la vie civile et politique des petites républiques italiennes, c'est Machiavel. A cette époque l'Italie ressemblait à la Grèce antique et à ses cités perpétuellement rivales.

Machiavel avait parfaitement compris et pressenti le danger, signalé déjà par le Dante, et les expéditions et les conquêtes des empereurs d'Allemagne et des rois de France lui donnaient à réfléchir. Il désirait cette unité de l'Italie, que le Dante avait appelée de tous ses vœux, et qu'il recommande avec tant de chaleur dans les parties de son poème qu'il adresse spécialement aux puissants du jour.

Afin de poursuivre et de réaliser son grand dessein, Machiavel conçut la pensée d'écrire deux ouvrages, destinés à montrer ce qu'il fallait faire.

Pour atteindre son but, il a besoin d'un homme capable de l'entendre et de se conduire d'après ses maximes ; il croit l'avoir trouvé dans la personne de César Borgia, l'esprit le plus profond, le caractère le plus décidé, et le plus grand capitaine de son temps. Il lui adresse d'admirables conseils dans son livre du Prince, et donne en même temps de grandes leçons aux peuples, non pour les prévenir contre la tyrannie, comme d'aucuns l'ont prétendu, mais, tout au contraire, pour les exhorter à se ranger sous la même loi.

Dans son examen et son jugement des *Décades* de Tite-Live, il indique les causes de la grandeur des Romains, et enseigne par quels moyens l'on fait et l'on conserve des conquêtes.

César Borgia était assez intelligent et assez fin pour saisir l'allusion et goûter les idées de son instituteur, et il était de taille à mener l'entreprise à bonne fin.

On sait qu'il fut malheureusement empoisonné dans un festin que le pape Alexandre VI, son père, donnait à quelques cardinaux ; le Saint-Père et lui trempèrent leurs lèvres dans le breuvage qui était destiné à ces derniers, et qui devait servir au pape à se débarrasser d'eux. Cette machination diabolique tourna contre ses auteurs ; Alexandre VI mourut dans la nuit, et César Borgia, gravement malade des suites de l'aventure, dut s'aliter incontinent, et se vit condamné à demeurer inactif pendant toute la durée du conclave qui se tint aussitôt après la catastrophe. Au lieu de pouvoir à son gré faire élire l'une de ses créatures, ou même s'asseoir en personne sur le trône pontifical, son impuissance le contraignit à souffrir l'élévation de l'homme qui le haïssait le plus mortellement ; c'était le cardinal della Rovere, plus connu sous le nom de pape Jules II. Ainsi échoua pitoyablement cette action mémorable. César Borgia, qui avait dû fuir l'Italie pour échapper au bras de son ennemi, finit exilé en Espagne dans la misère et dans l'oubli, à l'attaque d'une pauvre bicoque devant laquelle il trouva une mort obscure, tandis qu'il l'avait bravée victorieusement dans tant de rencontres fameuses.

Le rêve de l'unité italienne avait germé dans l'âme généreuse du Dante ; Machiavel avait indiqué les vrais moyens d'y parvenir, mais il était réservé au XIXe siècle d'achever cet illustre dessein.

C'est Machiavel qui nous découvre le mieux le fond de l'âme italienne, et la noble ambition qui commençait déjà à enflammer le cœur des plus grands hommes de son pays.

L'Italie nous offre en cela des traits de caractère qu'elle a en commun avec d'autres peuples. Ce en quoi elle me semble surtout originale, c'est la musique, et plus particulièrement la peinture. Le génie italien n'est que chant et que vision.

Je ne dirai rien de sa musique qui a charmé le monde entier, qui est trop connue pour que je m'y arrête, et qui a été extrêmement surpassée en France, et plus encore en Allemagne, la grande et vraie patrie de la musique sérieuse.

Son titre de gloire le plus beau, le plus brillant et le plus durable, c'est sa peinture ; là, elle est unique et sans rivale.

Tout ce que l'on a fait d'excellent en ce genre dans d'autres contrées, n'est qu'une imitation plus ou moins heureuse des œuvres italiennes, et les plus grands artistes du reste de l'Europe sont venus se former en Italie.

Je me propose de dire quelques mots des peintres suivants, que je considère comme les plus remarquables de tous : Michel-

Ange, Raphaël, le Corrège, le Titien, Léonard de Vinci, Paul Véronèse, Rubens et Rembrandt.

Ce qui nous frappe le plus, c'est que la majorité des toiles les plus célèbres n'ont trait qu'au christianisme; on ne peint que le Christ, la vierge et les saints. Cette uniformité risque de devenir monotone, parce qu'elle semble exclure systématiquement et de parti pris tout sujet purement humain, mais, quand on y regarde de plus près, on s'aperçoit que les plus grands peintres nous présentent en réalité des êtres de chair et de sang, et ceci nous réconcilie avec leur genre et leur manière. Il est vrai que la variété et la richesse des matières ne sont pas excessives, mais le génie différent des artistes a su compenser ce désavantage.

Parmi les peintres que j'ai nommés plus haut, Rubens seul traite toute espèce de sujets, même les païens, et c'est une de ses grandes supériorités sur ses rivaux.

Michel-Ange fut architecte comme Raphaël; c'est lui qui a construit Saint-Pierre de Rome, en modifiant par ordre du pape le plan primitif du Bramante, et qui était génial et admirable; la disposition en croix grecque, qui aurait permis d'élever un monument à peu près digne des Anciens, fut remplacée par celle de la croix latine, qui a détruit l'harmonie du tout, en rompant l'ordre et la symétrie. Michel-Ange s'acquitta convenablement de sa tâche, mais à contre-cœur.

Il fut surtout sculpteur, et ses chefs-d'œuvre sont connus; qui, en effet, n'a admiré son David, son satyre ivre, sa Piéta et le magnifique tombeau des Médicis?

Son originalité est d'avoir été en même temps peintre, et de nous avoir laissé deux morceaux, qui sont des modèles en leur genre, le plafond de la chapelle Sixtine, si lumineux et si grandiose, et son *Jugement dernier,* sur le mur du fond dans la même chapelle; rien n'est plus fort ni plus vigoureux que cette fresque célèbre, inspirée de la *Divine Comédie*: l'impression en est saisissante; la peinture a un peu souffert et elle est devenue bien noire, mais cette couleur convient admirablement au sujet; elle a été gâtée par la fumée du grand feu qu'allumèrent pour leurs besoins les troupes victorieuses de Charles-Quint, commandées par le connétable de Bourbon, et qui avaient pénétré au Vatican, après la prise et le sac de Rome.

Le génie de Michel-Ange exprime l'énergie et la grandeur ; son art est l'un des plus puissants de l'Italie, et, sous ce rapport, il peut être comparé au Dante et à Machiavel.

Le style de Raphaël est précisément l'opposé de celui de Michel-Ange ou de Rubens ; son génie est féminin et ressemble, dans un autre ordre d'idées, à celui de Racine et de Mozart. C'est la même perfection du dessin et de la forme, la même pureté de lignes, la même élégance et la même douceur du coloris, avec la même touche pleine de finesse, de charme et de grâce.

Trois de ses plus belles toiles sous ce rapport sont *la Vierge à la chaise*, *la Transfiguration* et *la Sainte Famille de François I*[er], la première au palais Pitti à Florence, la seconde au Vatican, et la troisième au Louvre. Rien n'est plus touchant ni plus admirable que l'expression simple, naturelle et vraie des figures qui y sont représentées.

Raphaël est le prince de la peinture, Michel-Ange en est le prophète.

Le Titien est le grand magicien et le maître du coloris ; rien n'est plus vif, plus ardent, plus vivant que ses beaux tableaux, où le sang court partout sous la peau des personnages, où tout est rouge, jusqu'au ciel même, empourpré par les rayons d'un soleil vénitien. Le Titien est bien un peintre de Venise, et le Giorgione est le seul qui puisse élever la même prétention.

Trois de ses œuvres les plus remarquables, considérées du point de vue de l'éclat de leur lumière et de la vivacité étonnante de leur coloration, sont *la Vénus d'Urbin*, dite duchesse Éléonore, dans la salle de la Tribune, aux Offices, *l'Amour sacré et profane*, dans la galerie Borghèse à Rome, et *l'Assomption de la Vierge*, qui est à Venise.

La chair de la femme n'a jamais été mieux rendue que dans la première de ces toiles, si ce n'est dans *l'Antiope* et *Persée* du Corrège, qui est au Louvre, et dans *la Vénus* de Palma le vieux, qui se trouve à Dresde ; le coloris de la seconde est une merveille incomparable ; dans la troisième, la scène est inondée de lumière, comme si le soleil y avait versé tous ses rayons.

Le Corrège est plus discret, avec non moins de génie et de perfection ; son triomphe est le clair-obscur, dont il est le maître incontesté ; sa *Danaé*, qui se trouve dans la galerie Borghèse, est l'un des chefs-d'œuvre du genre.

Léonard de Vinci est le maître mystérieux et énigmatique : ses deux tons favoris sont le blanc et le noir, et il en tire des effets saisissants. Tous ses paysages sont peints de la même manière : on dirait qu'il a travaillé de préférence le matin de très bonne heure, à l'aube, ou le soir, au moment du crépuscule, quand le soleil est couché. Le fond de ses toiles me rappelle toujours la vue dont on jouit du haut du Viale dei Colli, à Florence, sur la campagne de Fiesole. La lumière de ses tableaux est complètement blanche, et tout le reste est du plus beau noir, depuis les cyprès et les pins parasols, qui se dressent au haut des collines, jusqu'au moindre brin d'herbe qui croît dans la vallée. Il s'est essayé aussi dans d'autres manières, comme on peut s'en rendre compte par sa fresque célèbre, représentant *La Cène*, et qui est à Milan, et sa *Joconde*, qui se trouve au Louvre. Rien n'est plus exquis ni plus séduisant que le discret et fin sourire de la Monna Lisa.

Le style de Paul Véronèse est noble, majestueux et décoratif ; c'est le peintre des grands seigneurs.

Rien n'est plus somptueux ni plus magnifique que ses *Noces de Cana* qui sont au Louvre.

Rubens, quoique Flamand, étudia et se perfectionna en Italie ; c'est le grand génie synthétique de la peinture, et il s'est essayé avec succès dans tous les genres, depuis le paysage le plus idyllique et le plus simple jusqu'au tableau d'histoire le plus imposant, en passant par le portrait.

Ce qu'il y a de plus remarquable dans son génie, c'est son universalité prodigieuse. Son chef-d'œuvre est sans doute l'admirable morceau de la *Descente de croix*, dans la cathédrale d'Anvers, et qui est l'une des plus grandes et des plus belles toiles du monde. L'un de ses plus superbes paysages est cette *Fenaison aux environs de Malines*, qui est à Florence, et dont Gœthe possédait une gravure, et dont il est fait mention dans les entretiens de Gœthe et d'Eckerman, auquel Gœthe ne cessait d'en parler et de montrer cette gravure, ne cachant pas son immense admiration pour le génie de Rubens ; ce qui le frappait surtout dans ce tableau, c'était l'art du peintre, supérieur à la nature, et qui, contrairement à la simple vérité, y avait fait rayonner l'éclat du soleil de deux côtés différents, ce qui produisait une double lumière d'un extraordinaire effet.

Comme tableaux d'histoire, rien n'est plus frappant que la suite représentant la vie d'Henri IV au Louvre.

Le portrait de sa seconde femme, qui est à Vienne, est une pure merveille.

Les traits caractéristiques du style de Rubens sont la force, la grandeur et la sublimité. Rubens est le roi des peintres.

Le pinceau de Rembrandt semble avoir été trempé dans de l'or en fusion, ou plutôt on dirait que l'artiste peint, en ayant toujours devant les yeux la chaude lumière et l'éclat bronzé des beaux cuivres étincelants et si propres, qui ornent partout les maisons en Hollande. La patine de ses toiles est superbe. Sa manière rappelle, dans un autre genre, celle du Dante et de Wagner. Il y a en eux quelque chose des flammes de l'enfer.

CHAPITRE XLVII

Des seizième, dix-septième et dix-huitième siècles en France et ailleurs.

L'esprit de la Renaissance, qui avait commencé par animer l'Italie, venait de passer jusqu'en France et y avait fait éclore les œuvres les plus diverses et les plus remarquables.

Ce fut surtout le génie des lettres qui se réveilla de son long sommeil et qui se mit à produire des merveilles dans tous les genres.

Les quatre écrivains suivants me semblent résumer le mieux les qualités essentielles de l'âme française : Rabelais, Corneille, Montaigne et Voltaire.

Rabelais, c'est l'esprit gaulois, les récits de haulte graisse, le franc rire épanoui et toutes les joyeusetés de la vie la plus libre.

Corneille, au contraire, c'est le courage, la vaillance, la vertu, l'héroïsme, la grandeur et la sublimité de la France.

Entre les deux, le doux scepticisme et le doute commode de Montaigne font bonne figure et concilient parfaitement les contrastes. Montaigne, c'est l'art de penser et de vivre, qui est aussi l'une des faces de l'âme française.

Voltaire est l'homme brillant et spirituel qui touche à tout en l'effleurant et sans s'y arrêter ; c'est le génie décoratif de la France, comme Machiavel le fut pour l'Italie du seizième siècle, Cicéron pour Rome, et Pindare pour la Grèce.

Ce que j'aime le plus dans Molière, c'est son *Misanthrope;* c'est, selon moi, son chef-d'œuvre, parce que la leçon qui y est contenue est d'une application plus générale et d'une portée plus haute que toutes celles qui se rencontrent dans ses autres comédies. J'en excepte toutefois l'*Avare,* qui est aussi grand dans un genre moins relevé. Le *Tartufe* ne vient qu'après, mais c'est aussi une pièce merveilleuse.

Ces trois comédies de Molière suffiraient à lui assurer l'immortalité.

Il y a plus de naturel, de vérité et de profondeur dans une seule fable de La Fontaine que dans toutes les plus belles sentences des philosophes. Les seuls génies, vraiment classiques dans la tragédie et qui aient un rapport éloigné avec Corneille, sont Caldéron en Espagne et Alfiéri en Italie. Rien n'est plus saisissant ni plus admirable que la pièce de Caldéron qui a pour titre : *La Vie, un rêve ;* elle mérite d'être lue par tous ceux qui aiment le beau et les vues profondes. Le génie de Caldéron a été malheureusement gâté par la religion et le pessimisme.

Alfiéri est sec et froid, et manque souvent d'inspiration et de souffle, mais sa concision et sa force sont remarquables ; sa manière d'écrire nous donne une idée du grand style ; sa tragédie de *Philippe II* est très intéressante sous ce rapport et mérite d'être lue ; par ce côté énergique et robuste de son génie, il a quelque analogie avec Corneille. Silvio Pellico se montre le digne émule d'Alfiéri dans sa belle et forte tragédie de *Françoise de Rimini,* qui est d'une lecture si attachante.

Le mélancolique et douloureux Léopardi est l'un des plus grands lyriques de ces derniers temps, mais assombri par le plus noir pessimisme ; c'est donc une lecture très pernicieuse pour la jeunesse.

Les *Pensées* de Pascal sont gâtées par la religion et le pessimisme, qui leur donnent souvent un caractère superficiel ; elles se meurent de lente consomption comme mourut leur auteur.

Quel dommage qu'un si vaste et si noble esprit, et qui a parfois une profondeur si admirable, ait dévoyé misérablement et soit tombé dans des petitesses ridicules et indignes d'un grand caractère et d'une nature virile.

Le style des *Pensées* est généralement admirable, surtout dans le chapitre sur l'homme.

La Rochefoucauld ne cesse de témoigner de son mépris pour la prétendue misère de notre condition, et sa morale est affligeante pour l'esprit et le cœur ; il ne voit que les vilains côtés de notre nature, et ne remarque pas que la vie est bonne et douce à qui s'entend à en bien user. La lecture de ses *Maximes* est l'une des plus pernicieuses qui soient, et les effets en sont toujours funestes ; elle dessèche le cœur et le flétrit avant l'âge, et fait à la jeunesse un mal immense et irréparable ; il convient d'ailleurs d'en tenir également tout le monde éloigné ; ses *Maximes* distillent un venin subtil et violent qui empoisonne les âmes les plus excellentes et les plus saines. Les écrits de La Rochefoucauld sont gâtés par le plus lâche des pessimismes.

La Bruyère voit bien les hommes et les choses, et nous fournit une foule de détails très intéressants dans une langue très châtiée et très belle. Ses *Caractères* sont un des livres les plus instructifs qu'on puisse rencontrer, et nous rendent à tous les meilleurs services.

Vauvenargues a de l'esprit et de la finesse, de la sensibilité et du cœur : ses pensées sont généralement justes et vraies, et toujours écrites d'un très bon style; on tire un réel profit de la lecture de ses ouvrages.

Le plus grand et le plus profond de nos moralistes, c'est Chamfort ; nul n'a senti aussi bien que lui toute la grandeur et toute la misère de notre nature et de notre condition ; c'est ici que vibre le plus noblement toute la lyre humaine. En dehors de l'expérience que nous acquérons lentement et à force d'épreuves, rien ne nous apprend mieux ce qu'est la vie, que la lecture de ses œuvres.

On ne rencontre dans les livres de Rousseau qu'une fausse nature, de faux paysages et de faux sentiments; c'est le triomphe de la sentimentalité larmoyante. Ses ouvrages sont très nuisibles, et nous n'achevons de les lire qu'avec le dégoût de l'existence et des hommes, et qu'en maudissant tout ce qui nous entoure. Ceci est la marque d'un très mauvais ouvrage.

Cette sotte prétention à la félicité gâte tout ici-bas, disait Lichtenberg, ce spirituel contemporain de Gœthe, et il avait raison.

Il y a une fausse vertu qui n'est que l'affectation de la vertu.

Nous ne jouissons de rien qu'en courant, comme les esclaves fugitifs.

Fontenelle a de la sagacité et de la profondeur, avec un esprit très éminent et une langue excellente.

Ses *Dialogues des morts* notamment nous découvrent certains côtés très vrais et très curieux de la nature humaine. Ses écrits sont très recommandables, et font beaucoup pour notre instruction.

Les lettres de Galiani pétillent d'esprit et de génie, et sont remplies des vues les plus neuves, les plus remarquables et les plus profondes.

Stendhal est tout plein d'une élégante impertinence ; c'est en bottes vernies qu'il brûle ses étapes napoléoniennes. C'est un penseur très attachant et un esprit très original ; son meilleur roman est *le Rouge et le Noir*, où la haine d'un père et d'un fils est décrite de main de maître ; c'est aussi grand et aussi fort que *l'Avare* de Molière, *le Père Goriot* de Balzac et le *Don Carlos* de Schiller.

Sa *Chartreuse de Parme* est une peinture très naturelle et très vraie des mœurs publiques et privées de l'Italie au XVIIIe et au XIXe siècle. Ses plus beaux livres sont : *Rome, Naples, Florence*, son *Histoire de la Peinture en Italie* et ses *Promenades dans Rome* qui nous font connaître l'artiste et le poète.

Stendhal fait plus pour notre éducation et notre avancement que les livres les plus fameux des plus riches bibliothèques.

Le lire, c'est grandir de cent coudées.

CHAPITRE XLVIII

Du gothique et du romantique ; sur Shakespeare et les Allemands ; du dix-neuvième et du commencement du vingtième siècle en France et ailleurs.

Tandis que l'art classique, pareil au phénix de la fable, renaissait de ses cendres en Italie, en France et en Espagne, le nord de l'Europe, toujours noyé dans les brumes, semblait encore plongé dans un profond sommeil. Et, cependant, il commençait à se réveiller à son tour ; le printemps avait attiédi ces contrées sauvages et y avait fait éclore toute une floraison luxuriante mais monstrueuse.

L'Angleterre, séparée par la mer du continent dont elle ne subissait en aucune façon l'influence, avait grandi à part et s'était développée à sa manière. Tout à coup avait surgi un grand génie, primesautier, barbare, excessif, démesuré, énorme. Son esprit s'était nourri de préférence des légendes merveilleuses contenues dans l'Edda, qui est la religion fondée par Odin ; la lecture de Saxo Grammaticus et de quelques auteurs du même genre avait fait le reste. C'est ainsi que se forma Shakespeare, le premier des poètes modernes, et l'un des plus grands et des plus prodigieux de tous les temps. J'ai dit, au commencement de cette seconde partie, ce que je pense de cet homme étonnant et de son beau génie, si complexe et si tourmenté. Il me reste à ajouter quelques mots concernant ses vrais chefs-d'œuvre et ses drames les plus importants qui sont : *Macbeth, Othello, Hamlet, Roméo et Juliette, le Roi Lear*, et *Jules César*. Parmi ses comédies, *le Marchand de Venise* mérite une mention spéciale ; rien n'est plus exquis ni plus charmant que cette divine création.

Quant à ses drames historiques, ce n'est qu'une savante illustration des annales de son pays ; j'en excepte *Richard III*, qui est admirable par la peinture aussi profonde que vraie du caractère du héros principal. Ici Shakespeare nous présente un monstre et nous le fait voir dans toute son horreur. Ce spectacle nous répugne et nous repousse, et nous refusons de suite notre sympathie à un si horrible personnage, de telle sorte que le drame ne remplit pas les conditions que nous exigeons d'une bonne pièce, et qui veulent que le héros mérite notre estime et notre affection.

Ce qui nous frappe le plus dans Shakespeare, et que nous remarquons avant tout, c'est que son théâtre est une école de pessimisme ; on n'y voit que défiance, doute, folie, erreur et crimes de toute sorte ; il semble que la source de la vie ait été empoisonnée ici ; on ne fait que broyer du noir ; presque tous les héros sont atroces ; il n'y a guère d'exception ; tout ce qui est doux, délicat, noble, bon, généreux, y est en même temps presque toujours faible et misérable.

L'ambition de *Macbeth* est celle d'un fou forcené, sans caractère ni grandeur. *Othello* est la bête fauve, qu'une aveugle et sotte jalousie remplit d'une rage furieuse et d'une froide férocité.

Hamlet, c'est le sceptique, celui qui doute, le rêveur, le philosophe qui voudrait être un homme d'action et qui n'a pas la force d'agir ; c'est l'apôtre du pessimisme, du découragement et du désespoir. C'est un fou qui a de l'esprit, et un homme d'esprit qui ne commet que des folies ; c'est un malade et un névrosé, qui est poète et moraliste à ses heures, et qui se venge de son impuissance en faisant des mots à l'emporte-pièce. En résumé, c'est un décadent.

Roméo et Juliette sont très touchants, mais ils sont bien maladroits ; lorsqu'on s'aime à ce point-là, on quitte tout pour s'en aller ensemble vivre tranquillement loin de ses persécuteurs. Pourquoi ces mortelles lenteurs, ces hésitations, ces atermoiements, cette pauvre et triste comédie jouée uniquement pour sauver l'apparence et la face des choses, au lieu d'avoir de suite le courage et la volonté de ne reculer devant rien pour s'appartenir en liberté ?

Quoi de plus simple et de plus facile que de fuir ? Lorsqu'on trouve moyen de voir sa maîtresse, la nuit, dans sa chambre, il doit être assez aisé de l'enlever et de courir les routes avec elle. Mais à ce compte-là, la matière du drame serait bien réduite, j'en conviens. Quoi qu'il en soit, il est affligeant de constater qu'un si grand et si bel amour prenne une si triste fin. C'est encore le pessimisme qui l'emporte ici.

Le Roi Lear nous paraît tomber en enfance et faire tout ce qu'il faut pour rendre ses vieux jours intolérables, et les terminer dans l'horreur, la folie, la misère et le désespoir. Peu de pères de famille voudront lui ressembler.

Jules César est la meilleure pièce de son auteur ; elle devrait avoir pour titre *Brutus*, pour faire l'unité, selon la judicieuse remarque de Nietzsche, et parce que Brutus est réellement l'acteur principal.

Les drames de Shakespeare lui donnent l'occasion de pousser de beaux cris. Il s'entend à nous remuer fortement les entrailles, mais les coups qu'il nous porte sont si terribles que nous en sortons tout étourdis et hébétés.

L'astre shakespearien n'est qu'une nébuleuse.

Les personnages de Shakespeare se démènent comme des possédés, dans les hallucinations de la démence et les convulsions de l'épilepsie.

Le théâtre de Shakespeare exerce sur notre âme une influence déprimante, et décourage en nous les penchants les plus nobles et les plus hautes aspirations. Voilà ce qui nous oblige à le condamner. Il suffit de le comparer avec Corneille pour voir le mal horrible qu'il nous fait, et combien il y a plus de simplicité, de naturel, de vérité, de force, de courage, d'héroïsme, de grandeur et de sublimité dans les ouvrages du tragique français.

Il y a une fausse simplicité, un faux naturel, une fausse vérité, qui ne sont qu'une affectation insupportable de tout ce qui est réellement simple, naturel et vrai, et c'est l'un des plus graves défauts de Shakespeare.

Shakespeare est le père du naturalisme, c'est-à-dire de ce qu'il y a de plus faux dans la nature humaine, et qui est l'affectation de la simplicité et du naturel.

Shakespeare a été le maître et l'inspirateur des Allemands ; on peut juger par là du dommage qu'il leur a causé.

Le génie de Milton est pessimiste et gâté par le christianisme ; c'est le juger en deux mots.

Gœthe, qui cherchait sa voie, comme ceux qui sont venus après lui, s'est laissé séduire par la vaine richesse et la fausse splendeur shakespeariennes, encouragé en cela par le fatal Lessing dont il a écouté avec complaisance la voix de sirène.

C'est de là que sont nés le malentendu et les erreurs qui ont ruiné les lettres en Allemagne et ailleurs dans le Nord, et plus particulièrement en France au xixe siècle, de nos jours.

Cette aurore boréale a ébloui les Français eux-mêmes, généralement juges si excellents en matière de goût, et qui ont quitté la bonne voie et leur clair soleil pour errer au sein des fondrières, dans les ténèbres de la nuit.

Gœthe s'est réveillé un beau jour, lorsqu'il a connu Molière et Voltaire ; il a traduit le *Mahomet* de ce dernier. Mais avant cela, il avait même subi l'influence de Rousseau, et c'est à cette circonstance que nous devons son célèbre *Werther*, qui est du plus pur romantisme.

C'est dans la dernière partie de sa vie, qu'à part les poèmes lyriques de sa jeunesse, qui sont son meilleur ouvrage et ce qu'on a fait de mieux dans ce genre en Allemagne, il a écrit ses pièces de théâtre les plus remarquables, je veux dire *le Tasse* et surtout *Iphigénie en Tauride*.

C'est ici qu'il se décide enfin à brûler ce qu'il avait adoré et à adorer ce qu'il avait brûlé ; il se prend à aimer l'art classique d'un amour sincère et profond, et, par ce grand changement et ce retour subit à de meilleures choses, il semble condamner lui-même tacitement dans son âge mûr ses premières œuvres théâtrales et le fruit d'un labeur si patient, et montrer à tous où est le vrai salut.

J'ai déjà dit, dans la première partie du présent ouvrage, tout le bien que je pense de Heine que je considère comme le plus grand lyrique allemand, après Gœthe.

Malheureusement, c'est un névrosé et un pessimiste dont il convient de se défier.

Schiller a subi le même sort et a fait de même que Gœthe ; lui aussi, enfant prodigue des lettres et des arts, retourne enfin vers le toit paternel et rentre dans le bon chemin.

Sa conversion s'est faite solennellement, lorsqu'il nous a donné *Marie Stuart*, et principalement *la Fiancée de Messine* avec des chœurs renouvelés de l'antiquité, après ceux d'*Athalie* et d'*Esther* de Racine ; ce fut là le plus noble essai d'un si beau génie.

C'est ainsi que, par un juste retour des choses d'ici-bas, les Grecs et les Français furent un jour vengés et glorifiés par ces mêmes Allemands qui les avaient fuis et méprisés d'abord.

Ceux qui vinrent après ces deux illustres coryphées n'ont pas été plus heureux.

Grillparzer, qui était très bien doué, a commis les mêmes erreurs.

Le génie de Kleist promettait beaucoup, mais il manque d'haleine, et son inspiration est courte et d'un souffle étroit. Ce qu'il a fait de mieux, c'est sa comédie de *la Cruche cassée*, un chef-d'œuvre de fine observation et de bonne plaisanterie.

Dans *Penthésilée*, il a fait un noble effort pour se rapprocher des Grecs, mais en vain. Cette tragédie n'est qu'un faible pastiche d'un des passages les plus célèbres du Tasse, de celui d'*Armide* ; le sujet en est monotone, et la marche languissante ; je préfère de beaucoup *Armide*, qui est superbe de fierté et d'amour.

Chateaubriand est le père putatif du romantisme, dont Rousseau est le père véritable.

De grandes attitudes, de grands mots, de grandes phrases, de grandes prétentions, une grande vanité, un grand orgueil, et un style qui ne manque pas d'une certaine grandeur, voilà tout Chateaubriand. Tout le romantisme vient de là.

Lamartine est l'héritier direct de Chateaubriand ; il est très grand artiste dans ses *Méditations*, mais les plus belles choses qu'il a faites sont gâtées par le christianisme et le pessimisme.

Lamartine, ce sont les grandes orgues de l'église catholique, et c'est le saule pleureur des cimetières chrétiens.

Hugo est le romantique et le gothique par excellence ; il a subi l'influence de Shakespeare, de Rousseau, de Byron, de Chateaubriand et, dans une certaine mesure, des Allemands. Dans ses drames, il exagère les défauts de Corneille, sans avoir ses qualités.

Hugo est grand poète lyrique, et c'est là sa force principale ; on ne peut que l'admirer dans les *Odes et Ballades*, les *Orientales*, les *Feuilles d'Automne*, les *Chants du Crépuscule* et surtout les *Contemplations*, son vrai chef-d'œuvre.

En marchant sur les traces de Corneille et en s'imaginant le surpasser, il tombe parfois si bas que cela fait pitié ; il n'a su copier, en les outrant, que les faiblesses de son modèle, et il n'a réussi qu'à grossir ses excès de toute sorte, son enflure insupportable et son style pompeux, emphatique et déclamatoire. C'est un visionnaire dont l'imagination est monstrueuse ; il accorde trop d'importance à la rime, aux signes extérieurs et au vêtement de la pensée. Il est passionné de mots nouveaux et d'expressions extravagantes ; il manie la langue en virtuose, mais ses tours de force et d'adresse rappellent trop ceux des acrobates.

Hugo, c'est un squelette somptueusement vêtu d'un magnifique habit d'apparat ; on pense voir un être vivant, et l'un des plus considérables, mais rien ne bouge, rien ne remue ; c'est un automate, et tout ce qu'il dit n'est que l'effet d'une mécanique intérieure.

Hugo, c'est un mannequin richement paré d'une robe bariolée de toutes les couleurs ; c'est un épouvantail et un miroir aux alouettes. Il a du talent et du génie, mais sans choix suffisamment rigoureux ; il est obscur, compliqué, nuageux, énorme et excessif.

Il manque de simplicité, de clarté, de naturel, de mesure, de discipline, d'ordre, de proportion, d'harmonie, de tact et de goût. Hugo n'est pas assez grand artiste, sauf dans les œuvres que j'ai citées plus haut ; il a souvent plus d'inspiration que de bon sens ; d'autres fois, il se bat les flancs, mais la raison ne l'éclaire pas davantage, et il ne nous sert que de grands mots et de grandes phrases. C'est donc un mauvais modèle à imiter, sauf dans ses premiers poèmes lyriques.

Hugo s'est surfait lui-même, et il a été surfait par tous ceux qui ont cru à lui ou qui ont feint d'y croire.

Hugo est devenu le palladium de tous les lettrés contemporains, qui veulent couvrir le vide de leurs pensées par le bruit de leurs grands mots tapageurs.

Gustave Flaubert a fort bien remarqué que les personnages de Hugo sont de grands bonshommes en pain d'épice.

Hugo, c'est l'école du panache dont le siècle est féru.

On a fait passer Musset pour le poète de la jeunesse et de l'amour ; entendons-nous, c'est le poète d'une certaine jeunesse et d'un certain amour, mais cette jeunesse est névrosée, et cet amour est maladif.

Musset est le décadent par excellence ; ce qu'il a fait de mieux sont ses *Nuits*.

L'inspiration de Vigny est pure et haute, mais gâtée par le

christianisme et le pessimisme ; malgré tout, c'est un grand artiste, comme il l'a fait voir dans les *Destinées*, et principalement aux poèmes de *Moïse*, la *Colère de Samson*, la *Mort du Loup*, et la *Maison du Berger*, qui est son chef-d'œuvre.

Gauthier a infiniment d'esprit et de talent, mais il manque d'inspiration et de souffle.

Les personnages d'Ibsen sont tous des malades, mais ce ne sont pas des malades ordinaires, ni qui puissent guérir comme ceux qu'on rencontre dans les tragédies et les drames en général, ce sont des fous incurables et des malades de nature et de constitution. Son théâtre est faux, parce que c'est un théâtre d'exception ; il est pathologique comme son talent ; on dirait une grande clinique dont l'auteur serait le médecin attitré.

Sa meilleure pièce est *Nora* ou *Maison de Poupée*, mais le dénouement en est mauvais ; une femme qui ne se laisse retenir par rien, pas même par ses enfants, n'est pas une femme. Ibsen est l'apôtre du féminisme ; ceci explique pour quel motif nous ne l'aimons pas.

Tolstoï, lui aussi, est docteur et a également sa clinique, mais le département à la tête duquel il se trouve est celui des visionnaires et des hallucinés.

Le *Père Goriot* est l'œuvre la plus belle, la plus profonde et la plus admirable de Balzac, qui est sans contestation le plus grand de tous nos romanciers.

Le talent de Zola est très personnel et très puissant, mais il est gâté par cet amour violent et maladif de la charogne, et qui lui fait caresser avec délices des objets repoussants dont nous détournons les yeux dans la vie ordinaire, et qui sont inutiles dans un livre ; Zola manque de mesure, de tact et de goût, et ne semble déchaîner un si beau tapage, et si scandaleux, que pour attirer l'attention sur ses livres et faire ainsi sa réputation et sa fortune. Ses meilleurs ouvrages sont les *Contes à Ninon*, la *Conquête de Plassans*, *Une Page d'amour* et le *Docteur Pascal*. Il a même écrit un roman qu'on peut mettre entre les mains des jeunes filles : *Le Rêve*.

Zola est un poète dévoyé, que la vie a corrompu et qui est

tombé dans le ruisseau. La lecture de ses œuvres en général est à condamner, parce qu'elle nous fait le plus grand mal. C'est l'école du cynisme le plus éhonté.

Byron penche vers l'extrême opposé.

Byron, dégoûté de la platitude de ce qui l'entoure, remplit sa vie et ses ouvrages d'aventures romanesques ; l'inaccessible le hante et le torture, et il meurt inassouvi et désespéré.

Ce qu'il a fait de mieux, c'est son *Caïn*, et c'est la seule œuvre où il ne s'est pas chanté directement lui-même. Presque tout ce qu'il a écrit exerce sur nous l'influence la plus néfaste.

Maupassant a l'esprit gaulois, et son robuste talent rappelle celui de nos vieux conteurs les plus remarquables ; il est grand psychologue. Ce qu'il a fait de mieux sont ses trois romans de *Pierre et Jean*, *Une Vie* et *Notre Cœur*, et quelques-uns de ses contes qui sont des chefs-d'œuvre. Il est très supérieur à Zola, et c'est le meilleur conteur français en prose depuis Balzac.

Tout ce qui, dans ce siècle et en France, n'est pas grossier, brutal et graveleux, est précieux, mièvre et minaudier.

Parmi les auteurs contemporains qui ont réussi au théâtre, les plus applaudis ont un langage affecté, des expressions maniérées, des mots recherchés, des tournures bizarres, une plaisanterie de mauvais goût, et un style bernesque, et même burlesque, qui produit l'effet le plus déplorable.

Plaisants, facétieux, bouffons, extravagants, ils ont une furieuse manie de travestir les choses les plus sérieuses en basses plaisanteries ; ils font rire comme *Falstaff* et ses pareils, et ils ont les rieurs de leur côté ; le singe qui montre son cul pelé fait rire aussi, et tous les rieurs sont pour lui, mais ce n'en est pas moins un vilain et déplaisant animal.

D'Annunzio est un poète lyrique de beaucoup de talent, mais il n'est que poète lyrique, même dans ses pièces de théâtre. Ce qu'il a peut-être écrit de mieux, c'est sa *Joconde*.

La *Monna Vanna* de Mæterlinck est un drame excellent, mais le dénouement ne me satisfait pas, et je le trouve froid, peu naturel et nullement tragique. Princivali n'ouvre pas la bouche durant tout le dernier acte. Il eût fallu là quelque violent conflit entre lui et Colonna, une vive intervention de Monna Vanna pour arrêter la querelle qui met aux prises son mari et son amant, et une fin plus tragique. Quoi qu'il en soit, c'est de beaucoup la meilleure pièce que nous aient donnée les contemporains.

CHAPITRE XLIX

De la musique et des musiciens en Allemagne, en France et en Italie.

Ce qui s'est le plus développé dans les temps modernes, c'est la science, et ce progrès se remarque partout, et jusque dans la musique.

J'ai dit, au commencement de cette seconde partie, ce que je pense de la musique, et quelle est selon moi sa véritable signification ; je n'y reviendrai donc plus.

L'un des traits les plus caractéristiques des derniers siècles, ce sont les progrès étonnants qu'a faits la musique comme moyen d'expression.

La musique est devenue polyphone, c'est-à-dire savante, parce qu'elle mêle les thèmes et les voix, et qu'elle est pleine des nuances les plus variées et les plus diverses ; c'est tout un univers. Le pouvoir du langage musical a pris une intensité incroyable, et sa force d'expression est devenue très grande et très étendue.

Ceci doit avoir une raison et un sens. N'est-ce point parce que l'âme moderne est plus compliquée, plus agitée, plus nerveuse, plus ardente, plus impressionnable, plus sensible et plus violente que celle des temps passés, et que la voix des instruments qui peignent ces mouvements tumultueux est devenue forcément plus puissante et plus haute ?

Et puis, les passions politiques plus effrénées, et les guerres plus acharnées et plus sanglantes qu'autrefois y sont bien aussi pour quelque chose

L'humanité, qui se soumet volontiers à son vrai maître, attend fiévreusement le héros qui doit la guider vers d'autres destinées. Voilà le sens d'une partie de la musique moderne, et qui en est la meilleure et la plus belle, celle de Beethoven par exemple.

La musique se réveille en Allemagne, au moment de la Réformation et des guerres de religions, et Hændel n'est que l'interprète de Luther.

La musique de Hændel est foncièrement religieuse et elle a partout un caractère hiératique, même dans ses œuvres profanes, et jusque dans ses opéras.

Ce langage est celui de la croyance et de la foi.

La musique de Hændel a une haute noblesse et une majesté grandiose; elle est simple, naturelle, héroïque et forte, et pleine d'une vraie et profonde sensibilité.

Bach a plus de véhémence, de fougue et de puissance, et son génie est plus universel; sa manière a souvent quelque chose de sec, de froid et de didactique. Considéré de ce point de vue, Bach est l'Horace et le Boileau, c'est-à-dire le véritable législateur de la musique allemande. Il est sobre, sérieux, sévère et grave comme cette liturgie protestante qu'il a illustrée dans ses ouvrages. Ce qui lui réussit le mieux, c'est la force, la majesté et la grandeur, et il déploie dans ce genre une maîtrise souveraine et incomparable. La richesse de son invention mélodique est prodigieuse. Bach est le prophète musical le plus éloquent du protestantisme. C'est pour l'orgue qu'il a écrit ses plus belles pages.

La musique de Haydn est fruste et sans prétention, et elle est pleine de naïveté et de bonhomie; elle a un caractère rustique, et l'on dirait que son auteur était un homme des champs ou qu'il se promenait volontiers à la campagne.

Dans la musique de Gluck, il y a une certaine enflure et un style parfois emphatique et déclamatoire, sous une fausse apparence de simplicité, mais elle a de beaux moments, et qui sont très pathétiques.

Le génie de Mozart rappelle celui de Raphaël et de Racine; il n'y a pas de musique plus tendre ni plus délicieuse ; elle peint les occupations et les plaisirs ordinaires d'une cour polie et galante ; tout y est distinction, grâce, finesse, désœuvrement, frivolité, amoureuses langueurs et passion voluptueuse. La musique de Mozart est un aphrodisiaque, et décèle une nature très sensuelle ; elle est si douce et si aimable qu'elle nous enchante et nous ravit toujours ; à l'écouter on oublie ses chagrins et ses peines, et l'on se sent l'âme pleine de calme et de joie ; ces sons exquis lui prêtent des ailes.

Beethoven est le vrai héros et le dieu de la musique ; en lui tout est grand et beau, et d'une perfection incomparable ; nul comme lui ne sait faire vibrer toutes les cordes de la lyre humaine ; tout ce qu'il veut faire lui réussit comme à miracle ; il a autant de simplicité et de naïveté que Haydn, autant de grâce, de douceur et de tendresse que Mozart, autant de force et de puissance que Bach, et autant d'héroïsme, de grandeur et de sublimité que Hændel et Bach réunis. Son invention mélodique est d'une richesse inépuisable ; quel souffle prodigieux, quelle haute noblesse, quel enthousiasme extraordinaire, et quelle étonnante maîtrise !

La véhémence incroyable de son inspiration ressemble à la course précipitée d'un vaste torrent, dont la force est comme réprimée par une raison supérieure et toute-puissante.

Il a toujours quelque chose d'important à nous dire ; il n'écrit que pour l'exprimer avec une éloquence pathétique et souveraine, et tout ce qu'il nous donne, avec cette royale profusion du génie prodigue de son bien, est d'une beauté divine et d'une splendeur merveilleuse.

Lui seul nous frappe toujours d'étonnement et d'admiration, et nous transporte aux nues. Lui seul sait ravager nos cœurs, remuer et bouleverser notre âme, et nous émouvoir si profondément que tout notre être est comme secoué de frissons, et les larmes que nous arrache la magie de son art jaillissent malgré nous et nous suffoquent.

Aucune autre musique n'est capable d'exciter en nous tant d'ivresse et de nous jeter dans un pareil délire.

Où y a-t-il de plus grandes pensées, des sentiments plus vrais et plus profonds, une éloquence si noble et si naturelle, une force plus soutenue et plus incroyable, un pathétique plus entraînant et une sublimité plus étonnante?

Beethoven, comme il le dit lui-même à Bettina Brentano, devenue depuis Bettina von Arnim, c'est le héros vigneron, c'est le puissant Bacchus, le grand vendangeur dont le divin breuvage enivre l'humanité et l'arrache à ses souffrances.

Cette musique est la perfection et l'idéal suprême; et elle ne vieillira point, parce qu'elle exprime le mieux le fonds général, universel et impérissable de notre nature la plus intime, et qu'elle peint d'une manière admirable les traits essentiels du caractère humain.

Les vérités et les beautés que nous révèle la musique de Beethoven sont éternelles, car elles sont de tous les peuples et de tous les siècles; ses œuvres et son art sont immortels, et seront aimés et admirés tant que la terre sera habitée par des hommes.

Les traits les plus saillants et les plus remarquables de la musique de Beethoven sont l'énergie, la décision, la force, la puissance, le pathétique, la grandeur, l'héroïsme, la sublimité, et un certain caractère tragique dont l'intensité n'éclate nulle part ailleurs dans un degré si éminent. Nul autre musicien n'est si grand artiste que Beethoven.

Ce qui fait la principale différence des génies dans tous les arts, c'est la qualité et la force de l'inspiration, et la richesse de l'invention dans les idées, les sentiments, les couleurs et les sons, et qui, en musique, s'appelle l'invention mélodique.

On ne rencontre nulle part dans la musique une inspiration aussi haute, ni une mélodie aussi abondante, aussi noble et aussi sublime que chez Beethoven. C'est ce qui fait sa grande supériorité sur ses émules. Il y a encore ceci de remarquable chez lui, qu'il n'y a rien à retrancher dans toute son œuvre, et qu'il n'y a dans aucun endroit de sa musique une note de trop ni de trop peu, outre que le souffle de son inspiration est toujours également soutenu, dans le puissant et le fort, comme dans le gracieux et le doux, ce qui ne se trouve dans aucun autre musicien, avec la même constance et la même rigueur. Beethoven, c'est le roi de la musique. On peut comparer son génie à celui de Sophocle, de Michel-Ange et de Corneille.

La musique de Beethoven durera aussi longtemps qu'il y aura des hommes, et qui sentiront.

Weber est le premier romantique qui ait paru dans le domaine des sons ; il est bien allemand et cultive avec amour la petite fleur bleue.

Schubert s'est nourri surtout de Bach et de Beethoven ; on s'en aperçoit aisément, et ce goût lui fait honneur. Il est admirable partout où il a su se borner. Son invention mélodique est d'une grande richesse, et il est plein de naturel, de vérité, de sentiment et de profondeur. C'est incontestablement l'un des plus grands musiciens de l'Allemagne. Il est moins artiste que Beethoven, parce qu'il improvise trop, et trop constamment, et qu'il ne travaille pas assez à perfectionner sans cesse la forme de ses ouvrages, comme le faisait toujours son modèle. Ce qui lui manque le plus, c'est l'amplitude et la puissance soutenue du souffle ; les ouvrages de longue haleine et de large envergure ne lui conviennent point et ne lui réussissent guère. Il a une tendance à s'étendre trop et à entreprendre des ouvrages dont l'importance et le développement seyent mal à son génie, tout intime et tout familier. Il aime trop les variations sur un même thème, et il se répète avec délices et à satiété, et jusque dans sa musique de chant.

Schubert est le roi de la romance, et c'est là qu'il a le mieux réussi ; les deux cycles qui ont pour titres : *La Belle Meunière* et *le Voyage d'hiver* sont ses chefs-d'œuvre.

Ses morceaux ont trop souvent le caractère d'une simple improvisation, et il est beaucoup moins artiste que les vrais grands maîtres de la musique.

Nous savons en effet qu'il composa maintes fois à la campagne devant ses amis, assis avec lui autour d'une table bien garnie, et qu'il a écrit ainsi plusieurs de ses romances les plus célèbres. Ses œuvres sentent toujours l'improvisation et l'inspiration du moment ; c'est le trouvère, *il trovatore* par excellence. Il invente, et il invente beaucoup, mais ses inventions n'ont pas toutes la même valeur. Pour s'en rendre compte, il suffit de le comparer à lui-même et de mettre en regard de sa romance, intitulée *le Voyageur*, la fantaisie pour piano qu'il en a tirée. La romance est le vrai modèle et le type de l'improvisation, mais elle est superbe d'allure et d'envolée ; la mélodie change quatre fois de motif et de thème en trois pages, mais le tout est excellent et déborde de passion et de vie, au lieu que son morceau pour le piano n'est qu'un long développement froid, nu, et ennuyeux, de ces mêmes thèmes, qui s'y retrouvent comme noyés et délayés dans une grande masse de sons confus, où le bruit et la prétention ont été portés à leur comble.

Le talent de Schumann est maladif et névrosé, mais il a des pages d'une délicatesse, d'une douceur, d'une finesse et d'une émotion pénétrantes et exquises. Son génie est féminin et décadent, et rappelle celui du Tasse, de Heine et de Musset, qui ont les mêmes taches et les mêmes tares naturelles. Ses meilleures œuvres sont ses romances ; il occupe dans ce genre la seconde place, et peut être rangé de suite après Schubert. Les deux cycles qui portent pour titres : *L'amour et la vie d'une femme* et *les Amours du poète* sont ses chefs-d'œuvre.

Mendelssohn est distingué, mais uniforme et monotone ; il n'a pour ainsi dire qu'une seule phrase, qui se répète constamment et qui finit par devenir obsédante ; sa forme est parfaite, et sa manière fait songer à l'aquarelle, au pastel et à la miniature. C'est également dans la romance qu'il a montré le plus de talent, et on peut le placer après Schumann.

Chopin est le décadent par excellence ; il a beaucoup de distinction et de noblesse, mais il est mou, efféminé, névrosé, excessif et extravagant.

Son invention mélodique a de la richesse et du brillant ; le caractère général de sa musique exprime la lassitude et le dégoût de la vie, mais avec des éclairs soudains de force et de passion ; on dirait d'une femme malade et hystérique, qui ne cesse de se lamenter sur ses maux réels ou imaginaires. On l'aime beaucoup à un certain âge, et il plaît extrêmement aux femmes et aux jeunes gens.

L'art de Schumann, de Mendelssohn et de Chopin est malsain et pernicieux, et leur style est mauvais et condamnable ; il convient de ne pas toucher trop à leurs ouvrages, qui sont tous infectés par le poison du pessimisme, et funestes à chacun, parce qu'ils respirent le découragement et le désespoir.

Dans la musique de Wagner il y a plus de mots que d'idées, plus d'affectation que de sentiment, plus de sons et de bruit que de mélodie véritable, plus de tapage que de force, plus d'enflure et d'emphase que de grandeur réelle, plus de jactance que d'héroïsme, plus de déclamation que d'éloquence, plus de comédie que de cœur, et plus de prétention que de sublimité. J'en excepte les parties principales de ses premières œuvres, et les plus beaux et les meilleurs morceaux de celles qu'il a composées plus tard.

L'art et le génie de Wagner rappellent de loin, et dans leurs bons moments, ceux du Dante, avec lequel il n'a d'ailleurs de commun que les proportions démesurées et l'énormité monstrueuse. Le style de Wagner est gothique et romantique. Son invention mélodique est faible et pauvre dans ses derniers ouvrages, qui sont réputés les meilleurs par des juges incompétents ou prévenus ; mais, en revanche, sa science de l'harmonie et de l'instrumentation touche partout à son apogée, et atteint à son dernier et son plus haut période, sans produire jamais rien d'harmonieux, si ce n'est par exception et par hasard, dans quelques-uns de ses premiers opéras qui sont les meilleurs, tels que *Tannhäuser*, *Lohengrin* et le second acte des *Maîtres chanteurs*. Il convient toutefois de mettre à part quelques passages magnifiques de *la Walkyrie,* le dernier tableau de *Siegfried*, et de belles pages dans *Tristan et Iseult* et même dans *le Crépuscule des Dieux.*

Perceval n'est connu que de ceux qui ont fait un pèlerinage à Bayreuth, mais il semble que cette partition contient des choses admirables, et que l'instrumentation en est merveilleuse, au point d'en faire un pur chef-d'œuvre.

Le texte seul et ses tendances chrétiennes et pessimistes gâtent malheureusement cette œuvre remarquable.

La musique de Wagner est loquace et grandiloquente ; c'est celle d'un homme qui est plein de lui-même et qui, extrêmement bavard et fanfaron de nature, parle beaucoup et sans cesse pour ne rien dire qui vaille, ou peu s'en faut.

Et voilà le musicien que les Modernes ont placé au-dessus de Beethoven, et qui leur ressemble.

Ceci nous donne une idée du goût détestable qui règne partout à présent.

Rossini est le pontife et le maître de la musique légère, fine, spirituelle et plaisante, et son triomphe est l'opéra bouffe. L'immortel *Barbier de Séville* est le chef-d'œuvre du genre, et le plus beau titre de gloire du célèbre Rossini.

J'en arrive aux Français, qui ont eu trois musiciens de premier ordre, et qui sont : Rameau, Berlioz et Bizet.

Rameau est le Bach français : c'est le législateur de la musique en France. L'art et le style de Rameau sont pleins de naturel, de vérité et de sentiment, et il parvient à produire de grands effets à l'aide des plus humbles moyens, et à nous émouvoir profondément par l'appareil le plus simple.

Berlioz, qui fut le précurseur, le maître, l'initiateur et l'inspirateur de Wagner, a toutes les qualités de ce dernier sans avoir ses défauts insupportables, et il possède en plus tout ce qui manque à Wagner. Ceci en dit assez.

Bizet est le génie musical le plus charmant, le plus joyeux, le plus franc, le plus vif, le plus alerte, le plus profond, le plus tragique et le plus étonnant que l'on puisse rencontrer dans la musique, appelée légère et qui n'élève aucune prétention à la sublimité. Sa musique est pleine de soleil, de rayons, de clarté et de chaleur, avec quelque chose qui rappelle l'éclat, l'ardeur, la poésie et la beauté des contrées du Sud, et cette douceur mélancolique de leurs fiers rivages rongés par le flux incessant de la mer lumineuse et retentissante.

Rien n'est plus original ni plus parfait dans son genre que la divine et délicieuse musique de Bizet.

Bizet est l'un des plus grands musiciens de la France et du monde. En parlant de la sorte, je songe surtout à *Carmen*, ce pur chef-d'œuvre de l'opéra-comique, et qui renferme en réalité une si belle, si superbe et si admirable tragédie.

Ce mélange de l'idyllique et de l'héroïque, qui nous frappe parfois dans la nature, nous le rencontrons aussi dans les arts, et principalement dans la musique.

Le héros se repose de son aventure et de ses travaux dans le calme, la sécurité et le bien-être, et jouit d'une courte trêve, durant laquelle il goûte une douce paix et quelque semblant de bonheur.

Mais la tragédie reprend bientôt, et le héros doit poursuivre sa course.

L'idylle de *Siegfried*, dans l'opéra de Wagner qui porte ce titre, nous donne une idée très exacte de la justesse de ce que j'avance ici. Il y en a d'autres exemples, comme ceux de la *Symphonie Pastorale* et de l'*Héroïque* de Beethoven. Le compositeur avait dédié d'abord cette dernière à Bonaparte, mais, quand il apprit que celui-ci allait se faire couronner empereur sous le nom de Napoléon Ier, il se ravisa et effaça rageusement la dédicace. Cette anecdote n'en prouve pas moins combien nous aimons et vénérons l'héroïsme, à quel point nous en avons soif, et avec quelle ardeur nous cherchons le héros et le demi-dieu que nous puissions admirer et chérir.

La grande masse de l'humanité est faite pour obéir, et elle se soumet volontiers à celui qui se montre digne de lui commander et qu'elle ne demande qu'à suivre. La plupart de ceux, qui décident de son sort et qui règlent ses destinées, sont comme les mauvais dompteurs, et elle n'attend qu'une occasion favorable pour les dévorer. Mais que le vrai maître paraisse, et tous les cœurs volent à lui.

Par l'organe de sa musique, l'âme moderne appelle le héros et le maître qui mérite de lui donner des lois et de fixer son sort.

La neuvième symphonie avec chœurs du même Beethoven est un hymne à la joie. Il y a une joie virile qui est le comble de l'héroïsme.

Quand les voix du chœur s'élèvent tout à coup, c'est comme le cri de la conscience qui se réveille et se reconnaît, et l'humanité, pareille au coryphée antique, se juge ainsi elle-même. Le chant magnifique qui éclate alors, est le cantique de joie et de reconnaissance qu'elle fait monter jusqu'au ciel, pour témoigner du bonheur qu'elle ressent d'avoir trouvé un maître, digne de la conduire vers de plus hautes et plus nobles destinées.

CHAPITRE L.

Des héros, des conquérants et des grands capitaines et hommes d'État ; sur Alexandre le Grand, César, Frédéric II et Napoléon ; conclusion et fin.

De temps à autre l'on voit surgir dans l'histoire un héros, un demi-dieu, un conquérant, un grand capitaine, un conducteur de peuples, un puissant législateur, un génie admirable qui se met à la tête de l'humanité pour la mener vers un but que lui seul aperçoit. Cet être extraordinaire s'appelle tour à tour Alexandre le Grand, César, Frédéric II ou Napoléon.

Il est très curieux d'observer que chacun de ces quatre grands hommes aima la musique et la poésie, et que trois d'entre eux furent même écrivains.

Chacun sait qu'Homère était le livre de chevet d'Alexandre de Macédoine, et qu'il savait par cœur toute l'*Iliade* et la majeure partie de l'*Odyssée*. Il tenait Homère dans une estime particulière, et le considérait comme le plus grand de tous les poètes qui eussent paru jusqu'alors.

Il aimait beaucoup la musique, la militaire et l'autre, et les musiciens les plus renommés de l'époque ne manquaient jamais de venir égayer les festins qu'il offrait à ses amis.

Non seulement la Macédoine et la Grèce, mais le monde

antique tout entier avait les yeux levés sur lui et le considérait comme son libérateur et son dieu.

Une mort prématurée vint mettre un terme à ses exploits et anéantir les espérances qu'il avait fait concevoir. Après sa mort tout rentra dans l'obscurité, et, par la profondeur de la nuit qui enveloppa l'univers, on put juger de la splendeur de l'astre qui venait de s'éteindre.

Il est également assez connu combien César aimait tous les arts en général et les lettres en particulier. Il n'était pas insensible aux sons d'une belle musique, mais il avait une prédilection marquée pour la poésie, et il se mêla lui-même de faire des vers. Il était excellent orateur et fut un écrivain de grand talent ; tout le monde connaît ses admirables *Commentaires de la guerre des Gaules* où il nous fait le récit de ses mémorables campagnes. Ce fut l'un des livres préférés de Napoléon.

L'éclat de ses triomphes sur les Gaulois et sa victoire fameuse sur Pompée lui avaient ouvert le chemin à l'empire, où l'appelaient les vœux de tous les peuples.

La folie d'un forcené vint mettre fin à une vie qui promettait encore de si grandes choses.

La vive passion que Frédéric II ressentait pour la musique et les lettres, et surtout pour la poésie, n'est un secret pour personne. Il composait lui-même de la musique et des vers, et a écrit plusieurs pièces de théâtre.

Il fut longtemps lié d'amitié avec Voltaire, qui lui donna des conseils pour ses poésies, et qui fut même chargé par lui de les revoir, de les corriger et d'y mettre la dernière main, besogne dont le précepteur ne s'acquitta pas très scrupuleusement, et dont il disait malicieusement que c'était laver le linge sale du roi de Prusse.

Les victoires de Frédéric II sur ses ennemis coalisés lui acquirent une très grande réputation ; il est vrai qu'il n'eut jamais à les combattre tous ensemble. Les choses commençaient à prendre une mauvaise tournure pour lui, lorsque le hasard voulut que la coalition se rompît d'elle-même ; divers événements imprévus détachèrent successivement les uns des autres ses principaux adversaires, et les plus redoutables.

Frédéric II était sauvé, mais il s'était trouvé à deux doigts de sa perte ; il prévoyait sa chute et en avait parlé à ses familiers ; l'un d'eux lui demanda ce qu'il comptait devenir après être descendu du trône ; médecin, dit Frédéric ; toujours assassin, répliqua son terrible interlocuteur, qui fit ainsi rire sous cape l'assistance tout entière.

Ce grand homme mourut tranquillement dans son lit comme un simple mortel, mais ayant joui jusqu'au dernier soupir de l'amour, de l'estime et du respect de ses fidèles sujets.

Le héros le plus fameux, et le plus grand de tous les capitaines, c'est Napoléon.

Lui aussi adorait la musique et les vers ; il fréquentait assidûment la Comédie-Française, où il aimait à applaudir Talma dans les tragédies de Corneille, et principalement dans *Cinna*, sa pièce favorite. N'étant encore que simple lieutenant, il quémandait des billets d'entrée au théâtre auprès de ce même tragédien auquel il conserva toute son estime, lorsque, devenu empereur tout-puissant, il l'invitait avec honneur à la table où il avait convié ses meilleurs amis.

Corneille fut pour Napoléon, ce qu'Homère avait été pour Alexandre : le modèle et l'illustration de sa propre vie.

Revenant d'Italie après Marengo, il en ramena la belle et illustre cantatrice, Joséphine Grassini, qui chanta dans un concert qui fut donné à la Malmaison, et dont la voix superbe et admirable ravit toute l'assemblée et conquit les cœurs les plus rebelles.

Napoléon étant exilé à Sainte-Hélène, inspira ou dicta tour à tour à ses compagnons d'infortune, devenus ses secrétaires, plusieurs ouvrages célèbres, à Las Cases le *Mémorial,* à Montholon les *Récits de la captivité,* à Gourgaud le *Journal* et à Bertrand les *Mémoires,* où ses amis rapportent les paroles les plus remarquables que l'empereur prononça là-bas, et où ils nous donnent le récit de ses campagnes, et l'explication des actes politiques les plus importants et les plus mémorables de son règne.

Il n'y a pas de meilleure lecture ni de plus attachante ; nous apprenons là à connaître Napoléon comme penseur, et pour ainsi dire comme écrivain.

Ses proclamations militaires sont des chefs-d'œuvre du genre.

Napoléon ne combattit pas seulement contre des barbares moins bien armés que lui, comme le firent Alexandre et César, ou contre des alliés désunis, dont les forces se dissipèrent comme un nuage et s'évanouirent comme par enchantement, ainsi qu'il advint à Frédéric II, mais il tint victorieusement tête pendant vingt ans à toute l'Europe coalisée contre lui, et il triompha dans soixante batailles rangées, d'armées aussi courageuses et aussi aguerries que les siennes. Ceci est extraordinaire et ne s'est vu que cette seule fois dans le long cours des siècles. Ce sont ses victoires prodigieuses et inouïes qui font éclater dans toute sa grandeur la supériorité écrasante de son génie sur celui de tous ses devanciers.

Ce qui nous frappe le plus dans Napoléon, c'est la sûreté et la rapidité de son coup d'œil et de sa pensée, son énergie indomptable, sa fermeté et sa constance que rien ne pouvait ébranler, la soudaineté inouïe de ses décisions et leur exécution foudroyante, son robuste amour de la réalité, son esprit lucide et pratique, et l'universalité étonnante de son merveilleux génie.

La cause de ses succès surprenants doit être cherchée dans l'excellence de la méthode qu'il employait pour traiter ses affaires et livrer ses batailles.

Napoléon est l'inventeur d'une nouvelle manière de se conduire et de faire la guerre.

Il marche et avance en ligne droite, par le chemin le plus court, et il attaque par la perpendiculaire, moins longue que l'oblique, au point faible le plus rapproché, tandis que ses adversaires poursuivent leur marche oblique et font une attaque détournée, dans l'espoir d'envelopper l'ennemi; et puis, il a soin d'abord de former toujours d'importantes réserves d'hommes pour porter un grand coup décisif au point faible de l'adversaire, et dans le moment précis où les deux partis commencent sérieusement à faiblir; ses ennemis, au contraire, employaient de suite toutes leurs forces et se trouvaient pris au dépourvu, dans l'instant même où il eût fallu déployer les efforts les plus considérables, et ainsi perdaient infailliblement la bataille. C'est dans sa superbe manœuvre à Landshut et à la bataille d'Eckmühl qu'il nous a donné le plus bel exemple de cette attaque perpendiculaire qui est une de ses inventions les plus admirables. Tout son génie tient dans la rapidité prodigieuse de ses pensées et de ses actions.

L'artillerie jouait un rôle énorme dans ses opérations, et il comptait beaucoup, et avec raison, sur l'impression profonde qu'elle cause sur les masses, qui se voient décimer impitoyablement par elle ; aussi commençait-il de suite par canonner les positions ennemies qu'il se proposait d'attaquer et d'enfoncer; dès que la brèche était ouverte, il y lançait sans relâche colonnes sur colonnes, jusqu'à ce qu'il fût parvenu à percer la muraille vivante qui se dressait devant lui; il y réussissait généralement, et c'est à cette manœuvre habile et forte qu'il a dû ses victoires les plus brillantes et les plus belles. Il s'entend merveilleusement à bien placer ses batteries, qu'il fait dresser en masse derrière la première ligne d'infanterie; puis, tout à coup, il démasque soixante, quatre-vingts, cent bouches à feu, comme il le fit à Iéna; il foudroie l'ennemi, renverse tout devant lui et remporte une victoire décisive.

Chez Napoléon, l'art de faire la guerre s'inspire du principe du juste milieu perpétuellement mobile; il marche droit devant lui, en lignes intérieures, et attaque perpendiculairement, au point vulnérable qui se déplace selon les circonstances. S'il est grand par sa tactique admirable, son art stratégique est plus surprenant et plus merveilleux encore. Il se conduit comme Horace dans sa lutte contre les trois Curiaces; il attaque et bat ses ennemis dispersés, avant qu'ils aient pu se joindre pour lui tenir tête. C'est considérées de ce point de vue, qu'il n'y a rien de plus magnifique ni de plus instructif que les célèbres batailles d'Arcole et de Rivoli, principalement cette dernière. Selon lui le grand art des batailles consistait à changer pendant l'action sa ligne d'opération ; c'est une idée neuve, et qui est toute à lui ; c'est à cette habile manœuvre qu'il a dû, entre autres, le gain de la bataille de Marengo.

Napoléon, c'est une force de la nature ; il agit comme un élément ; il est poussé par cet instinct tragique qui anime partout l'univers et qui le met en branle ; ce qu'il fait, il le fait nécessairement et comme s'il était mû par un ressort invisible. Au lieu d'éparpiller ses forces, il les concentrait et les massait toujours en face de l'ennemi la veille d'une bataille, et renversait tout devant lui.

Napoléon, c'est un volcan en éruption.

Napoléon, c'est le Prométhée et le Philoctète des temps modernes.

C'est toujours par le centre qu'il pénètre dans toutes les questions qui se présentent à lui, et qu'il décide de résoudre.

Ce principe de Napoléon est celui que nous voyons appliqué dans l'univers, dans la nature, dans la vie et dans l'art. Là où il n'est pas suivi, il n'y a ni vérité, ni beauté, ni réelle grandeur.

Napoléon se distingua dans tous les genres, et fut aussi admirable comme diplomate, politique, homme d'État, administrateur et législateur que comme capitaine et conquérant ; chacun connaît son beau Code civil, appelé Code Napoléon.

C'est à Lodi que Napoléon eut la révélation subite de son génie militaire, et qu'il se prit à avoir conscience de ses talents et de sa valeur.

Il grandit lentement, à force d'attention et de prudence, et dans la sainte terreur du démon qu'il entendait gronder au fond de lui-même.

Il gagna peu à peu plus d'assurance, avec une foi plus entière dans son mérite.

Il faisait peut-être trop peu de cas des hommes et des choses pour demeurer à la longue leur maître incontesté. Sa volonté despotique et aveugle, son injuste dédain des femmes, et son mépris dangereux des forces de la nature ont été les vraies causes de sa ruine définitive.

Lorsqu'il se crut assis solidement sur son trône, son audace et sa témérité ne firent que croître, et ne connurent bientôt plus de bornes. Ce qu'il avait ordonné devait être exécuté sans murmure et sur-le-champ, et il brisait tous ceux qui ne se pliaient point de bonne grâce à ses commandements.

Il bravait les hommes et défiait les éléments.

Il s'aliéna la bonne volonté de Benjamin Constant, en persécutant la maîtresse de celui-ci, Mme de Staël.

Mais ses desseins étaient grands et vastes, beaux et admirables. Son alliance avec l'empereur de Russie, Alexandre Ier, est l'un des actes les plus profonds et les plus considérables de tout son règne. Il avait conçu l'idée d'une puissante confédération du continent européen, dont Alexandre et lui seraient les chefs, abandonnant à son allié la moitié de la Turquie, pour se réserver l'autre.

La question de Constantinople fit tout manquer.

Alexandre exigeait cette place pour la Russie; Napoléon n'y voulut jamais consentir, estimant que la possession de cette ville assurerait en même temps, à celui auquel elle échoirait, la domination sur toute l'Europe.

Ce seul point fit échouer la combinaison.

Son rêve était d'organiser fortement le continent pour ruiner partout les projets ambitieux de l'Angleterre, et pour exercer un empire absolu sur toute la terre, en dictant des lois au monde entier.

Quel plan superbe et plein de génie ! Toutes ces belles espérances furent détruites d'ailleurs par une faible femme qu'il avait dédaignée, la baronne de Krudener, maîtresse de l'empereur de Russie Pour se venger des mépris de Napoléon, elle excita son amant contre lui et le décida à former la Sainte-Alliance, formidable machine qui était destinée à saper la puissance et la grandeur de son ennemi. Elle n'y réussit que trop.

Ainsi donc une pauvre petite femme ébranla le colosse et fut la pierre d'achoppement qui fit verser le char du dieu.

Mais d'autres dangers se dressaient sur sa route, surgis de l'abîme qu'il se plaisait à creuser sans cesse lui-même.

On le croirait par moment comme frappé de vertige, tant il

fait preuve d'une folle incompréhensible, et il semble tombé dans un délire inexplicable.

Au cours d'une bataille, il traverse avec ses canons une nappe de glace trop faible pour les supporter, s'obstine à avancer malgré les avertissements de son entourage, et risque de périr ou de se voir couper du gros de ses troupes, dont il s'est séparé, par ses adversaires qui s'apprêtent déjà à l'envelopper de toutes parts.

Il commence sa campagne de Russie à la fin des beaux jours, pénètre dans ce pays et s'avance péniblement au cœur de l'hiver de 1812, qui fut d'une rigueur exceptionnelle, et au-devant de ses ennemis qui se dérobent à ses coups et qui reculent à son approche, l'attirant toujours plus loin sur leurs pas, jusque dans la ville de Moscou, qu'ils incendient pour ensevelir l'envahisseur sous les décombres ; il se voit enfin au milieu des ruines et réduit à la dernière misère, et n'échappe que par miracle à un désastre, auquel avait contribué cette formidable nature dont il semblait ne pas tenir assez compte.

Ce qui l'a perdu, c'est son obstination, son orgueil, sa folle ambition, et une sorte de démence qui l'avait frappé dans les derniers temps, et qui semble l'avoir privé de ses moyens ordinaires.

Quos perdere vult Jupiter, dementat.

Ce n'en est pas moins le plus grand génie et le plus étonnant, si l'on considère de quels faibles commencements il s'est avancé, et à quelle hauteur prodigieuse il est arrivé.

Napoléon est le héros tragique par excellence, et c'est un exemple et un modèle de tous les temps. Napoléon, c'est le dieu de la guerre.

C'est à Napoléon que songe Nietzsche, lorsqu'il nous propose son génie synthétique et son surhomme.

Napoléon est le plus grand homme qui ait jamais existé.

C'est en pensant à ces deux hauts esprits que je répète le cri que j'ai poussé déjà en terminant la première partie de ce livre : *Semper excelsior!* Toujours plus haut !

Je crois ne pouvoir finir mieux ces lignes, qu'en donnant ici deux pièces de vers, dont la première est la traduction d'un des plus beaux passages de : Ainsi parla Zarathoustra, de Nietzsche, et où l'auteur décrit la lutte de la lumière contre les ténèbres, du soleil contre les nuées, et qui fait le fonds de la vie universelle ; la seconde est de moi, et c'est le morceau qui sert de conclusion à cette deuxième partie, et qui résume l'idée principale renfermée dans le présent ouvrage. Je l'ai exprimée précédemment, dans le dernier chapitre de la première partie, lorsque j'ai comparé la course de l'humanité à l'ascension d'une haute et roide montagne, qui s'élève par étages successifs et par plateaux superposés, la foule demeurant en bas, le génie se tenant sur les sommets. Ce principe est celui du juste milieu perpétuellement mobile, qui nous montre que tout est dans un continuel devenir.

Voici ces deux poèmes :

I

Avant le lever du soleil.

TRADUCTION EN VERS D'UN PASSAGE DE : AINSI PARLA ZARATHOUSTRA, DE NIETZSCHE.

O ciel pur et profond, abîme de lumière,
Je te vois et frémis d'une divine ardeur.
Me plonger dans ton sein, voilà ma profondeur,
Vivre en ta pureté fait ma candeur première !

Comme un dieu qu'aux regards dérobe sa beauté,
Tu caches à mes yeux tes astres ; ton silence
M'annonce ta sagesse, et la mer en démence
T'a vu poindre aujourd'hui, muet dans la clarté.

Ta pudeur, ton amour me parle, offrant un gage
A mon cœur frémissant ; et beau tu vins à moi,
Voilé dans ta splendeur ; en ton discret langage
Tu m'entretiens tout bas de la sagesse à toi.

Qui ne devinerait la candeur de ton âme !
Tu m'apparus dès l'aube, à moi seul et rêveur.
Nous sommes vieux amis ; la tristesse et l'horreur,
Le fonds nous est commun, et ton soleil de flamme.

Nous ne nous disons rien, ignorants de bien peu,
Souriants et muets dans la même science.
N'es-tu pas le foyer dont j'emprunte mon feu ?
N'es-tu pas l'âme-sœur de mon expérience ?

Nous nous sommes instruits en tout, et de concert,
Et nous avons appris qu'au-dessus de nous-mêmes
Plane notre vrai moi ; nous savons dans l'éther
Sourire sans nuage, en des lointains suprêmes,

Avec de clairs regards, cependant qu'à nos pieds
La contrainte, et l'effort, et le crime ligués
Répandent leur écume au milieu de la terre.
Et, par de longues nuits quand j'errais solitaire,

Que poursuivait mon âme aux sentiers de l'erreur ?
Lorsque je gravissais la plus fière des cimes,
Qui cherchai-je, dis-moi, sur la roide hauteur ?
Et ces ascensions et ces courses sublimes,

Tout n'était que besoin, tout n'était que secours
A mon grand désarroi ; ma volonté suprême,
L'unique volonté qui gouverne mes jours,
C'est de monter là-haut me fondre en toi que j'aime.

Qui détestai-je plus que ces brouillards errants,
Ces nuages et tout ce qui sur toi fait tache ?
J'en abhorrais d'autant mon dégoût, qui s'attache
A détourner de toi mes yeux indifférents.

Guerre, guerre aux brouillards, à ces bêtes de proie
Qui vont d'un pas oblique arracher à nos yeux
Ce qui leur est commun : la formidable joie
D'aimer et de bénir à jamais, en tous lieux !

Tous deux nous exécrons ces faux intermédiaires,
Ces furtives vapeurs, haïssable élément,
Qui ne pouvant jamais chérir, atrabilaires,
Ne savent pas non plus maudire franchement.

Ah! végétons sans ciel tout au fond de l'abîme ;
J'aime encor mieux gémir dans un noir souterrain,
Que de voir ces vapeurs, qui me voilent ta cime,
Ternir le vif éclat de ton front souverain.

J'ai souhaité souvent de les réduire en poudre
Ou, les clouant là-haut, moi, timbalier de fer,
Voulu que mes éclairs aux fils d'or, que ma foudre
Crevât leurs vastes flancs avec un bruit d'enfer.

Je suis le timbalier qui tonne de colère ;
Ils m'ont pris ton entière illumination,
Te ravissant du coup mon adoration,
O ciel profond et pur, doux foyer de lumière !

Oui, je préfère encor la malédiction,
La tempête et l'éclair, l'orage au front humide,
A ce repos félin, et craintif, et timide,
Sombre et funeste esprit de la négation.

Oui, je hais plus que tout la circonspection
Glissant d'un pas furtif, et ce doute du lâche,
Ces hommes indécis en face de leur tâche,
Tout chargés et tout pleins d'irrésolution.

Qui ne sait pas bénir, qu'il lance l'anathème !
Ce clair enseignement me vient de toi, ciel clair,
Et ce brillant flambeau s'allume au fond de l'air,
Au sein des sombres nuits, où loin de toi je t'aime.

Car je chéris la vie ainsi que sa beauté.
Je la bénis encor dans l'horreur de l'abîme,
Je la bénis, pourvu que flamboie à sa cime
Mon ciel profond et pur, océan de clarté !

J'adore et je bénis au gré de mon envie ;
Vieux lutteur obstiné, j'ai combattu longtemps ;
Brisant les fers qu'aux bras m'avait rivés la vie,
J'élève ici mes mains pour bénir tous les temps.

Et j'ajoute ces mots : planons sur chaque chose,
Soyons son propre ciel et son asile aussi,
Et son dôme d'azur, et son apothéose.
Bienheureux est celui qui peut bénir ainsi !

II

Le sapin sur la cime.

Sur la cime se dresse un sapin solitaire.
Son vieux front vénérable interroge les cieux ;
Versant l'ombre à ses pieds, il ignore la terre
Et laisse au loin flotter son cœur silencieux.
    Son calme orgueil, qui contient tout un monde,
Regarde avec dédain, dans l'ombre des vallons,
Se presser aux sentiers où parfois nous allons,
    Et s'agiter la fourmilière immonde.
Du haut de sa grandeur et de sa majesté,
    Pareil au roc impérissable,
Il voit rouler, comme des grains de sable,
      Ce vil troupeau : l'humanité !

Et tandis qu'il rend ses oracles,
Faisant toujours quelques nouveaux miracles,
La tourbe insulte à la belle clarté
Qui sur les pics allume un immense incendie,
    Dont la splendeur des cieux paraît grandie
Et faire rentrer l'homme en son humilité.
    Dans son ignorance, il renie
    Cet art éclatant du génie,
Qui l'éclaire en sa route et le mène à son but.
Méprisant ce flambeau dans sa vertu première,
Il exige du ciel encor plus de lumière,
    Prêt à payer un lourd tribut.

Le géant des sommets, l'admirable prophète
Relève alors le front comme en un jour de fête,
Et contemple la nue où flotte une vapeur.
Les brouillards ténébreux s'amassent dans l'espace ;
Sur sa tête le dieu sent l'ouragan qui passe,
Mais il ne bronche point ; le héros est sans peur.

  Les vents formidables font rage,
Et poussent devant eux le plus terrible orage
Qu'on eût vu jusque-là déchaîné sur les monts.
  Soudain éclate le tonnerre
Qui frappe coup sur coup le lutteur centenaire,
Orgueil des fiers rochers, hantés par les démons.

  Le dieu flambe comme une torche ;
L'éclair brille : la foudre avec fracas écorche
Le granit sur lequel le colosse est debout.
Tel le buisson ardent, l'arbre n'est qu'une flamme ;
Il tombe avec un bruit retentissant, rend l'âme
 Et meurt enfin, car sa force est à bout.
Mais que bénie au moins soit la sainte colère
Qui vient frapper l'élu, dont le bûcher éclaire
  Dans sa course l'humanité.
  Sois bénie, ô sublime foudre,
Si le dieu seul que tu réduis en poudre
A l'aveugle univers doit rendre la clarté !

ÉPILOGUE

I

LES ÎLES FLOTTANTES

Frais jardins suspendus, vieux parcs, belles terrasses
Dont le flanc s'arrondit aux baisers de la mer ;
Asile des héros et des rois, dont les races
Brillaient au temps, où tout naissait du flot amer ;
Grands vases de verdure, ô cornes d'abondance
Dont les fleurs et les fruits réjouissent les yeux ;
Edens, bords enchantés, doux lieux d'indépendance,
Où marchait et croissait tout un peuple de dieux ;
Délicieux séjour où j'aurais voulu naître,
Salut ! Mon cœur chérit jusques au souvenir
De cet âge lointain qui ne peut revenir,
Et qu'une heure du moins j'aurais voulu connaître.

Superbe, au sein des flots que l'île surplombait,
— Certe, il ne se peut pas qu'ici la beauté meure, —
Éternelle, quand tout autour d'elle tombait,
L'invisible déesse au jour se dérobait.
Un réseau de verdure abritait sa demeure,
Élevée au milieu d'un épais bois sacré.
Devant l'épais feuillage, où bruissaient les arbres,

ÉPILOGUE

*Au bord de l'océan dont le flot est nacré,
Dans l'air subtil, chargé d'un arome sucré,
Blanchissaient au soleil de fiers groupes de marbre ;
Tel le troupeau pieux, au culte consacré,
Où l'on voit se presser les gardiennes du temple,
Ces vierges, dont l'œil pur, sans se lasser, contemple
Le nuage qui roule au-dessus de leur front.
Ainsi ce beau jardin verdissait sans affront ;
Des fleurs aux fins parfums embaumaient les allées,
Et mille oiseaux divins, admirables chanteurs,
De leurs sons merveilleux réveillaient aux vallées
Les sublimes échos des bosquets enchanteurs.
Cent îles s'unissaient dans une même étreinte,
Comme pour s'embrasser, et, brûlantes d'amour,
Laissant leurs longs soupirs s'exhaler sans contrainte,
Ne formaient qu'un seul groupe en la splendeur du jour.
Cette apparition de fraîches théories,
Dans le calme plus doux des heures attendries
Prolongeant son bonheur sur les flots radieux,
S'attardait en rêvant dans la clarté des cieux.
Cent embarcations, aux carènes fleuries,
Flottaient, et l'on eût dit cent navires joyeux,
Et, la main dans la main, partout ses sœurs chéries,
Compagnes des héros, et des rois, et des dieux,
Laissant monter dans l'air leurs haleines divines,
Comme autant de bouquets éclos des océans,
Voguaient, au bruit léger de leurs conques marines,
Dont l'herbe aromatique, en flattant leurs narines,
Avivait le génie heureux des habitants ;
Et l'on voyait ceux-ci, graves et méditants,
Et fixant sur les eaux leurs pensers hésitants,
Jouir, silencieux, de ces trop courts instants.
Les tritons surgissaient, à cheval sur les vagues ;
Les choses dans le soir semblaient déjà plus vagues ;
Comme de pâles chairs s'argentait chaque esquif.*

ÉPILOGUE

La Naïade aux beaux seins nageait entre deux ondes;
Les fugitives eaux léchaient son front naïf,
Pendant que, sous les cieux aux lueurs moins profondes,
Se mettaient à neiger, sur les flancs du récif,
Mille fleurs en flocons, comme un flot de dentelles.
Tel un gouffre s'éclaire à la lune qui luit,
Tel alors l'océan souriait malgré lui,
Et l'on voyait passer ce troupeau d'immortelles,
— Dont les moelleux contours, moins clairs et moins précis,
Se fondaient lentement dans l'espace indécis, —
Respirant la fraîcheur des souffles, adoucis
A l'heure où, dans la nuit et par un ciel sans voiles,
Naissaient ces autres fleurs, les brillantes étoiles.

Le marin attardé n'en croyait point ses yeux,
Car, tandis que mourait cette clarté des ondes,
Il pouvait voir là-haut, dans des mers plus profondes,
De grands jardins fleuris éclore au sein des cieux.

II

VERS LES CIMES

Amis, j'ai résolu de m'éloigner de terre
    Et de monter sur les sommets,
Où je veux essayer de vivre solitaire
    Et d'oublier le monde pour jamais.

Adieu, je vais partir; l'air des cimes m'invite
A me fondre en son vaste et profond océan.
Adieu donc, le temps passe, et je dois aller vite
Pour répondre à l'appel que m'a fait le géant,
Le sublime vieillard qui règne sur le faîte.
Mais, séparé de lui par le gouffre béant,
D'ici je ne puis voir encor surgir la crête.
Des ténèbres d'en bas je voudrais m'affranchir;
L'abîme est surmonté d'un pont qu'il faut franchir.
Ah! puissé-je, avant l'heure où mon front doit blanchir,
Toucher enfin au terme, où, pour me faire fête,
    M'attend celui que rien ne peut fléchir.

    Il vient m'offrir sa main tendue;
Son exhortation, je l'ai bien entendue
    Aussi clairement que sa voix.
    Mon arrivée est attendue;
Il faut partir; je le sens, je le vois.
    Je m'élance dans l'étendue;
    Adieu, mes chers amis, adieu!
Je monte contempler face à face ce dieu
Qui vit là-haut en sage, et, héros solitaire,
Se sent heureux depuis qu'il a quitté la terre.

ÉPILOGUE

J'ai rêvé pendant mon sommeil
Qu'il me poussait soudain des ailes ;
Je monte aux voûtes éternelles,
Dans les feux du matin vermeil.

L'air des hautes cimes me tente ;
C'est le seul assez pur pour que l'on s'en contente,
Et mon cœur amoureux ne bat que dans l'attente
Du moment qui me va porter au fier séjour,
Où brille en sa splendeur la clarté du grand jour.

Adieu, mes chers amis, car je monte et j'arrive ;
Je suis joyeux comme un élu ;
J'admire la beauté de cette heureuse rive ;
Un dieu lui-même l'a voulu ;
Mes yeux sont éblouis, tant sa lumière est vive ;
Salut, soleil, salut !

FIN

TABLE DES MATIÈRES

Errata III
Prologue IX

PREMIÈRE PARTIE

CONSIDÉRATIONS PHILOSOPHIQUES

Invocation. — Hymne à la vie ou la course des astres au-devant de l'Inaccessible 1
Chapitre Premier. — De la vérité et de quelques autres erreurs . . . 7
Chapitre II. — Des oscillations du pendule et du génie de l'araignée ; du juste milieu perpétuellement mobile 11
Chapitre III. — Des preuves éloignées mais probables de la justesse relative et de la vérité approximative du principe précédent 17
Chapitre IV. — Tableau synoptique ou échelle progressive de quelques grandeurs 19
Chapitre V. — De l'infini de la matière et de ses modes infinis d'espace et de temps 21
Chapitre VI. — De l'origine de l'homme et de sa destination ; de la métamorphose 23
Chapitre VII. — De l'appétit, maître souverain de l'univers, et de ses serviteurs accidentels 26
Chapitre VIII. — De l'éternité de la matière et de ses propriétés éternelles ; de l'Éternel et du premier principe ; de l'hermaphro-

ditisme et de la parthénogénèse; de la mutation et de la métamorphose; de l'atavisme; de l'inégalité et du changement; de l'amour; des religions; de la vie et de la mort; de la valeur de notre vie; que tout vit parce que tout existe éternellement; que tout est mouvement et vibrations; que la vitesse du mouvement diffère seule, mais qu'elle varie sans cesse et à l'infini; que tout est dans un perpétuel devenir. 32

Chapitre IX. — Que tout est appétit et génération; de la nourriture et de l'assimilation; comparaison des trois règnes de la nature entre eux, et de ceux-ci avec la terre et les astres; de l'humanité; de la loi du développement et du progrès; de la hiérarchie et des rangs; du sentiment et du respect des distances; de la fausseté et de l'absurdité de la théorie malthusienne; du peuple et de la noblesse; de la démocratie et de l'aristocratie; de l'émulation ou de la lutte comme principe général gouvernant l'univers; d'une comparaison de la société avec l'arbre et avec l'édifice; du principe de la gravitation et de la gravitation des astres; de l'esprit; à propos de flacons et d'étiquettes; des productions de l'esprit; de l'objectivisme et du subjectivisme; de la civilisation; d'une échelle des mérites; de la pensée et de l'action; des sociétés, des États politiques, des arts et de l'art, des sciences, des langues et de l'étymologie; que tout s'atrophie, dépérit et meurt comme certains organes du corps humain, qui ne sont plus que des rudiments et un reste inutile du passé; du syllogisme appliqué à l'univers et au présent ouvrage 46

Chapitre X. — De la guerre universelle 61

Chapitre XI. — De la guerre des races et de la lutte des peuples et des partis politiques 65

Chapitre XII. — Du démocratisme et de l'aristocratisme; de l'aristocratie dans la nature 66

Chapitre XIII. — Sur les Juifs; de leurs défauts et de leurs qualités; d'une alliance des Juifs avec les Ariens. 71

Chapitre XIV. — Du capital et du travail; sur les riches et les pauvres; d'une conciliation possible des intérêts contraires. . . 77

Chapitre XV. — De l'avenir de l'Europe; de sa situation comparée à celle du monde antique; de l'Asie, rivale du vieux monde; des intérêts particuliers et contraires de l'Angleterre; d'une ressemblance du Japon avec cette dernière; de l'hégémonie du Japon en Asie; d'une idée de Napoléon; d'une confédération des États européens; d'une alliance entre la Russie, l'Allemagne et la France. 86

CHAPITRE XVI. — De l'art de faire la guerre et de la guerre moderne ; sur Napoléon ; d'un enseignement de la guerre entre la Russie et le Japon ; des batailles de Liao-Yang, du Chaho et de Moukden ; des guerres futures. 98

CHAPITRE XVII. — D'une révolution économique et sociale et d'une civilisation nouvelle ; de la science et de l'argent ; du siècle des découvertes et des grandes inventions ; des quatre âges de l'humanité ; d'une comparaison des diverses cultures. 105

CHAPITRE XVIII. — De la banque ou du commerce de l'argent ; de l'usure ; de la presse ou du commerce des idées ; de la vénalité ; de la politique ou du commerce des influences ; des intrigues de parti ; du caractère et du rôle des Juifs ; du parasitisme ; de l'antiquité et des temps modernes. 119

CHAPITRE XIX. — D'un défaut et d'une faiblesse du socialisme ; de la révolution en Russie ; du féminisme ; de l'émancipation et du rôle de la femme. 127

CHAPITRE XX. — De la liberté et du libre arbitre 134

CHAPITRE XXI. — Des appétits ; de l'amour ; de l'ambition ; de la philosophie ; de l'éducation ; des différentes civilisations ; du mariage ; de l'atavisme et des avatars. 137

CHAPITRE XXII. — De l'hygiène et de la santé ; de la médecine ; de la justice ; de la guerre ; de la religion ; de la morale ; de l'art et de la philosophie. 150

CHAPITRE XXIII. — De la théorie et de la pratique ; du sort de la terre ; de l'univers et des mondes habités ; de la course de l'humanité ; de quelques philosophes ; conclusion de la première partie du présent ouvrage. 178

DEUXIÈME PARTIE

CONSIDÉRATIONS ESTHÉTIQUES

CHAPITRE XXIV. — De la naissance de la musique ; de la langue universelle et des premiers discours des hommes 195

    Hymne à l'Aurore sur la naissance de la Musique et de l'Amour. 195

CHAPITRE XXV. — De la naissance de la poésie du sein de la musique ; de l'épopée, du poème lyrique et de la tragédie . . . 200

CHAPITRE XXVI. — Sur Homère. 207

TABLE DES MATIÈRES

Chapitre XXVII. — Sur Eschyle................... 208
Chapitre XXVIII. — Sur Sophocle.................. 209
Chapitre XXIX. — Sur Euripide.................... 209
Chapitre XXX. — Sur ce qui nous reste des auteurs grecs de l'antiquité.................................. 210
Chapitre XXXI. — De la tragédie grecque, et de ses rapports lointains avec la tragédie française............ 211
Chapitre XXXII. — Des effets de la tragédie; de la terreur et de la pitié; de l'héroïsme...................... 215
Chapitre XXXIII. — De la musique et des autres arts...... 217
Chapitre XXXIV. — Des signes de l'hellénique ou classique, et de ceux du gothique ou romantique................ 221
Chapitre XXXV. — Des mythes, de la mythologie, des allégories et des symboles dans l'antiquité grecque............ 222
Chapitre XXXVI. — De la réflexion, de la science, de la raison, de la morale, de la philosophie, de la sagesse; sur Socrate; de la décadence de l'art et de sa mort en Grèce; court parallèle entre l'art et la philosophie........................ 225
Chapitre XXXVII. — Du goût...................... 228
Chapitre XXXVIII. — De la poésie et de la prose....... 229
Chapitre XXXIX. — Des vers modernes, et plus spécialement des vers français............................... 230
Chapitre XL. — Du mètre dans la poésie des Anciens, et de la rime dans celle des Modernes; d'une visite de Casanova chez Voltaire.................................... 231
Chapitre XLI. — Des deux sortes d'action dans la tragédie; sur Shakespeare; de la tragédie et du drame; du théâtre moderne; sur Lessing.................................. 235
Chapitre XLII. — Parallèle entre Corneille et Racine..... 242
Chapitre XLIII. — Des deux genres de l'âme et du génie... 268
Chapitre XLIV. — Des classiques et des modernes....... 272
Chapitre XLV. — Du classique; un dernier mot sur l'antiquité grecque et romaine............................. 278
Chapitre XLVI. — De la Renaissance italienne, et de la peinture en Italie et ailleurs............................ 282
Chapitre XLVII. — Des seizième, dix-septième et dix-huitième siècles en France et ailleurs........................ 289

TABLE DES MATIÈRES

Chapitre XLVIII. — Du gothique et du romantique; sur Shakespeare et les Allemands; du dix-neuvième et du commencement du vingtième siècle en France et ailleurs. 293

Chapitre XLIX. — De la musique et des musiciens en Allemagne, en France et en Italie. 302

Chapitre L. — Des héros, des conquérants et des grands capitaines et hommes d'État; sur Alexandre le Grand, César, Frédéric II et Napoléon; conclusion et fin. 311

Épilogue. — I. Les îles flottantes. 324
II. Vers les cimes. 327

VERSAILLES, IMPRIMERIES CERF, 59, RUE DUPLESSIS.

www.ingramcontent.com/pod-product-compliance
Lightning Source LLC
Chambersburg PA
CBHW060319170426
43202CB00014B/2597